国家卫生健康委员会“十三五”规划教材
全国高等职业教育教材

供临床医学专业用

职业生涯规划和就业指导

第2版

主　编　杨文秀　王丽岩

副主编　李　昶　廖志斌　王建林

编　者（以姓氏笔画为序）

王　旭　山西中医学院
王　爽　重庆医药高等专科学校
王丽岩　长春医学高等专科学校
王建林　南阳医学高等专科学校
李　昶　大庆医学高等专科学校
杨文秀　天津医学高等专科学校
萧君虹　泉州医学高等专科学校
蔡　安　天津医学高等专科学校
廖志斌　泉州医学高等专科学校

人民卫生出版社

图书在版编目（CIP）数据

职业生涯规划和就业指导 / 杨文秀，王丽岩主编
.—2 版 .—北京：人民卫生出版社，2018
ISBN 978-7-117-27768-6

Ⅰ.①职… Ⅱ.①杨…②王… Ⅲ.①职业选择 – 高等职业教育 – 教材 Ⅳ.①G717.38

中国版本图书馆 CIP 数据核字（2018）第 279886 号

职业生涯规划和就业指导
第 2 版

主　　编：杨文秀　王丽岩
出版发行：人民卫生出版社（中继线 010-59780011）
地　　址：北京市朝阳区潘家园南里 19 号
邮　　编：100021
E - mail：pmph @ pmph.com
购书热线：010-59787592　010-59787584　010-65264830
印　　刷：三河市潮河印业有限公司
经　　销：新华书店
开　　本：850 × 1168　1/16　**印张**：9　**插页**：8
字　　数：285 千字
版　　次：2014 年 8 月第 1 版　2019 年 1 月第 2 版
2024年 8 月第 2 版第 9 次印刷（总第 16 次印刷）
标准书号：ISBN 978-7-117-27768-6
定　　价：35.00 元

修订说明

2014年以来，教育部等六部委印发的《关于医教协同深化临床医学人才培养改革的意见》《助理全科医生培训实施意见(试行)》等文件，确定我国的临床医学教育以"5+3"(5年本科教育＋毕业后3年住院医师规范化培训)为主体，以"3+2"(3年专科教育＋毕业后2年助理全科医生培养)为补充，明确了高等职业教育临床医学专业人才培养的新要求。

为深入贯彻党的二十大精神，全面落实全国卫生与健康大会、《"健康中国2030"规划纲要》要求，适应新时期临床医学人才培养改革发展需要，在教育部、国家卫生健康委员会领导下，由全国卫生行指委牵头，人民卫生出版社全程支持、参与，在全国范围内开展了"3+2"三年制专科临床医学教育人才培养及教材现状的调研，明确了高等职业教育临床医学专业(3+2)教材建设的基本方向，启动了全国高等职业院校临床医学专业第八轮规划教材修订工作。依据最新版《高等职业学校临床医学专业教学标准》，经过第六届全国高等职业教育临床医学专业(3+2)教育教材建设评审委员会广泛、深入、全面的分析与论证，确定了本轮修订的指导思想和整体规划，明确了修订基本原则：

1. **明确培养需求** 本轮修订以"3+2"一体化设计、分阶段实施为原则，先启动"3"阶段教材编写工作，以服务3年制专科在校教育人才培养需求，培养面向基层医疗卫生机构，为居民提供基本医疗和基本公共卫生服务的助理全科医生。

2. **编写精品教材** 本轮修订进一步强化规划教材编写"三基、五性、三特定"原则，突出职业教育教材属性，严格控制篇幅，实现整体优化，增强教材的适用性，力求使整套教材成为高职临床医学专业"干细胞"级国家精品教材。

3. **突出综合素养** 围绕培养目标，本轮修订特别强调知识、技能、素养三位一体的综合培养：知识为基，技能为本，素养为重。技能培养以早临床、多临床、反复临床为遵循，在主教材、配套教材、数字内容得到立体化推进。素养以职业道德、职业素养和人文素养为重，突出"敬佑生命、救死扶伤、甘于奉献、大爱无疆"的卫生与健康工作者精神的培养。

4. **推进教材融合** 本轮修订通过随文二维码增强教材的纸数资源融合性与协同性，打造具有时代特色的高职临床医学专业"融合教材"，服务并推动职业院校教学信息化。通过教材随文二维码扫描，丰富的临床资料、复杂的疾病演进、缜密的临床思维成为了实现技能培养的有效手段。

本轮教材共28种，均为国家卫生健康委员会"十三五"规划教材。

教材目录

序号	教材名称	版次	配套教材
1	医用物理	第 7 版	
2	医用化学	第 8 版	
3	人体解剖学与组织胚胎学	第 8 版	√
4	生理学	第 8 版	√
5	生物化学	第 8 版	√
6	病原生物学和免疫学	第 8 版	√
7	病理学与病理生理学	第 8 版	√
8	药理学	第 8 版	√
9	细胞生物学和医学遗传学	第 6 版	√
10	预防医学	第 6 版	√
11	诊断学	第 8 版	√
12	内科学	第 8 版	√
13	外科学	第 8 版	√
14	妇产科学	第 8 版	√
15	儿科学	第 8 版	√
16	传染病学	第 6 版	√
17	眼耳鼻喉口腔科学	第 8 版	√
18	皮肤性病学	第 8 版	√
19	中医学	第 6 版	√
20	医学心理学	第 5 版	√
21	急诊医学	第 4 版	√
22	康复医学	第 4 版	
23	医学文献检索	第 4 版	
24	全科医学导论	第 3 版	√
25	医学伦理学	第 3 版	√
26	临床医学实践技能	第 2 版	
27	医患沟通	第 2 版	
28	职业生涯规划和就业指导	第 2 版	

第六届全国高等职业教育临床医学专业(3+2)教育教材建设评审委员会名单

顾　　问

文历阳　郝　阳　沈　彬　王　斌　陈命家　杜雪平

主任委员

杨文秀　黄　钢　吕国荣　赵　光

副主任委员

吴小南　唐红梅　夏修龙　顾润国　杨　晋

秘 书 长

王　瑾　窦天舒

委　　员（以姓氏笔画为序）

马存根　王永林　王明琼　王柳行　王信隆　王福青
牛广明　厉　岩　白　波　白梦清　吕建新　乔学斌
乔跃兵　刘　扬　刘　红　刘　潜　孙建勋　李力强
李卫平　李占华　李金成　李晋明　杨硕平　肖纯凌
何　坪　何仲义　何旭辉　沈国星　沈曙红　张雨生
张锦辉　陈振文　林　梅　周建军　周晓隆　周媛祚
赵　欣　胡　野　胡雪芬　姚金光　袁　宁　唐圣松
唐建华　舒德峰　温茂兴　蔡红星　熊云新

秘　　书

裴中惠

数字内容编者名单

主　编　杨文秀　王丽岩

副主编　李　昶　廖志斌　王建林

编　者（以姓氏笔画为序）

王　旭　山西中医学院
王　爽　重庆医药高等专科学校
王丽岩　长春医学高等专科学校
王建林　南阳医学高等专科学校
李　昶　大庆医学高等专科学校
杨文秀　天津医学高等专科学校
杨海曼　白城医学高等专科学校
萧君虹　泉州医学高等专科学校
蔡　安　天津医学高等专科学校
廖志斌　泉州医学高等专科学校

主编简介与寄语

杨文秀，二级教授，国务院政府特殊津贴专家，天津市政协经济社会发展研究咨询委员会委员，全国卫生职业教育教学指导委员会秘书长、教育部高等学校图书情报工作委员会高职院校分委会主任委员，全国职业教育教材建设指导委员会主任委员，中国医师协会全科医师分会副会长，全国全科医生教育教学与教材建设委员会副主任，中国卫生信息学会卫生管理统计信息专业委员会副主任委员，天津市预防医学会副会长。

多年从事卫生职业教育、教育管理、卫生管理和卫生政策研究，在高等卫生职业教育、继续医学教育、全科医学教育和社区卫生人才培养等方面有较深入的研究。主持和参与国家自然科学基金课题3项；主持完成国家级项目10余项，省部级项目近20余项；获国家级成果奖2项，获省市级成果奖20余项。

写给同学们的话——

人生是一个充满机遇和挑战的历程，优效的职业生涯规划是人生的驱动力，是我们实现理想的灯塔。同学们，机会总是属于有准备的人，未来可期，踏实起步。

——杨文秀

主编简介与寄语

王丽岩，教授，长春医学高等专科学校就业指导教研室主任。高校就业创业指导师、长春市特聘高校“三创”活动指导教师。曾获省教学成果三等奖1项、省高校辅导员工作创新研究成果二等奖1项，主持建设的就业指导课程被评为学校精品课程和省级优秀课程，合作出版著作5部，主持、参与教育部人文社科研究项目1项、省级教科研项目5项，发表学术论文20余篇。指导学生在吉林省大学生职业生涯规划大赛、“互联网+”创新创业大赛中获奖。

写给同学们的话——

人为自己设定目标，人生才能活出意义。职业生涯规划教育，能增强学生的事业心与责任感、树立正确的人生观与价值观、培养创新精神与就业创业能力，确保未来职业发展的有效性与持续性，这也是就业指导教师光荣的使命和责任。

——王丽岩

前　言

就业是民生之本，关系到毕业生的家庭幸福和社会的稳定；就业是学校生存之本，掌握着学校的发展命脉。为了提升高校就业指导服务水平，提高广大毕业生的就业竞争力，教育部办公厅印发了《大学生职业发展与就业指导课程教学要求》（教高厅[2007]7号）文件。文件规定："高校要切实把就业指导课程建设纳入人才培养工作，列入就业'一把手'工程"，并且"从2008年起提倡所有普通高校开设职业发展与就业指导课程""经过3~5年的完善后全部过渡到必修课"。这一文件进一步为高等学校开展职业发展、就业与创业指导课程建设指明了方向，明确了要求。

我国医药卫生体制改革的步伐在稳步向前，在多效并举政策的推动下，为医学生就业扩展出新的空间。本书为了认真落实党的二十大精神，根据医学生求职择业的实际需求，在第1版的基础上，总结多年职业生涯规划与就业指导工作的经验，参考借鉴国内外职业发展及就业指导的成果和做法，从培养医学生职业生涯意识入手，系统诠释了如何认知自我、分析职业环境，从而找到正确制定职业生涯规划的途径；通过对医学生就业能力的培养，使其顺利完成从校园到职场的转变；通过对我国目前医疗体系概况及医药卫生行业的分析，引申出当前医学生面临的就业形势，帮助其树立正确的就业观和择业观，引导其面向基层顺利就业。

全书紧紧围绕医学院校的专业特点，紧贴行业需求，全方位对医学生进行职业辅导和就业指导。在整体框架安排上，充分体现了职业生涯规划理论体系的完整性，同时也突出"以学生为本"的思想，关注就业、思考就业、实践就业。本书将理论分析与具体实践案例相结合，在突出职业生涯理论系统性的同时，更加强调在指导学生规划及具体就业实施上的实用性特点。

本书由天津医学高等专科学校杨文秀、长春医学高等专科学校王丽岩担任主编，负责全书的修改和定稿；大庆医学高等专科学校李昶、泉州医学高等专科学校廖志斌、南阳医学高等专科学校王建林担任副主编，负责部分章节的编写及全书的校对工作；参与本书编写的编者还有山西中医学院王旭、重庆医药高等专科学校王爽、泉州医学高等专科学校萧君虹、天津医学高等专科学校蔡安。

本书在编写过程中，参考、借鉴、引用了许多专家学者的研究成果和专著，未能一一列出，我们尽可能列在了参考文献中；另有部分案例、资料是多年积累无法查找出处，在此，对无法标注的相关作者表示深深的谢意和歉意。

由于编者水平有限，错误和疏漏之处在所难免，恳请专家和读者批评指正。

杨文秀　王丽岩
2023年10月

目　录

第一章　医学职业发展的现状与趋势

学习目标

1. 掌握临床医学生的职业发展要求。
2. 熟悉新一轮医改对医学生就业的影响。
3. 了解新医改相关政策。
4. 知识技能目标:明确医学生未来的职业发展方向。
5. 情感素养目标:结合新医改发展状况,培养合理就业观。

第一节　我国医疗卫生体制的发展

一、我国医疗卫生体制的发展历程

中华人民共和国成立后,和各行各业一样,医疗卫生事业也是一穷二白、百废待兴的局面。党和国家高度重视人民群众的健康,在极端困难的情况下,开始探索符合当时经济社会状况的医疗卫生体系。我国医疗卫生制度的发展经历了萌芽、形成、成长、构建四个阶段,这一过程从"人人享有初级卫生保健"到"人人享有基本医疗卫生服务"目标的飞跃,不仅反映出社会经济的快速发展、公众健康诉求的不断提升、政府责任和制度供给从缺失到回归的转变,还更加明确了"人人享有基本医疗卫生服务"是制度变迁始终坚持的价值导向。

(一) 萌芽时期:中华人民共和国成立后的初级卫生保健制度

中华人民共和国刚成立时,经济社会等各项事业百废待兴,缺乏最基本的医疗卫生体系,社会公众的健康水平低下,表现在婴儿死亡率高达200‰,孕妇死亡率为15‰,人均期望寿命只有35岁。为了解决国民基本健康问题,政府开展了"面向工农兵、预防为主、团结中西医、与群众运动相结合"的大卫生运动,这就是我国基本医疗卫生制度初生的萌芽阶段。当时,国家财政能力有限,卫生事业处于百废待兴的起步阶段,主要任务是建立公共卫生服体系,发展壮大城乡基层医疗卫生服务组织,向社会提供传染病防治、妇幼保健为主的基本医疗卫生服务。1951年原卫生部颁行的《农村卫生基层组织工作具体实施办法(草案)》具体指明了中华人民共和国成立初期的基本医疗卫生服务内容:以预防为主、注重改善环境卫生、致力于解决安全饮水、粪便处理问题,为妇女儿童提供基本保健服务、开展人群健康教育、实行广泛的社会动员、鼓励公私机构合作、收集和利用卫生信息、开展初级卫生人员训练等项改革内容。政府凭借所掌握的公共权力对医疗服务、医疗保障、食品药品、卫生防疫、卫生监督等实行统一管理,对承担预防保健任务的卫生机构实行全额拨款。

基本医疗卫生制度的萌芽阶段主要表现出以下特点：

1. 政府强制性主导制度变迁和公众需要诱导制度变迁相结合　1950 年 8 月第一届全国卫生会议最早就提出了“面向工农兵、预防为主、团结中西医”的卫生工作方针，1952 年 12 第二届全国卫生会议中又增加了“卫生工作与群众运动相结合”的原则。这一时期的卫生运动结合公社大生产，社会各界具有较强的提升自身健康水平的主观能动性，积极参与政府组织和领导的卫生改革事项。

2. 制度向社会弱势群体（尤其是农村居民）倾斜　中华人民共和国成立初期卫生改革的重点在农村，这在政府文件如《关于农村卫生会议的报告》《关于组织农村巡回医疗队有关问题的通知》《全国农村人民公社卫生院暂行条例（草案）》等中均得以体现。

3. 制度内容重点在建设基层和扩大预防　1957 年的《关于加强基层卫生组织领导的指示》中明确指出医疗预防、卫生防疫、妇幼卫生、卫生教育等工作的重要性和基层卫生组织在承担以上工作中要体现社会主义卫生福利性，形成了包括医疗、预防、保健、康复在内的比较完整合理的医疗卫生服务提供体系。在城市地区形成了市、区和街道组成的三级医疗服务体系；在农村地区，形成了以县医院为龙头、以乡（镇）卫生院为枢纽、以村卫生室为基础的三级医疗预防保健网。基本医疗卫生服务的覆盖率大幅度提高。

4. 安排具有一定统筹性　一方面通过公费医疗、劳保医疗、合作医疗的推行，实现了健康保障广覆盖；另一方面，医疗机构的人员薪资、基础设施以及医疗设备的投入主要来自政府和各经济集体，有关改革的所有事务受到政府的严格控制。

可见，我国基本医疗卫生制度萌芽时期表现为政府主导下的大卫生运动，由于受限于当时经济社会发展水平以及农村突出的公共卫生问题，该项制度处于低水平发展，主要覆盖农村居民和解决初级的卫生保健问题。这一时期，我国的卫生事业取得了举世瞩目的成就。1950~1975 年这一期间，中国的婴儿死亡率从 195‰降到 41‰，人均预期寿命从 40 岁提高到 65 岁。

我国政府在中华人民共和国成立初期所主导的大卫生运动具有强制性制度变迁和诱导性制度变迁相结合的特点。一方面，政府出于巩固执政地位的自身利益考虑，必然要担起主要责任，自上而下推进卫生改革，提升公众健康水平；另一方面，公众出于自身生存和发展的需要，必然也会积极配合参与改革，因而促成了自上而下和自下而上相结合的群众性爱国卫生运动。同时，我国所独创的农村合作医疗、三级医疗预防保健网和赤脚医生被世界卫生组织赞誉为中国卫生革命的三大法宝，也为后来基本医疗卫生制度变迁和发展提供了重要基础和经验借鉴。

（二）形成时期：改革开放后的基本医疗卫生保健

1978 年 9 月来自 134 个国家的代表，同世界卫生组织、联合国儿童基金会建立正式联系的专门机构及非政府组织的 67 名代表前往苏联哈萨克共和国（现哈萨克斯坦共和国）首府阿拉木图，参加国际初级卫生保健会议。阿拉木图会议明确了初级卫生保健的概念，交流了发展经验，并在《阿拉木图宣言》中明确指出：初级卫生保健是实现“2000 年人人享有卫生保健”目标的关键和基本途径。

结合初级卫生保健的相关内容与中华人民共和国成立以来开展的大卫生运动的经验，1990 年，原卫生部发布了《我国农村实现“2000 年人人享有卫生保健”的规划目标》，提出了包括支持体系、服务体系、健康指标三大内容的中国初级卫生保健 13 项指标，并细分贫困、温饱、宽裕和小康四类地区的最低限标准，以及制定了包括规划试点、全面普及、加速发展和全面达标等内容的发展时间表。

通过 1990 年和 1992 年对各地区初级卫生保健情况进行的考核结果分析发现：我国初级卫生保健的初步达标在健康教育普及率、行政村卫生室覆盖率、医疗保险覆盖率方面存在指标完成不平衡，东西部地区、城市与农村进展不平衡。2000 年人均卫生总费用支出城市为 1108.9 元，农村为 24.7 元，城市与农村之比超过 5∶1。究其原因，改革开放后，我国向市场经济体制转轨，政府的优先重点在于发展经济，减少了对卫生财政的投入，实行“效率优先、兼顾公平”的卫生改革政策。20 世纪 90 年代末，由于“达标升级”导致地方形式主义作风泛滥，中央政府下令取消初级卫生保健的达标评审，自此，初级卫生保健发展进入停滞状态。

（三）成长时期：2003 年非典后的基本医疗卫生制度

改革开放前，我国仅用了世界卫生总费用的 1%~2%，有效保障了占世界总人口 1/5 人群的基本医疗卫生需求，卫生公平和享有初级卫生保健水平曾排名世界第 41 位。然而，我国的医疗卫生公平性

排名在2003年却位列世界倒数第4名。国务院发展研究中心课题组在2005年的医改研究报告中指出："非典"暴露的绝不仅仅是应急医疗系统问题，而是整个医疗卫生体制，特别是常规医疗卫生体制的失效问题，并认为，我国过去十年的医疗卫生体制改革"基本不成功"。

这一阶段，在市场逐利机制作用下，大型公立医院扩建，公益性不断被弱化；特需服务快速发展，基本医疗卫生服务供给被弱化。随着政府财政对医疗机构投入的减少，"以药养医"、过度医疗等现象普遍存在，医疗费用快速上涨，公众"看病难、看病贵"问题日益突出，卫生事业发展的公平性下降。

（四）构建时期：2009年医改的新思路

2009年4月6日，中共中央、国务院启动了新一轮医药卫生体制改革(简称"新医改")，出台了《中共中央国务院关于深化医药卫生体制改革的意见》《医药卫生体制改革近期重点实施方案(2009—2011年)》，旨在解决"看病难、看病贵"问题。"新医改"提出了到2020年人人享有基本医疗卫生服务的改革方向和制度框架。把"基本医疗卫生制度"看作是一种公共产品，标志着我国基本医疗卫生制度进入了构建时期。

1. 基本医疗卫生制度的提出背景

(1)国际社会的外力推动：2005年，世界卫生组织(WHO)提出了全民覆盖的理念，认为"全民覆盖"与"人人健康和人人享有初级卫生保健"的概念是一致的，并积极倡导在世界范围尤其是发展中国家推进全民覆盖目标的实现。WHO诠释了全民覆盖的含义，主要包括两个方面：其一，全民覆盖即所有的居民当需要时，可以承担得起的成本获得适宜的卫生保健服务；其二，预付与风险共担是医疗保障筹资系统的基本特征。"全民"在此是指不分户籍、身份、职业、种族差别的全体国民，都平等地参与健康保障制度。

(2)我国社会转型期的内在需要：基本医疗卫生服务的商业化、市场化倾向使得社会公平性下降、医药卫生体制运行效率低下。政府回顾历史上医改失败的经验教训，开始意识到优先保障所有人的最基本的医疗卫生需求，尽可能满足更多社会成员的更多基本医疗需求才是现阶段医药卫生体制改革较为合理的选择；认识到基本医疗保险制度在中国不可能单兵突进，它至少要与基本医疗服务提供体系和基本药品供应保障体系结合起来。

2. 基本医疗卫生制度的内容　新医改中重点提出了实现"人人享有基本医疗卫生服务"的"四梁八柱"，即基本医疗卫生制度的基础构架包括公共卫生、医疗服务、医疗保障和药品保障供应四大体系建设，以及管理、监管、运行、投入、信息及法制、价格和科技人才八个方面的体制支撑。这构成了基本医疗卫生制度的基础构架，是人人公平地享有安全、有效、便利、优质的基本医疗卫生服务的基本载体。"四梁八柱"既相对独立，又密切联系，相互补充，缺一不可，共同作用于"人人享有基本医疗卫生服务"目标。离开了这四大体系和八个方面的制度支撑，基本医疗卫生服务作为公共产品向全民提供便无从谈起。在改革推进中，要把四大体系建设作为"人人享有基本医疗卫生服务"目标的基本前提和基础条件；把八个方面建设作为实现"人人享有基本医疗卫生服务"目标的体制机制保证。

3. 基本医疗卫生制度的实施　新医改的总体目标是"建立健全覆盖城乡居民的基本医疗卫生制度"。目标的实现可分为两个阶段：第一阶段：2009~2011年，建立基本医疗保险制度和基本药物制度，健全基层的医疗卫生体系，减轻公众看病经济负担；第二阶段，2012~2020年，建立起比较完善的公共、医疗卫生服务体系，形成科学的医疗机构运行机制和管理体制，人人享有基本医疗卫生服务。第一阶段着重要推进五项重点领域改革：第一，加快推进基本医疗保险制度建设；第二，初步建立国家基本药物制度；第三，健全基层医疗卫生服务体系；第四，促进基本公共卫生服务逐步均等化；第五，推进公立医院改革试点。从医药卫生体制建设和完善的角度衡量，新医改实现了基本医疗保险制度覆盖面的不断扩大和基层医疗卫生服务体系的改革重构，取得了很大的成就。城镇职工基本医疗保险、城镇居民基本医疗保险和新型农村合作医疗参保人数基本实现了制度框架的全覆盖，政府办的基层医疗机构全部推行了以"零差率"销售为重点的基本药物制度。

二、我国医疗卫生体系的现状

（一）医疗卫生服务体系

医疗卫生服务体系主要包括医院、基层医疗卫生机构和专业公共卫生机构等。医院分为公立医

院和社会办医院。其中，公立医院分为政府办医院（根据功能定位主要划分为县办医院、市办医院、省办医院、部门办医院）和其他公立医院（主要包括军队医院、国有和集体企事业单位等举办的医院）。县级以下为基层医疗卫生机构，分为公立和社会办两类。专业公共卫生机构分为政府办专业公共卫生机构和其他专业公共卫生机构（主要包括国有和集体企事业单位等举办的专业公共卫生机构）。根据属地层级的不同，政府办专业公共卫生机构划分为县办、市办、省办及部门办四类。

在医疗服务体系中，坚持非营利性医疗机构为主体、营利性医疗机构为补充，公立医疗机构为主导、非公立医疗机构共同发展的办医原则。同时，大力发展农村医疗卫生服务体系，完善以社区卫生服务为基础的新型城市医疗卫生服务体系，转变社区卫生服务模式，坚持主动服务、上门服务，逐步承担起居民健康“守门人”的职责。

（二）医疗保障体系

加快建立和完善以基本医疗保障为主体，其他多种形式补充医疗保险和商业健康保险为补充，覆盖城乡居民的多层次医疗保障体系。具体措施包括：建立覆盖城乡居民的基本医疗保障体系；进一步完善城镇职工基本医疗保险制度；加快推进城镇居民基本医疗保险试点；全面实施新型农村合作医疗制度；完善城乡医疗救助制度。基本做到多层次的医保覆盖各类人群。

（三）公共卫生服务体系

公共卫生服务体系包括疾病预防控制、健康教育、妇幼保健、精神卫生、应急救治、采供血、卫生监督和计划生育等专业公共卫生服务网络，要促进城乡居民逐步享有均等化的基本公共卫生服务。同时，还要明确国家公共卫生服务项目，逐步增加服务内容，完善公共卫生服务体系。新医改方案鼓励地方政府根据实际情况，在中央规定服务项目的基础上增加公共卫生服务内容。

（四）药品供应保障体系

以建立国家基本药物制度为基础，建设规范化、集约化的药品供应保障体系，不断完善执业药师制度，保障人民群众安全用药。基本药物全部纳入基本医疗保障体系药物报销目录，报销比例明显高于非基本药物。支持用量小的特殊用药、急救用药生产。完善药品储备制度。

三、我国医疗卫生人才队伍的发展预测

中华人民共和国成立以来特别是改革开放后，我国医疗卫生事业取得显著成就，医药卫生人才规模不断扩大，人才质量不断提高，人才结构得到改善，人才效能明显提高。今后 10 年，是我国深入推进医药卫生体制改革、全面建设小康社会的关键时期。工业化、信息化、城镇化、市场化、国际化的深入发展，以及人口快速老龄化，将带来新的挑战；一些传染病和慢性非传染性疾病还严重威胁着人民群众的健康；环境污染、职业危害、食品与药品安全等公共卫生问题进一步凸显，使我国发展医疗卫生事业的任务更加艰巨，加强医药卫生人才队伍建设迫在眉睫。因此，必须加快实施人才强卫战略，突出我国医药卫生人才发展机制创新，完善医药卫生人才发展政策，推进医药卫生人才全面协调发展，为人民健康、国家强盛提供强大的医药卫生人才支撑。

按照《国家中长期人才发展规划纲要（2010–2020 年）》要求，到 2020 年，造就一支数量规模适宜、素质能力优良、结构分布合理的医药卫生人才队伍，营造人才发展的良好环境，为加快我国医疗卫生事业改革发展、实现人人享有基本医疗卫生服务提供强有力的人才保障。

到 2020 年，每千常住人口执业(助理)医师数达到 2.5 人，注册护士数达到 3.14 人，医护比达到 1：1.25，市办及以上医院床护比不低于 1：0.6，公共卫生人员数达到 0.83 人，人才规模与我国人民群众健康服务需求相适应，城乡和区域医药卫生人才分布趋于合理，各类人才队伍统筹协调发展。

加强全科医生和住院医师规范化培训，逐步建立和完善全科医生制度。促进医务人员合理流动，使其在流动中优化配置，充分发挥作用。到 2020 年，每千常住人口基层卫生人员数达到 3.5 人以上，在我国初步建立起充满生机和活力的全科医生制度，基本形成统一规范的全科医生培养模式和“首诊在基层”的服务模式，全科医生与城乡居民基本建立比较稳定的服务关系，基本实现城乡每万名居民有 2~3 名合格的全科医生，全科医生服务水平全面提高，基本适应人民群众基本医疗卫生服务需求。原则上按照每千服务人口不少于 1 名的标准配备乡村医生。每所村卫生室至少有 1 名乡村医生执业。

加强公共卫生人员的专项能力建设。到 2020 年，每千常住人口公共卫生人员数达到 0.83 人，各

级各类公共卫生人才满足工作需要。疾病预防控制中心人员原则上按照各省、自治区、直辖市常住人口 1.75/ 万人的比例核定；地域面积在 50 万平方公里以上且人口密度小于 25 人 / 平方公里的省、自治区，可以按照不高于本地区常住人口 3/ 万人的比例核定。其中，专业技术人员占编制总额的比例不得低于 85%，卫生技术人员不得低于 70%。

第二节　医疗卫生事业发展改革与医学生就业

一、新医改的政策解析

针对我国医药卫生领域存在的突出问题，2009 年国务院常务会议通过《关于深化医药卫生体制改革的意见》和《2009—2011 年深化医药卫生体制改革实施方案》，新一轮医改方案正式出台，并提出 2009 年至 2011 年五项医药卫生体制改革重点，要加快推进基本医疗保障制度建设，初步建立国家基本药物制度，健全基层医疗卫生服务体系，促进基本公共卫生服务逐步均等化，推进公立医院改革试点。

新医改的基本理念是，把基本医疗卫生制度作为公共产品向全民提供，实现人人享有基本医疗卫生服务，从制度上保证每个居民都能公平获得基本医疗卫生服务。新医改强调坚持以人为本，把维护人民健康权益放在第一位；坚持立足国情，建立中国特色医药卫生体制；坚持公平与效率统一；政府主导与发挥市场机制作用相结合；坚持统筹兼顾，把解决当前突出问题与完善制度体系结合起来。

2012 年 3 月国务院办公厅印发《“十二五”期间深化医药卫生体制改革规划暨实施方案》，明确“十二五”期间“三重点”及相关领域改革任务，要加快健全全民医保体系，巩固完善基本药物制度和基层医疗卫生机构运行新机制，积极推进公立医院改革，为未来深化医药卫生体制改革提供指导。2014 年国务院办公厅印发《深化医药卫生体制改革 2014 年重点工作任务》，对部分重点工作任务排出了时间表，全面深化医药卫生体制改革已经蓄势待发。

（一）医改的总体目标

新医改的总体目标是建立健全覆盖城乡居民的基本医疗卫生制度，为群众提供安全、有效、方便、价廉的医疗卫生服务。2016 年，为全面深化医药卫生体制改革，推进健康中国建设，根据《中华人民共和国国民经济和社会发展第十三个五年规划纲要》《中共中央国务院关于深化医药卫生体制改革的意见》和《“健康中国 2030”规划纲要》，国务院发布了《“十三五”深化医药卫生体制改革规划》。《“十三五”深化医药卫生体制改革规划》的主要目标为：到 2017 年，基本形成较为系统的基本医疗卫生制度政策框架。分级诊疗政策体系逐步完善，现代医院管理制度和综合监管制度建设加快推进，全民医疗保障制度更加高效，药品生产流通使用政策进一步健全。到 2020 年，普遍建立比较完善的公共卫生服务体系和医疗服务体系、比较健全的医疗保障体系、比较规范的药品供应保障体系和综合监管体系、比较科学的医疗卫生机构管理体制和运行机制。经过持续努力，基本建立覆盖城乡居民的基本医疗卫生制度，实现人人享有基本医疗卫生服务，基本适应人民群众多层次的医疗卫生需求，我国居民人均预期寿命比 2015 年提高 1 岁，孕产妇死亡率下降到 18/10 万，婴儿死亡率下降到 7.5‰，5 岁以下儿童死亡率下降到 9.5‰，主要健康指标居于中高收入国家前列，个人卫生支出占卫生总费用的比重下降到 28% 左右。

（二）目前所取得的成果

从新医改方案提出到逐步实施，我国在医疗卫生体制改革方面取得了较大进展，基本公共卫生服务的公平性显著提高，城乡和地区间卫生发展差距逐步缩小，农村和偏远地区医疗服务设施落后、服务能力薄弱的状况明显改善，公众反映较为强烈的“看病难”“看病贵”的问题得到初步缓解，“因病致贫”“因病返贫”的现象逐步减少。我国新医改主要取得的成就包括：

1. 公立医院改革有序推进　公立医院改革是新医改的重要内容之一，也是难点，已进行的改革主要为：①公立医院改革进行试点：从 2010 年起，在 17 个国家联系试点城市和 37 个省级试点地区开展公立医院改革试点，在完善服务体系、创新体制机制、加强内部管理、加快形成多元化办医格局等方面

取得了积极进展。根据《中国医改发展报告(2016)》,综合医改试点省由4个扩大至11个,公立医院综合改革试点城市由100个增加至200个,县级公立医院综合改革全面推开。②县级公立医院改革:2012年,全面启动县级公立医院综合改革试点工作,目前已有18个省(自治区、直辖市)的600多个县参与试点。通过改革,要以县级医院为龙头,带动农村医疗卫生服务体系能力提升,力争使县域内就诊率提高到90%左右。

2. 分级诊疗试点成效初显　分级诊疗制度就是要按照疾病的轻、重、缓、急及治疗的难易程度进行分级,不同级别的医疗机构承担不同疾病的治疗,实现基层首诊和双向转诊。建立分级诊疗制度,是合理配置医疗资源、促进基本医疗卫生服务均等化的重要举措,是深化医药卫生体制改革、建立中国特色基本医疗卫生制度的重要内容,对于促进医药卫生事业长远健康发展、提高人民健康水平、保障和改善民生具有重要意义。截止到2016年,在北京、上海、天津、重庆和266个地级市启动试点,探索医联体、医共体等多种分级诊疗模式,推进家庭医生签约服务,家庭医生签约服务覆盖率达22%以上,重点人群达38%以上。

3. 社会办医环境进一步优化　非公立医疗机构是我国医疗卫生服务体系不可或缺的重要组成部分。改革开放以来,我国非公立医疗机构不断发展壮大。2009年,私营医疗机构数占医疗机构总数的36.06%,但床位数仅占床位总数的5.19%。经过几年的发展,通过更改盈利性医疗机构审批流程,截止到2016年民营医院占比达55.3%,非公立医疗机构诊疗量占比超过22%。

4. 基本医保保障水平稳步提升　我国从2009年开始全面推进基本医疗保障制度建设,2010年基本完成"全民医保"从制度设计到实际操作的整个过程。《中国医改发展报告(2016)》中指出,城乡居民基本医保人均财政补助标准提高到420元,大病保险新增财政补助10元,政策范围内门诊和住院费用报销比例稳定在50%和75%左右,群众的就医负担有所缓解。城乡居民基本医疗保险制度稳步推进,跨省异地就医结算试点加快推进。积极推进支付方式改革,实施临床路径管理的病例数达1010个,基本覆盖了常见病和多发病。

5. 城乡基层医疗卫生服务体系进一步健全　经过努力,基层医疗卫生服务体系不断强化,农村和偏远地区医疗服务设施落后、服务能力薄弱的状况明显改变,基层卫生人才队伍的数量、学历、知识结构等出现好转趋势。新医改后,全国基层医疗卫生机构数量增加明显,到2017年5月底,全国基层医疗卫生机构达到93.2万个,包括社区卫生服务机构3.5万个、乡镇卫生院3.7万所、村卫生室63.8万个,诊所(医务室)20.6万个。

6. 基本公共卫生服务均等化水平明显提高　建设覆盖城乡居民的公共卫生服务体系,使人民可以均等地享受到公共卫生服务,是新医改的主要目标之一,相关措施的实施取得了明显成效。

截至2017年5月底统计各地区医疗卫生机构数

	合计	医院	基层医疗卫生机构	专业公共卫生机构	其他机构
总计	988412	29603	931521	24411	2877
北京	9946	645	9072	112	117
天津	5499	427	4889	126	57
河北	79142	1657	76379	1023	83
山西	42516	1396	40589	457	74
内蒙古	24292	739	22910	570	73
辽宁	36025	1192	33838	838	157
吉林	20919	654	19689	426	150

续表

	合计	医院	基层医疗卫生机构	专业公共卫生机构	其他机构
黑龙江	20364	1057	18375	872	60
上海	5055	351	4499	113	92
江苏	32222	1701	29184	1056	281
浙江	31722	1143	29971	421	187
安徽	24524	1052	22406	971	95
福建	27700	582	26262	790	66
江西	38256	612	36772	788	84
山东	78036	2104	73785	1957	190
河南	71451	1607	67364	2204	276
湖北	36356	926	34715	552	163
湖南	60938	1274	58110	1496	58
广东	49465	1390	46391	1563	121
广西	34599	553	32357	1648	41
海南	5233	211	4894	119	9
重庆	20080	729	19161	156	34
四川	80162	2115	77261	711	75
贵州	28123	1223	26291	580	29
云南	24289	1197	22458	577	57
西藏	6848	146	6556	144	2
陕西	36819	1099	34277	1337	106
甘肃	28332	491	25963	1761	117
青海	6346	208	5952	182	4
宁夏	4278	192	3989	87	10
新疆	18875	930	17162	774	9

二、全民健康背景下对医学生就业的影响

2016 年全国卫生与健康大会明确了健康中国的战略目标，确立了新时期卫生与健康的工作方针，指出全民健康优先发展的战略地位。全民健康是建设健康中国的根本目的，共建共享是基本路径。全面健康立足于全人群和全生命周期的两个着力点，以普及健康生活、优化健康服务、完善健康保障、建设健康环境、发展健康产业为重点，提供公平可及、系统连续的健康服务，实现更高水平的全民健康，为实现“两个一百年”的奋斗目标、实现中华民族伟大复兴的中国梦打下了坚实的健康基础。

（一）基层医疗卫生服务体系建设对医学生的影响

2017 年原国家卫生计生委、国家中医药管理局印发的《基层医疗卫生服务能力提升年活动实施方案》明确了基层医疗卫生服务体系建设的近期目标，即以基层为重点，加强基层医疗卫生机构服务能力建设，推动分级诊疗制度建设，以居民健康为中心，以问题为导向，加强基层医疗卫生服务能力，推动基层医疗卫生机构完善服务功能，提高服务能力，突出服务特色，改进服务质量，保障医疗安全，提

升群众对基层医疗卫生机构的利用率和获得感。2017年完成全国家庭医生签约服务覆盖率达到30%以上，重点人群签约服务覆盖率达到60%以上。

1. 基层医疗卫生服务体系建设

(1)提升门诊医疗服务能力：重点加强全科医学建设，社区卫生服务中心门诊科室以全科医学科为主，乡镇卫生院应当设全科医学科。结合本地区服务需求，可发展康复、口腔、妇科、儿科、精神(心理)卫生等专业科室，鼓励开设慢性病联合门诊，提高基层慢病诊疗能力。

(2)提升急诊急救能力：加强急诊、院前急救、基层卫生应急能力建设。完善基层医务人员基本急救技能培训制度，以区域为单位，加强二级以上医院对基层医疗卫生机构急救技能的指导与培训，按计划开展人员轮训。

(3)提升住院能力建设：结合区域医疗卫生需求和机构基础条件，合理设置基层医疗卫生机构床位数，加强住院服务能力建设。鼓励基层医疗卫生机构与上级协作医院开设联合病房，提升基层住院诊疗服务能力，提高床位使用效率，方便居民群众就医。

(4)推进家庭医生签约服务：根据服务能力和需求，不断完善签约服务内容，在基础性签约服务内容基础上，鼓励拓展不同类型的个性化签约服务内容，通过个性化的健康管理，提高居民对签约服务的感受度。

2. 基层医疗机构人才资源现状及需求　近年来，国家着力加强基层医疗卫生建设，基层医疗卫生服务的硬件条件得到很大改善。2015年，国务院办公厅发布《关于推进分级诊疗制度建设的指导意见》，正式提出，至2017年建设初具规模的分级诊疗体系，加强以全科医生为重点的基层医疗卫生队伍建设。到2020年，我国每千常住人口基层卫生人员数达到3.5人以上，初步建立起充满生机和活力的全科医生制度，基本形成统一规范的全科医生培养模式和“首诊在基层”的服务模式。基本满足人民群众基本医疗卫生服务需求。原则上按照每千服务人口不少于1名的标准配备乡村医生，每所村卫生室至少有1名乡村医生执业医师。面向基层就业已成为高校医学毕业生就业的主要趋势。

(二)全科医生制度的建设对医学生的影响

在国外，全科医生具有很高的社会地位，是家庭成员一辈子的健康保护神，是国家卫生服务支出的看门人。在英国、加拿大等国家，全科医师和专科医师的比例约为1∶1，全科医生具有较高的业务能力和水平，经济收入也和专科医生无太大差距。全科医生通过承担初诊、小病治疗、大病转院、健康咨询、健康教育、健康管理及公共卫生等工作，着重于解决常见的健康问题，并提供预防、保健、治疗和康复一体化的服务。对于疑难和危重患者，通过利用专科会诊和转诊，促进医疗资源的合理利用，既有利于提高医疗卫生工作的效率，又有利于降低医疗费用。除了可以分流病人和控制医疗费用外，全科医生制度还关系到是否能真正实现“预防为主”的医学原则。通过对许多疾病的早期预防控制，不仅可以避免出现灾难性的后果，也可以有效地降低因疾病发展所产生的医疗费用。如糖尿病早期预防控制得好，可以避免出现后期的多器官损伤，预防的效果比起治疗来，是真正的事半功倍。

我国也认识到建立全科医生制度的重要性，2012年，《国务院关于建立全科医生制度的指导意见》公布，计划到2020年，我国将初步建立起充满生机和活力的全科医生制度，基本实现城乡每万名居民有2~3名合格的全科医生，基本适应人民群众基本医疗卫生服务需求。实行全科医生签约服务，推行全科医生与居民建立稳定的契约服务关系，将医疗卫生服务责任落实到医生个人。

根据《中国卫生统计年鉴》的数据，2012年全国范围内经过注册的全科医生有6万名。新医改配套文件中将“加强医药卫生人才队伍建设和医学科技发展”作为重点工作，强调加快实施人才强卫战略，大力推进医药卫生人才制度完善和机制创新，加强以全科医生为重点的基层医疗卫生队伍建设。到2015年，通过转岗培训、在岗培训和规范化培养等多种途径培养15万名全科医生，使每万名城市居民拥有2名以上全科医生，每个乡镇卫生院均有全科医生。按照国家要求，到2020年要培养30万名全科医生，也就是说，目前全科医生的缺口高达24万。国家对全科医生的重视和全科医生的短缺，会增加医学生的就业选择。

(三)老龄化社会对医学生的影响

根据联合国划分人口老龄化程度的标准，当一个国家60岁及60岁以上的老年人口占总人口的比例超过10%，或者65岁及65岁以上的老年人口占总人口的比例超过7%时，意味着这个国家进入

“老龄化社会”。

《中国老龄事业发展报告(2013)》指出,中国在2012年时已经拥有了1.94亿的老年人,占到了全国人口的14.3%;到了2013年,更是惊人的超过了两亿,增长至2.02亿,我国的老龄化水平达到14.8%。我国已经进入“老龄化社会”。

据调查显示,我国老龄化进程快于世界水平,1990~2020年世界老龄人口平均年增长速度为2.5%,同期我国老龄人口的递增速度为3.3%,世界老龄人口占总人口的比重从1995年的6.6%上升至2020年9.3%,同期我国由6.1%上升至11.5%,无论是增长速度还是比重都超过了世界平均水平。到2020年我国65岁以上老龄人口将达1.67亿,约占全世界老龄人口6.98亿人的24%,全世界四个老年人中就有一个是中国老年人。

1. 老龄化进程加快面临的问题 老龄化社会对国家的经济发展及物质基础硬件提出了重大的考验,需要承受人口老龄化的物质实力变得强大起来。目前,我国大多数的老年人都是依靠家庭进行养老,随着老年人口的日益增多,家庭规模的不断减小,家庭养老危机也在逐渐产生出来,中青年一代工作学习中竞争压力日趋激烈,抚养孩子照顾老人的压力日渐增大;随着生育率的降低,家庭子女数的减少,越来越多的“空巢家庭”出现。家庭养老的压力越来越大,危机越发严重,家庭养老危机不但影响着老年人的生活质量、健康系数、幸福指数等,而且也影响着中青年一代的工作学习效率和生活指数。养老服务的社会化亟待发展。社区基层医疗服务面临巨大挑战,临床医学人才需求不断扩大。

2. 社会老龄化对医学生的需求 随着老年人身体机能逐步下降,老年人对医疗服务的需求也快速提升,尤其是在目前我国已经进入老龄化社会的背景下,针对老年人需要的老年医疗社会工作显得更为迫切。因此,我国基层临床医疗工作者在老年服务领域面临一系列挑战。首先,人口老龄化带来的老年人口的增多使得医疗工作的老年服务对象增多,这就要求医疗服务工作在原有服务的基础上有所调整;其次,老年人口高龄化的显著性意味着老年人需求的增多,尤其是现代社会越来越重视生活质量,所以,基层临床医疗工作者就需要特别考虑老年人的健康维护和健康恢复以及与此相关联的一系列需求,这样,临床医疗工作的任务更为繁重;第三,老年人的健康养老问题一直受到社会的关注,基层临床医疗工作在探索更为合理的健康维护模式方面担负着相当大的责任,包括尊重老年人意愿的健康维护方式的选择、医疗资金的筹集、社会支持网络的建立等方面的内容;最后,在宏观层面,基层临床医疗工作者还要做好基于老龄化现状的医疗社会工作研究,以提升服务质量。此外,在落实社会政策开展服务的过程中,需要针对我国老龄化社会带来的一系列与老年健康、老年医疗问题向政策制定部门或执行政策的责任部门提出政策修订建议,以避免相关社会问题的发生,这一系列要求对我们基层临床医疗服务人员的素质提出了更高的要求,对人员队伍未来的发展提出了更艰巨的任务。

2006年10月,中共中央十六届六中全会做出了《中共中央关于构建社会主义和谐社会若干重大问题的决定》,指出建设宏大的社会工作人才队伍。造就一支结构合理、素质优良的社会工作人才队伍,是构建社会主义和谐社会的迫切需要。社会工作建设的大背景对促进我国医疗社会工作专业化、职业化的发展起到了巨大的促进的作用,而医疗社会工作的发展对于我国社会主义和谐社会的建设意义重大。

另一方面医学科学技术的产生和发展,根植于人类互助关爱的理念和行为之中,随着生物医学模式向生物－心理－社会医学模式的转变,现代医疗社会工作正在世界蓬勃发展。因此,医疗社会工作是社会建设的重要组成部分,是推进医疗工作与患者之间良好关系形成的重要桥梁,需要更多的医学人才投身于基层医疗社会工作中,而临床医学人才成为这支队伍中不可忽视的主力军。

(四)公共卫生服务体系建设对医学生的影响

我国在很长一段时间,公共卫生领域无论是在投入方面还是在重视程度上,都存在很大不足。2003年“非典型肺炎”暴发以后,政府加大了公共卫生的投入,加强了公共卫生的建设,已经取得了明显效果,但还是存在一些问题需要改进。比如在疾病防治方面,更多的是投入在传染病的防治上,对慢性病却不够重视。许多地区根本没有把慢性病预防放在工作的议程中,有些地区虽然开展了一些工作,但还远远不够。慢性病健康教育工作手段单一,效果不明显;慢性病危险因素监测缺失或滞后,不能有效指导慢性病的预防。随着社会经济的发展,我国疾病谱已出现了明显变化,高血压、心脏病、糖尿病、肿瘤等慢性疾病严重危害人民群众健康,而相关疾病防控、健康教育的工作却相应缺乏和

不足。

在公共卫生服务领域，除了投入不足和重视不够外，还存在公平性缺乏和人才短缺的问题。由于中国具体国情，在公共卫生资源的分配和人民享有的基本公共卫生服务方面，因为地区、城乡的不同，存在很大差异，造成严重的公平问题。而专业人才的缺乏，无论对于我国公共卫生的实际工作还是基础研究，都产生了不利的影响。据统计，我国公共卫生工作人员中，只有不到1% 的人员具有硕士学位。形成鲜明对比的是，在美国政府卫生部门就职的公务员中，50% 具有公共卫生硕士学位。

针对公共卫生服务存在的问题，新医改方案提出的解决措施包括：健全城乡公共卫生服务体系，逐步扩大国家公共卫生服务项目范围，向城乡居民提供疾病防控、计划免疫、妇幼保健、健康教育等基本公共卫生服务；实施国家重大公共卫生专项，有效预防控制重大疾病；进一步提高突发重大公共卫生事件处置能力；逐步缩小城乡居民基本公共卫生服务差距，提高全民健康水平；完善公共卫生服务经费保障机制，加强绩效考核，提高服务效率和质量；政府对乡村医生承担的公共卫生服务等任务给予合理补助。

随着新医改对公共卫生服务领域的加强，国家会加大投入，并增加相关工作岗位，对公共卫生医学人才的需求也会增加。这不仅会直接增加公共卫生专业医学生的就业机会，对于相关专业医学生就业也会起到促进作用。

（五）健康服务业发展对医学生的影响

2013 年，国务院公布了《关于促进健康服务业发展的若干意见》，提出要大力发展健康服务业，到 2020 年，基本建立覆盖全生命周期、内涵丰富、结构合理的健康服务业体系，打造一批知名品牌和良性循环的健康服务产业集群，并形成一定的国际竞争力，基本满足广大人民群众的健康服务需求。健康服务业总规模达到 8 万亿元以上，成为推动经济社会持续发展的重要力量。

《关于促进健康服务业发展的若干意见》提出的主要任务有八个方面：

1. 大力发展医疗服务　通过加快形成多元办医格局、优化医疗服务资源配置、推动和发展专业、规范的护理服务三个方面，来进一步促进医疗服务行业发展，更好地为人民群众健康服务。

2. 加快发展健康养老服务　一是推进医疗机构与养老机构等的合作，加强医疗卫生服务支撑，合理布局养老机构与老年病医院、老年护理院、康复疗养机构等，形成规模适宜、功能互补、安全便捷的健康养老服务网络；另外要发展社区健康养老服务，提高社区为老年人提供日常护理、慢性病管理、康复、健康教育和咨询、中医保健等服务的能力，鼓励医疗机构将护理服务延伸至居民家庭。

3. 积极发展健康保险　一方面要丰富商业健康保险产品，另一方面发展多样化的健康保险服务。在完善基本医疗保障的基础上，在稳步提高基本医疗保障水平的基础上，鼓励商业保险公司提供多样化、多元化、多层次和规范化的产品服务。

4. 全面发展中医药医疗保健服务　通过提升中医健康服务能力和推广科学规范的中医保健知识及产品，更好地利用中医药这一宝贵资源，并且带动包括中医药加工和制造业、中医药销售业、中医药药材种植业等相关产业链的发展。

5. 支持发展多样化健康服务　一是发展健康体检、咨询等健康服务，加快发展心理健康服务，培育专业化、规范化的心理咨询、辅导机构，大力开展健康咨询和疾病预防，促进以治疗为主转向预防为主；二是发展全民体育健身，进一步开展全民健身运动，宣传、普及科学健身知识，提高人民群众体育健身意识，引导体育健身消费；三是发展健康文化和旅游，支持健康知识传播机构发展，培育健康文化和旅游产业。

6. 培育健康服务业相关支撑产业　一是支持自主知识产权药品、医疗器械和其他相关健康产品的研发制造和应用；二是大力发展第三方服务，比如引导发展专业的医学检验中心和影像中心为医院服务，有利于降低医疗成本；三是支持发展健康服务产业集群。通过政策扶持和倾斜，培育一批医疗、药品、医疗器械、中医药等重点产业，打造一批具有国际影响力的知名品牌。

7. 健全人力资源保障机制　一方面加大人才培养和职业培训力度，支持高等院校和中等职业学校开设健康服务业相关的学科专业，引导有关高校合理确定相关专业人才培养规模，鼓励社会资本举办职业院校，规范并加快培养护士、养老护理员、药剂师、营养师、育婴师、按摩师、康复治疗师、健康管理师、健身教练、社会体育指导员等从业人员，建立健全健康服务业从业人员的继续教育制度。各地

要把发展健康服务业与落实各项就业创业扶持政策紧密结合起来，充分发挥健康服务业吸纳就业的作用。另一方面要促进人才流动，比如加快推进规范的医师多点执业。

8. 夯实健康服务业发展基础　通过推进健康服务信息化和加强诚信体系建设，为健康服务业的发展打下坚实基础。

《关于促进健康服务业发展的若干意见》出台，一方面是因为随着我国社会经济发展，人民群众对健康管理、健康促进和健康咨询等方面的需求越来越多；另一方面健康服务业是现代服务产业中的重要内容，对于我国稳增长、调结构、惠民生和促改革有密切关系，通过健康服务业的发展，对调整服务业结构和带动整个经济发展方式的转变非常有益。国家高度重视发展健康服务业，通过努力有希望将其培育成新兴支柱产业。健康服务业的范畴不仅限于医疗服务，而是和健康相关的内容皆包含于其中，从规模来看，是一个巨大的市场，会提供大量和健康相关的工作岗位，也会为医学生就业提供大量机会。

第三节　临床医学生职业发展趋势

一、临床医学生就业现状

（一）毕业生人数不断增加，致使就业难度加大

自从我国大学教育从精英化转向大众化，高校大规模扩招，使大学毕业生人数连年增加。从2007年到2017年，我国大学毕业生人数从409万达到795万，增加近四百万人，我国大学毕业生就业压力巨大。一方面劳动力供大于求的基本格局并没有改变，并将在今后一个时期持续存在；另一方面，就业的结构性矛盾还将进一步加剧。现实的情况是部分单位"招工难"和劳动者"就业难"问题并存，并且有常态化趋势。其中，以高校毕业生为主体的青年就业问题已经成为结构性矛盾的焦点。毕业生到城乡基层的渠道不通畅，专业能力不适应市场需求等原因，造成毕业生就业困难。从长远来看，由于全球金融危机影响，再加上我国经济也处于转型调整期，这种就业困难的趋势短期内不会明显改善。

（二）医学生就业期望过高，致使就业难度加大

我国医药人才并不是绝对意义上的过剩，一方面，大城市的大医院人才饱和，但医学生还是拼命往大医院挤；另一方面，社区医疗中心、乡镇卫生院等面临人员短缺，学生却不愿去这些机构就业。据调查显示，生源地为省会城市的医学生100%希望在省会城市就业，来自地（市）县的学生有近半数希望在省会城市就业，无人愿意到乡镇农村就业；生源地为乡镇农村的学生超过一半希望在省会城市就业，42.6%的学生希望到地（市）县就业，只有3.2%的学生愿意回乡镇农村就业。医学生毕业后普遍想进入大城市的大医院，这些机构工作环境良好、薪酬待遇较丰厚、进修培训和个人发展机会也较多，因此这种就业观念本身没有问题。但这些大医院大多存在岗位编制基本饱和，且多数情况下接收的毕业生要求具有较高学历，高职高专医学生进入这些机构工作难度相应加大。而广大基层医疗单位，对于医学毕业生有较大需求，却得不到医学生青睐。部分临床医学专业毕业生择业就业期望值过高，择业观念落后，不适应当前新医改就业形势的需要。相当一部分学生缺乏竞争意识，没有开阔的行业视野，没有远大的理想，更缺乏创业观念与创业勇气，把就业的视线仅仅盯在发达地区和待遇较好的大医院，一心只想当一名临床医生。

有调查显示，绝大多数临床医学专业毕业生不愿意到条件艰苦、待遇相对较低的西部地区与基层就业，更没有自主创业意愿。他们从事临床医生工作的思想根深蒂固，对于到和医学相关的、具有良好发展前景的相关领域工作，如医药营销、医疗保健、社区医疗服务等缺乏兴趣。其实，大城市与发达地区传统的医疗卫生行业人才需求基本饱和，医学人才市场上的竞争也日趋激烈，很多单位都希望引进人才，来之即用，而不愿慢慢培养应届毕业生。大中城市的综合性医疗机构、经济发达地区的县级医疗机构原则上都需要硕士及以上学历，并要求具有英语六级和计算机二级证书，因此临床医学专业毕业生的择业期望值过高是造成其就业难的原因之一。

广西某医学高等专科学校临床医学专业的培养目标是为社会主义新农村建设服务，能够在农村各级基层医疗卫生机构服务，掌握农村常见病的预防、治疗、保健、康复、健康教育和计划生育的知识及技能，能够“下得去、用得上、留得住”的高素质技能型乡村医生，就业面向乡镇卫生服务机构。该校近年对临床医学毕业生的一次调查显示，尽管有 97.0% 的毕业生认为目前就业形势严峻或比较严峻，79.0% 的毕业生认为到乡镇卫生服务机构就业有必要或很有必要，但却有 38.9% 的毕业生表示不会或不清楚是否会选择到乡镇医疗卫生机构工作，47.5% 的毕业生的求职目标去向选择东部沿海地区和大中小城市，57.6% 的毕业生希望应聘的单位或职位类型是国有事业单位或公务员职位。

在医学生普遍不愿去基层就业的观念影响下，部分医学生即使无法顺利就业，也不愿意去城市社区医疗服务中心或农村医疗机构等基层就业，造成了“无岗可以就”和“有岗无人就”同时存在的现象。化解这一矛盾当然需要医学生更新就业观念，更重要的是需要医疗卫生体制进一步深入改革，把“重基层”落到实处。从政策上对基层医务工作者的工作或生活等方面适当倾斜，从经济上给予基层医务工作者适当补偿，使医学生确实觉得在基层工作大有可为和大有希望。

（三）医学生自身知识技能不足，致使就业难度加大

从国外的经验看，职业教育对于降低年轻人的失业率具有重要作用。在本次全球经济危机中，德国 15 岁到 24 岁的年轻人口失业率不到 8%，在所有欧盟国家中是最低的。很大程度上，这种低失业率应归功于德国的双轨制职业教育，就是学生一半时间在职业学校学习、一半时间在企业实习工作的职业教育模式。这种模式下，学生不但可以获得工作经历和掌握实用技能，而且可以更好地被雇主了解和熟悉，从而增加了就业机会。我国高等教育存在的问题之一就是职业技能教育发展不足，高层次技能型人才远远无法满足市场需求，因此国家有关部门正在积极制订计划来培养高层次技能型人才。

我国高职高专教育的目标定位是：高职高专教育是我国高等教育的重要组成部分，培养拥护党的基本路线，适应生产、建设、管理、服务第一线需要的、德智体美等方面全方位发展的高等技术应用性专门人才。医学是一门实践性很强的学科，医学生并不是只要拥有较高的学历，就能很好地解决工作中遇到的问题。高职高专医学生培养注重技术应用能力和实践能力，这一点和德国双轨制职业教育有相似之处。“机会总是留给有准备的人”。有时候面对工作岗位，医学生本身由于知识或技能达不到用人单位要求，从而错失良机。一方面是由于学生本人平时学习中努力不够；另一方面由于目前我国部分高校课程设置比较陈旧，无法满足不断变化的市场需求，从而影响学生知识结构和技能水平。

二、临床医学生的职业发展

临床医学专业学生的培养与就业关乎国家医疗卫生事业改革与发展的成败，意义重大。新医改配套文件的出台，对拓宽临床医学专业学生就业的途径具有政策导向性。

（一）临床医学生的职业发展方向

1. 去基层就业　基层就业就是到城乡基层工作。国家近几年出台了一系列优惠政策鼓励高校毕业生积极参加社会主义新农村建设、城市社区建设和应征入伍。一般来讲，“基层”既包括广大农村，也包括城市街道社区；既涵盖县级以下党政机关、企事业单位，也包括社会团体、非公有制组织和中小企业；既包含自主创业、自谋职业，也包括艰苦行业和艰苦岗位。2014 年中国医院协会发布《县医院人才（流动）流失情况调研报告》指出，从 2008 年到 2012 年，县级公立医院平均年门急诊人次数从 20.1 万增长至 31.8 万，平均住院人次数从 1.6 万增长至 2.6 万。与之相反的是，医生数量却在迅速减少。在对江西、贵州、陕西等地的 86 所县级公立医院调研后发现，4 年内共有 9392 名医务人员流失，大部分为临床医生，70% 的去向为经济发达地区或上级医院。

在加强基层医疗卫生机构建设方面，新医改方案提出要完善农村三级医疗卫生服务网络，发挥县级医院的龙头作用，完善乡镇卫生院、社区卫生服务中心建设标准。通过这些措施，要实现基层医疗卫生服务网络的全面覆盖，使无论城市居民还是农民，都可以获得便捷有效的医疗卫生服务，真正做到“小病不出乡，大病不出县”。

在加强基层医疗卫生队伍建设方面，新医改采取的措施包括：制订并实施免费为农村定向培养全科医生和招聘执业医师计划；用三年时间，分别为乡镇卫生院、城市社区卫生服务机构和村卫生室培训医疗卫生人员 36 万人次、16 万人次和 137 万人次；建立并完善城市医院对口支援农村制度，每所城

市三级医院要与3所左右县级医院（包括有条件的乡镇卫生院）建立长期对口协作关系；继续实施“万名医师支援农村卫生工程”；采取到城市大医院进修、参加住院医师规范化培训等方式，提高县级医院医生水平；鼓励高校医学毕业生到基层医疗机构工作，从2009年起，对志愿去中西部地区乡镇卫生院工作三年以上的高校医学毕业生，由国家代偿学费和助学贷款。

在基层医疗机构的经费来源方面，新医改方案通过改革基层医疗卫生机构补偿机制，使基层医疗卫生机构运行成本通过服务收费和政府补助补偿。具体内容包括：政府负责其举办的乡镇卫生院、城市社区卫生服务中心和服务站按国家规定核定的基本建设、设备购置、人员经费及所承担公共卫生服务的业务经费，按定额定项和购买服务等方式补助；医务人员的工资水平，要与当地事业单位工作人员平均工资水平相衔接；基层医疗卫生机构提供的医疗服务价格，按扣除政府补助后的成本制定。

对于长期在城乡基层工作医务人员的职称晋升、业务培训、待遇政策等方面，新医改方案指出要适当倾斜。如许多地区对于基层医务人员，给予享受事业单位员工工资和福利待遇的政策；在公开招聘、考研中，对乡镇卫生院满一定工作年限者，给予优先。随着这些措施的逐步落实，不仅会使基层医务人员切实受益，也会增强基层医务人员的荣誉感和责任感，安心地服务于基层，为人民卫生保健事业服务。另外也会在很大程度上解除医学生到基层工作的后顾之忧，建立起医学生到基层建功立业的通畅渠道。因此，在现今医学生就业形势日趋严峻的情况下，临床医学专业毕业生到基层就业具有良好的政策基础，将大有作为。

2. 申报全科医师培养　新医改中提到“加强全科医学教育”“完善全科医师任职资格制度”“促进乡村医生执业规范化，尽快实现基层医疗卫生机构都有合格的全科医生”。目前我国合格的全科医生十分匮乏，注册全科医疗科的执业医师仅有八万余名，占执业医师总数的4.3%。而在重视基层卫生的国家和地区，一般可占执业医师总数的1/3甚至1/2以上，这种状况源于社区医疗机构存在巨大全科医师缺口。如今新医改政策向全科医学教育、全科医师培训倾斜，临床医学专业学生应重视全科医学的学习，全面提升自身素质，完善知识结构，力争做合格的应用型医学人才，以适应国家新医改的政策，选择一条切合实际的发展之路。自2010年8月北京开展家庭医生式服务试点以来，上海、成都、青岛、厦门、济南、贵阳、芜湖等城市也纷纷开展家庭医生就医模式试点。这为临床医学专业毕业生开辟了新的就业空间。

3. 参加住院医师培训　长期以来，我国无规范化住院医师培训制度，学生从医学院校毕业，未经二级学科培养，就直接分配到医院从事临床工作，以后的能力和水平相当程度上取决于所在医院的条件，严重影响了医疗队伍的整体素质的提高。新医改中提到“建立住院医师规范化培训制度，强化继续医学教育”。住院医师规范培训是医学生毕业后教育的重要组成部分，对于培训临床高层次医师，提高医疗质量极为重要。占据了医学终生教育承前启后的重要地位。在新医改政策的推动下，全国各地相继出台住院医师规范化培训制度，并将取得住院医师培训合格证书作为岗位聘用、晋升的条件之一。

4. 从事公共卫生服务　新医改方案指出，通过大力发展农村医疗卫生服务体系、完善以社区卫生服务为基础的新型城市医疗卫生服务体系、健全各类医院的功能和职责、建立城市医院与社区卫生服务机构的分工协作机制、建立城市医院对口支援农村医疗卫生工作的制度、充分发挥中医药（民族医药）在疾病预防控制中的作用等措施，进一步完善结构合理、覆盖城乡的医疗服务体系。完善医疗卫生服务体系过程中的办医原则是非营利性医疗机构为主体、营利性医疗机构为补充，公立医疗机构为主导、非公立医疗机构共同发展。

日益健全的公共卫生服务体系应该成为大量吸纳临床医学毕业生就业的新渠道。疾病预防控制、应急救治、妇幼保健、健康教育、精神卫生、采供血、卫生监督和计划生育等公共卫生服务领域，都将成为临床医学毕业生择业的选择范畴。全国各地在新医改后，都在努力发展和壮大以社区服务为中心的城市医疗卫生服务体系和农村卫生服务体系，民营医疗服务机构的建设也在不断取得进展。相对大城市大医院医务人员相对饱和的状态，这些机构会长期对各类医务人员有大量需求，这对于医学生的就业是重大利好消息。

（二）临床医学生的职业发展要求

1. 坚实的医学科学知识　医学人才必须具备坚实的医学科学基础知识，并且能够应用这些知识

解决医疗实际问题。医生必须懂得医疗决定和行动的各种原则，并且能够因时、因事而异地做出必要的反应。为此，医学人才必须掌握以下知识：

人体作为一个复杂的、具有适应性的生物系统的正常结构和功能；疾病发生时机体结构和功能的异常改变；决定健康和疾病的各种重要因素和影响健康的危险因素，人类同自然和社会环境之间的相互影响；维持机体平衡的分子，细胞、生化和生理机制；人类的生命周期及生长、发育、衰老对个人、家庭和社会的影响；急、慢性疾病的病因学和发生发展过程；流行病学和卫生管理；药物作用的原理和使用药物的原则，不同治疗方法的效果；在急、慢性疾病防治、康复和临终关怀中，恰当地采取生化的、药物的、外科的、心理的、社会的和其他各种干预措施。

2. 良好的沟通技能　医学人才应当用有效的沟通创造一个便于与病人、病人家属、同事、卫生保健队伍其他成员和公众之间进行相互学习的环境。为了提高医疗方案的准确性和病人的满意度，医学人才必须能够做到：注意倾听，收集和综合与各种问题有关的信息，并能理解其实质内容；会运用沟通技巧，对病人及其家属有深入的了解，并使他们能以平等的合作者的身份接受医疗方案；有效的与同事、教师、社区、其他部门以及公共媒体之间进行沟通和交流；通过有效的团队协作与涉及医疗保健的其他专业人员合作共事；具有教别人学习的能力和积极的态度；对有助于改善与病人及社区之间的关系和个人的因素的敏感性；有效地进行口头和书面的沟通；建立和妥善保管医疗档案；能综合并向听众介绍适合他们需要的信息，与他们讨论关于解决个人和社会重要问题的可达到的和可接受的行动计划。

3. 熟练的临床技能　医学人才在诊断和处理病例中必须讲求效果和效率。为此，必须能够做到：采集包括职业卫生等在内的相应病史资料；进行全面的体格和精神状态检查；运用基本的诊断和技术规程，对获得的观察结果进行分析和解释，确定问题的性质；运用循证医学的原则，在挽救生命的过程中采用恰当的诊断和治疗手段；进行临床思维，确立诊断和制订治疗方案；识别危及生命的紧急情况和处理常见的急症病例；以有效果的、有效率的合乎伦理的方法，对病人做出包括健康促进和疾病预防在内的处理；对病人的健康问题进行评价和分析，并指导病人重视生理、心理、社会和文化的各种影响健康的因素；懂得对人力资源和各种诊断性干预、医疗设备和卫生保健设施的适宜使用；发展独立自我引导学习的能力，以便在整个职业生涯中更好地获取新知识和技能。

4. 信息管理应用能力　医疗实践和卫生系统的管理有赖于有效的源源不断的知识和信息。计算机和通信技术的进步对教育和信息的分析和管理提供了有效的工具和手段。使用计算机系统有助于从文献中寻找信息，分析和联系病人的资料。因此，医学人才必须了解信息技术和知识的用途和局限性，并能够在解决医疗问题和决策中合理应用这些技术。毕业生应该能够做到以下各点：从不同的数据库和数据源中检索、收集、组织和分析有关卫生和生物医学信息；从临床医学数据库中检索特定病人信息；运用信息和通信技术帮助诊断、治疗和预防，以及对健康状况的调查和监控；懂得信息技术的运用及其局限性；保存医疗工作的记录，以便于进行分析和改进。

5. 批判性思维和研究能力　对现有的知识、技术和信息进行批判性的评价，是解决问题所必须具备的能力，因为医学人才如果要保持行医的资格，他们就必须不断地获取新的科学知识和新的技能。进行良好的医疗实践，必须具有科学思维能力和使用科学的方法。因此，应该能够做到以下几点：在职业活动中表现出具有分析批判的精神、有根据的怀疑、创造精神和对事物进行研究的态度；懂得根据从不同信息源获得的信息在确定疾病的病因、治疗和预防中进行科学思维的重要性和局限性；应用个人判断来分析和评论问题，主动寻求信息而不是去等待别人提供信息；根据从不同来源获得的相关信息，运用科学思维去识别、阐明和解决病人的问题；理解在做出医疗决定中应考虑到问题的复杂性、不确定性和概率；提出假设，收集并评估各种资料，从而解决问题。

总之，实用性高级医学人才应显示出：专业能力。这些专业能力将确保在所有环境中领会和关注病人的适应性，在卫生保健监控下提供最佳服务；把对疾病和损伤处理与健康促进和疾病预防相结合的能力；团队中协作共事和在需要时进行领导的能力；对病人和公众进行有关健康、疾病、危险因素的教育、建议和咨询的能力，能认识自身不足、有自我评估和同行评估的需要，能进行自我学习和在职业生涯中不断自我完善的能力；在维护职业价值和伦理的最高准则的同时，适应医疗实践条件变化的能力，适应医学信息技术发展、科技进步、卫生保健组织体系变化的能力。

本章小结

了解医学职业发展的现状与趋势是医学生明确自身职业发展方向的基础，是做好职业生涯规划的保障。本章从我国医疗卫生体制的发展入手，通过梳理我国医疗卫生体制的发展历程，分析出我国医疗卫生事业的现状；从我国医疗卫生事业改革渊源的介绍到分析全民健康背景下对医学生就业的影响；最终落脚点为临床医学生未来的职业发展方向。通过本章的学习，能够帮助医学生了解未来的职业发展方向，培养合理就业观念。

案例讨论

我的未来在哪里?

杨某是某医学专科学校临床专业的大一学生，当医生是杨某一直以来的梦想，高考后义无反顾地填报临床专业。当他走进医学院校开始为自己的梦想努力的时候，种种疑问纷纷而来。"学习压力好大啊！"杨某说，"刚上了一个学期，感觉如同又过了一遍高三"，如此高强度的学习压力是杨某没有想到的。与此相比，他越来越迷茫的就是自己的未来了。

案例讨论

杨某说，他的梦想是一名医生，可是迈进医学大门后发现，学习是永无止境的，再大的学习压力都可以克服，可是我的未来在哪里？作为一名专科毕业的医学生，我能找到工作吗？

（杨文秀　蔡　安）

扫一扫，测一测

思考题

1. 对于一名临床医学生的职业发展要求有哪些？
2. 新医改的总体目标是什么？

第二章 临床医学生的职业规划认知

学习目标

1. 掌握职业生涯规划的相关内涵及意义。
2. 熟悉医学生职业生涯规划的特点。
3. 了解职业生涯相关理论的发展。
4. 能够宏观掌握职业生涯规划的内容,理解职业生涯规划对医学生的影响;能够认识职业生涯的意义,树立正确的职业生涯规划意识。

案例导学

小王和小李是高中同班同学,小王为人率直,外向热情,善于言谈,与同学关系融洽。小李内向、安静、爱思考,两人同时考取医学高职院校。在校期间,小王积极参加学生社团,组织各种活动,积极申请加入党组织,各方面表现优秀,成为优秀学生干部,在医院实习期间,担任实习队长,工作表现深受医院、实习生和学校老师的好评。小李埋首学习,教室、图书馆都能看到他孜孜不倦认真学习的身影,年年获得一等奖学金,参与教师课题研究,在校期间发表3篇论文。毕业10年后,小王成为一家医院的中层管理干部;小李成为一家三甲医院优秀的医生。

问题:1. 你对以上两位同学的成长有何感想?

2. 你觉得做好职业生涯规划与事业的成功有必然联系吗?

第一节 职业生涯规划的内涵和意义

一、职业生涯规划的相关概念

(一)职业的概念

“职业”一词在《现代汉语词典》中解释为“个人在社会中所从事的作为主要生活来源的工作。”职业具有以下四个方面的特征:①职业与人类的需求、职业结构相关,重在强调社会分工;②职业与其内在属性相关,强调专门的知识和技能的有效利用;③职业与社会伦理相关,重在对财富创造时取得的合法收入;④职业与个人生活相关,强调物质生活的来源。

美国社会学家塞尔兹认为,职业是一个人为了不断取得收入而连续从事的具有市场价值的特殊

活动，这个活动决定着从业者的社会地位。

另一位美国学者泰勒在其《职业社会学》中指出："职业的社会学概念可以解释为一套成为模式的与特殊工作经验有关的人群关系。这种成为模式的工作关系的结合，促进了职业结构的发展和职业意识形态的显现"。因此可以说，职业就是人们参与社会分工，利用专门的知识和技能，创造物质财富、精神财富，获得合理报酬，满足物质生活和精神生活的工作。职业在反映一个人的社会身份地位、自身文化与能力的同时，还是一个人最基本的符号和最主要特征的体现。

（二）职业生涯的概念

职业生涯(career)，是指一个人的终身职业经历，概念解释有广义、狭义之分。狭义的职业生涯，指个体从工作开始到结束的时间内客观的工作经历并与工作有关的行为；广义的职业生涯，包括职业兴趣的培养、职业能力的获得、职业岗位的选择、职业劳动到最后完全退出职业劳动这样一个完整的过程。每个人的职业生涯都是个体一生不断变换工作角色、履行工作职责和完成工作任务的发展道路。具体来说，是以个体化心理开发、生理开发、智力开发、技能开发、伦理开发等人的潜能开发为基础，以工作内容的确定、工作业绩的评价、工资待遇、职称职务的变动为标志，以满足需求为目标的工作经历和内心体验的经历。

（三）职业生涯规划的概念

职业生涯规划即职业生涯设计，是个人根据对自身情况如兴趣、爱好、能力、特长、经历与不足进行分析和权衡，结合时代特点及外界环境的影响，为自己确定最佳的职业奋斗目标，选择职业发展道路，制订相应的工作、培训和教育计划，并为实现这一目标而确定的行动方向、行动时间和行动方案。它重在帮助每个人真正了解自己并为其定下职业目标，筹划未来。良好的职业生涯规划的特征有：

1. 可行性　职业生涯规划作为职业选择行为事先制订的计划，职业目标的确定要建立在主客观因素分析的基础上，必须切实可行，不能空想和幻想。

2. 适时性　职业生涯规划是未来选择具体职业的行动计划，因此要有步骤和时间安排。各项主要活动的实施和完成，都要首先确定一个时间的合理安排，并作为检查行为的依据。

3. 适应性　一份可行适时的职业生涯规划设计需要考虑很多方面的因素，而这些因素间又是复杂而互相联系着的。因此，职业生涯规划要有弹性，可以根据主客观环境的变化，进行修改和完善，以增加其适应性。

4. 持续性　职业生涯规划作为个人一生职业活动的行动指南，是一个连续不断的过程，要注意连贯和衔接。

二、职业生涯规划的意义

1953 年，哈佛大学的专家曾经做过一个著名的调研——目标对人生影响的跟踪调查。作为调研对象的 100 位学历、生活环境相仿的大学生，27%的人没有目标；60%的人目标模糊；10%的人有清晰但比较短期的目标；3%的人有清晰且长期的目标。追踪其 25 年后，3%有清晰且长期目标的人，最后几乎都成为了社会各界的精英、行业领袖。10%有着清晰但是短期目标的人，大部分生活在社会的中上层。60%目标模糊的人，几乎都生活在社会的中下层面，虽然能够安稳地生活和工作，但是没有其他特别的成绩。27%没有目标的人，生活在社会的最底层。可见，职业生涯规划对人的一生工作和生活有着深远的影响。

（一）职业生涯规划有助于明确奋斗目标

人生的历程最重要的是自我价值的实现，俗话说"人往高处走，水往低处流。"所以追求成功是人的本性。只有明确了自己的奋斗目标，日常的工作、学习才会更加有意义。在我们翻阅成功人士的简历时，我们会发现他们的成功并不是因为良好的社会背景或较高的学历层次，相反他们中大多数是白手起家，学历层次较低甚至中途辍学，虽然成功是不可复制的，但是他们都有一个共同的特点——人生有目标。为了实现目标，他们为之奋斗一生，矢志不渝。因此，客观、全面地认识自己的能力、兴趣、个性和价值观，了解各种职业、行业、环境的需求趋势和影响因素，确立职业生涯发展目标，选择实现这一目标的职业方向，并制订行之有效的实施方案，瞄准目标，努力前进，就能最终实现人生理想。

（二）职业生涯规划有助于发觉自身潜能

每个人都蕴藏着无限的潜能，如何将自身潜能激发出来并得到最大限度的发挥，职业生涯规划起

着至关重要的作用。在工作、学习、生活中，我们经常会看到这样的人，想起什么做什么，杂乱无章，完全没有计划可言。这样的人由于没有整体的、宏观的概念，很容易沉陷于繁杂的事务中，工作、学习无侧重。一份行之有效的职业生涯规划不仅仅是一份工作计划，而且它能够帮助我们更加全面地认识自己，了解自己，重新定位自己的社会价值，保持自信；能够帮助我们评价自身所处的环境因素，测评目标与现实环境之间的差距，突破并塑造充实的自我；能够帮助我们树立明确的职业发展目标与理想，提供奋斗的策略，搜索或发现新的或有潜力的职业机会，找到适合自己的工作，不断增强自身职业竞争力，将潜在的优势得以积累和发挥，最终实现自身的职业理想。

（三）职业生涯规划有助于转变择业观念

传统的职业观念是终身从事一项稳定的职业，干一行，爱一行、精一行。这种职业观念已经不适应现在知识经济飞速发展的需要。从终身职业到终身就业，职业活动的转换已成为人们生活中的必然。在新的就业模式中，不会再有终身职业，取而代之的是人人拥有终身就业的机会，前提是你必须不断提升职业能力，适应职业岗位需求。因此要设计好自身的职业生涯规划，保持对职业与未来的活跃思考，认清就业形势，转变就业观念，有效地整合自己的优势，在激烈的竞争中立于不败之地。

（四）职业生涯规划有助于提升职业品质

职业品质是在职业过程中表现出来的综合品质。职业生涯规划能不断提升一个人的职业品质，它通过正确地自我认知、从了解社会和职业状况入手，重点对职业信息进行收集、分析、比较，不断增进对工作的整体了解，有意识地培养职业心态、职业技能和职业素质，实现个体与职业的匹配，增强就业竞争力，为成功的职业生涯打下基础。

总之，通过有效的职业生涯规划，可以认识自身的个性特质和潜在的资源优势，进一步明确职业目标，提升就业竞争力。医学高职学生进行职业生涯规划后，有了明确的目标，对专业、个人均有明确的认识，这样有助于在校期间有目的地安排学习、生活，协调自己和社会的关系，积极投入实践活动中。在实践中了解职业岗位需求变化对职业生涯的影响，根据社会需要适时调整规划，增强自己职业规划的针对性和目的性，在实践过程中建立与职业目标相一致的能力、知识和素质结构，不断提高自己的综合素质。

《中华人民共和国职业分类大典》

20 世纪 90 年代中期，随着社会主义市场经济体制的逐步建立和科学技术的迅猛发展，我国的社会经济领域发生了重大变革，这对人力资源管理提出了新的要求。为此，国家提出要制定各种职业的资格标准和录用标准，实行学历文凭和职业资格两种证书制度。《中华人民共和国劳动法》中明确规定："国家确定职业分类，对规定的职业制定职业技能标准，实行职业资格证书制度。"根据社会经济发展的需要，1995 年 2 月，劳动和社会保障部、国家统计局和国家质量技术监督局联合中央各部委共同成立了国家职业分类大典和职业资格工作委员会，组织社会各界上千名专家，经过四年的艰苦努力，于 1998 年 12 月编制完成了《中华人民共和国职业分类大典》，并于 1999 年 5 月正式颁布实施。

《中华人民共和国职业分类大典》把我国职业划分为由大到小、由粗到细的四个层次：大类（8 个）、中类（66 个）、小类（413 个）、细类（1838 个）。细类为最小类别，亦即职业。8 个大类分别是：第一大类：国家机关、党群组织、企业、事业单位负责人，其中包括 5 个中类，16 个小类，25 个细类；第二大类：专业技术人员，其中包括 14 个中类，115 个小类，379 个细类；第三大类：办事人员和有关人员，其中包括 4 个中类，12 个小类，45 个细类；第四大类：商业、服务业人员，其中包括 8 个中类，43 个小类，147 个细类；第五大类：农、林、牧、渔、水利业生产人员，其中包括 6 个中类，30 个小类，121 个细类；第六大类：生产、运输设备操作人员及有关人员，其中包括 27 个中类，195 个小类，1119 个细类；第七大类：军人，其中包括 1 个中类，1 个小类，1 个细类；第八大类：不便分类的其他从业人员，其中包括 1 个中类，1 个小类，1 个细类。

《中华人民共和国职业分类大典》是我国第一部对职业进行科学分类的权威性文献。由于它的编制与国家标准《职业分类与代码》(GB6565-86)的修订同步进行，相互完全兼容，因此，它本身也就代表了国家标准。《中华人民共和国职业分类大典》的重要贡献在于，它在广泛借鉴国际先进经验(特别是《国际标准职业分类》ISCO-88)和深入分析我国社会职业构成的基础上，突破了过去以行业管理机构为主体，以归口部门、单位甚至用工形式来划分职业的传统模式，采用了以从业人员工作性质的同一性作为职业划分标准的新原则，并对各个职业的定义、工作活动的内容和形式以及工作活动的范围等作了具体描述，体现了职业活动本身固有的社会性、目的性、规范性、稳定性和群体性的特征。《中华人民共和国职业分类大典》科学地、客观地、全面地反映了当前我国社会的职业构成，填补了我国长期以来在国家统一职业分类领域存在的空白，具有深远的意义和广泛的应用领域。

第二节　职业生涯规划的理论依据

生涯规划的相关理论发展是一个多学派共同发展的过程。从职业生涯的发展、规划、指导到职业生涯的教育均推动了职业生涯理论本身的发展，更对实践起到了极大的启发和指导意义。尽管每一种理论都有其侧重点，但综合运用职业生涯规划的相关理论作为实践的指导依据，能更好地认识自我、了解环境，从而做出更适合自身的职业生涯设计。

一、人职匹配理论

(一) 人格特性与职业因素匹配理论

人格特性与职业因素匹配理论就是关于人的个性特征与职业性质相一致的理论。其基本思想是由于工作性质、环境、条件、方式的不同，个体差异普遍存在，每个人都有自己的个性特征，每一种职业对从业者的能力、知识、技能、性格、气质、心理素质都有不同的要求。因此，进行职业决策时，就要根据一个人的个性特征来选择与之相对应的职业种类，即进行人职匹配。

人格特性与职业因素匹配理论是美国波士顿大学教授弗兰克•帕森斯(Frank Parsons)在《选择一个职业》中提出的。他认为，每个人都有自己独特的人格模式，每种人格模式都有其相适应的职业类型。所谓"特性"就是指个人的人格特征，包括能力倾向、兴趣、价值观和人格等，可以通过心理测量工具来加以测量。所谓"因素"是指在工作上要取得成功所必须具备的条件或资格，可以通过对工作的分析而了解。

帕森斯还提出职业指导由三步组成：

第一步是评价求职者的生理和心理特点(特性)。通过心理测量及其他测评手段，获得有关求职者的身体状况、能力倾向、兴趣爱好、气质与性格等方面的个人资料，并通过会谈、调查等方法获得有关求职者的家庭背景、学业成绩、工作经历等情况，并对这些资料进行评价。

第二步是分析各种职业对人的影响，并向求职者提供有关的职业信息。包括：①职业性质、工资待遇、工作条件以及晋升的可能性。②求职的最低条件，如学历要求、所需的专业训练、身体要求、年龄、各种能力以及其他心理特点的要求。③为准备就业而设置的教育课程计划，以及提供这种训练的教育机构、学习年限、入学资格和费用等。④就业机会。

第三步是人职匹配。指导人员在了解求职者的特性和职业各项指标的基础上，帮助求职者进行比较分析，以便选择一种适合个人特点又有可能得到并能在职业上取得成功的职业。

人格特性与职业因素匹配理论强调个人所具有的特性与职业所需要的素质与技能(因素)之间的协调和匹配。为了对个体的特性进行深入详细地了解与掌握，人格特性与职业因素匹配理论十分重视人才测评的作用，可以说，人格特性与职业因素匹配理论进行职业指导是以对人的特性测评为基本前提的。它首先提出了在职业决策中进行人职匹配的思想。故这一理论奠定了人才测评理论的基础，

推动了人才测评在职业选拔与指导中的运用和发展。

（二）人格类型与职业类型匹配理论

人格类型与职业类型匹配理论是由美国著名的职业指导专家约翰·霍兰德创立的。霍兰德于1959年首次提出职业选择理论，并对人格类型和其相应的职业环境进行了划分。经过几十年的研究形成了一套系统的职业指导理论模式。

霍兰德的类型论源于人格心理学中的人格类型学说，并将职业选择看作是个人人格的延伸，试图以职业生活的范畴说明个人行为形态的实际表现，强调个人的行为是人格与环境交互作用的结果，职业选择也是人格的表现，人格形态与行为形态影响人的择业及对生活的适应。

霍兰德的类型理论有以下基本原则：①选择职业是人格的一种表现。②个人的兴趣组型即是人格组型。③同一职业团体内的人有相似的人格，因此他们对很多的情境与问题会有相类似的反应方式，从而产生类似的人际环境。④人可区分为六种人格类型：现实型（R）、研究型（I）、艺术型（A）、社会型（S）、企业型（E）和传统型（C）。⑤人所处的环境也可以分为六种类型：现实型（R）、研究型（I）、艺术型（A）、社会型（S）、企业型（E）和传统型（C）。⑥个人的人格与工作环境之间的适配性，是职业满意度、职业稳定性、职业成就的基础。

霍兰德的理论实质在于工作者的人格类型与其所处环境的职业类型相匹配。他认为，同一类型的工作者和同一类型的职业相互结合，便能达到适应状态，工作者找到适合自身人格的职业岗位，能力方能得以发挥。然而上述的人格类型与职业关系并非绝对的一一对应。霍兰德在研究中发现，尽管大多数的人格类型可以划分为某一类型，但人有着广泛的适应能力，其人格类型在某种程度上会近乎两种人格类型，则也能适应另外两种职业类型的工作。也就是说，某些类型之间存在着较多的相关性，同时每一类型又有一种极为相斥的类型存在。为了描述这种情况，霍兰德用一个正六边形描述了六种人格类型的相应职业（图 2-1）。

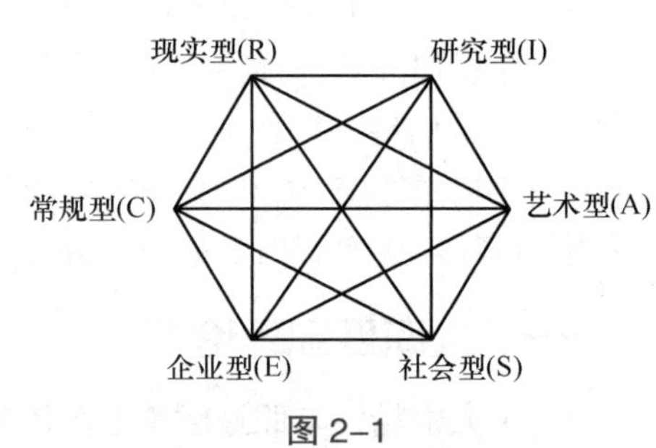

图 2-1

在六边形中，每一个角代表一种人格类型，根据霍兰德的研究，图中的每相邻的两种人格类型，很容易选定同一种职业；相反，如果两种类型相向的话，比如一个人同时具有现实型和社会型的人格类型，那么他在进行职业选择时将会面临较多的犹豫不决，这是因为他的多种性格类型将驱使他在多种不同的职业间进行选择。

案例导学

日本丰田公司采取 5 年调换一次工作的方式对各级管理人员进行重点培养。每年 1 月 1 日进行组织变更，一般以本单位相关部门为调换目标，调换幅度在 5%左右。在转岗初期，由于需要有熟悉操作的适应过程，导致部分员工生产效率的降低。但经过一段时间后，发现工作效率显著提高。调查发现，由于采用岗位一线工人工作轮流调换方式来培养和训练多功能作业员，这不仅提高了工人的全面操作能力，而且使一些生产骨干的经验得以传授。员工还能在此过程中发现自己的优势在哪里，从而进行准确定位，找到真正适合自己的岗位。一旦员工明确了自己的职业定位，工作起来将会更具积极性和主动性，效率将会有很大提高，并且经常的有序换岗给员工带来适度压力并促使员工不断学习的同时，使企业始终保持一种生机勃勃的氛围。

问题：1. 你认为提升员工工作效率的最根本动力是什么？

2. 怎样进行职业的规划和定位？

二、职业锚理论

职业锚理论是由美国埃德加 . 施恩教授提出的，他认为职业规划实际上是一个持续不断的探索过程。在这一过程中，每个人都在根据自己的天资、能力、动机、需要、态度和价值观等慢慢地形成较为

明晰的与职业有关的自我概念。随着一个人对自己越来越了解，就会越来越明显地形成一个占主要地位的职业锚。

所谓职业锚，就是指当一个人不得不做出选择的时候，无论如何都不会放弃的那种至关重要的东西或价值观。实际上，职业锚就是人们选择和发展自己的职业时所围绕的中心。一个人对自己的天资和能力、动机和需要以及态度和价值观有了清楚的了解之后，就会意识到自己的职业锚到底是什么。施恩根据自己在麻省理工学院对毕业生的跟踪研究指出，想对职业锚提前进行预测是很困难的，这是因为一个人的职业锚是在不断发生着变化的，它实际上是在一个不断探索的过程中所产生的动态结果。也许有的人一直都不知道自己的职业锚是什么，直到他们不得不做出某种重大选择的时候，过去所有的工作经历、兴趣、资质、性向等才会集合成一个富有意义的模式，就是我们说的职业锚。这个模式（职业锚）会告诉他们到底什么东西是最重要的。专家们经过长期的研究，确定了八种基本的职业锚类型，其基本特点如下：

（一）技术/职能型职业锚

技术/职能型的人，追求在技术或职能领域的成长和技能的不断提高，以及应用技术或职能的机会。他们对自己的认可来自他们的专业水平，他们喜欢面对来自专业领域的挑战。他们一般不喜欢从事管理工作，因为这将意味着他们将放弃在技术或职能领域的成就。

（二）管理型职业锚

管理型的人，追求工作晋升，倾心于全面管理，独自负责一部分，可以跨部门整合其他人的努力成果。他们想去承担整个部分的责任，并将整个公司的成功与否看成自己的工作，具体的技术或职能工作仅仅被看做是通向更高、更全面管理层的必经之路。

（三）自主/独立型职业锚

独立与自主型的人希望随心所欲地安排自己的工作方式、工作习惯和生活方式，追求能施展个人能力的工作环境，最大限度地摆脱组织的限制和制约。他们宁愿放弃提升或工作拓展的机会，也不愿意放弃自由与独立。

（四）安全/稳定型职业锚

安全与稳定型的人追求工作中的安全与稳定感。他们为可以预测将来的成功而感到放松。他们关心财务安全稳定感包括诚言、忠诚以及完成工作的情况等。尽管有时他们可以达到一个高的职位，但他们并不关心具体的职位和具体的工作内容。

（五）创造/创业型职业锚

创业型的人希望利用自己的能力去创建属于自己的公司或产品，而且甘愿冒风险，并克服面临的障碍。他们想向世界证明公司是他们靠自己的努力创建的。他们可能虽然目前正在别人的公司里工作，但同时也在学习并且评估将来的机会，一旦认为时机适宜，他们将会走出去创建自己的一片天地。

（六）服务/奉献型职业锚

服务型的人一直追求认可的核心价值，比如帮助他人，改善人们的安全等。他们一直寻求这样的机会，即使意味着变换工作环境，他们也不会接受不允许他们实现这种价值的工作转变或工作提升。

（七）挑战型职业锚

挑战型的人喜欢解决看上去无法解决的问题，战胜强硬的对手，克服无法克服的困难、障碍等。对他们而言，参加工作的原因是工作允许他们去战胜各种不可能，新奇、变化和困难是他们的终极目标。如果事情非常容易，工作马上变得令人生厌。

（八）生活型职业锚

生活型的人喜欢允许他们平衡并结合个人的需求、家庭的需求和职业的需求的工作环境。他们希望将工作的各个主要方面整合为一个整体。正因为如此，他们需要一个能够提供足够的弹性让他们实现这一目标的职业环境。他们认为自己如何生活、在哪里生活、如何处理家庭事务等同工作一样重要。

职业锚能够准确地反映个人职业需要及其所追求的职业工作环境，反映个人的价值观和抱负。要了解学生早期逐渐形成的职业锚类型，可以采用问卷调查和个别访谈、行为观察相结合的方式（表 2-1）。借助调查表反馈的信息，结合个别访谈的情况和平时通过观察积累的材料，每个学生

的职业锚类型就可以十分清楚地显现出来，高校的就业指导工作者就可以设计多种成才途径和提高素质的指导模块来指导各种不同锚型的学生，以帮助各类锚型的学生走上自己良好的职业发展道路。

表 2-1　职业倾向调查

调查内容
1. 在高中时期你对哪些领域比较感兴趣？为什么？对这些领域的感受是怎样的？
2. 在大学时期你对哪些领域感兴趣？为什么？对这些领域的感受是怎样的？
3. 比较周围的同学，你觉得自己的优势在哪里？局限在哪里？
4. 毕业之后你想从事的第一份工作是什么？期望从这份工作中得到些什么？
5. 当开始自己的职业生涯时，你的抱负或长期目标是什么？如果这种抱负或长期目标与现实有距离，你会怎么办？

三、职业生涯发展阶段理论

职业生涯阶段的划分是职业生涯规划的一个重要内容，它是指个人职业生涯中具有各种不同特征的时期。我们可以把这些不同的时期分为连续的几个阶段，每个阶段都有自己的特征和相应的职业发展任务，因此在不同的职业发展阶段有着不同的职业方式和内容。对于职业生涯阶段的划分，不同的专家学者有着不同的见解。

（一）金斯伯格的职业生涯阶段理论

金斯伯格是美国著名的职业指导专家，职业生涯发展理论的代表人物。其理论研究的重点是从童年到青少年阶段的职业心理发展过程。这个理论揭示了初次就业前人们职业意识或职业追求的发展变化过程。他将职业生涯的发展分为幻想期、尝试期和现实期三个阶段。各阶段的特点如下：

1. 幻想期　在 11 岁之前的儿童时期，儿童对大千世界充满了好奇。这个时期职业需求的特点是：单纯凭自己的兴趣爱好，不考虑自身条件、能力水平和社会需求与机遇，完全处于幻想之中。

2. 尝试期　在 11~17 岁，是少年儿童向青年过渡的时期。此时期人的心理和生理在迅速成长发育，有独立的意识，价值观念开始形成，知识和能力显著增长，初步懂得社会生产和生活的经验。这个时期职业需求的特点是：有职业兴趣，但更多的是客观审视自身各方面的条件和能力，开始注意职业角色的社会地位、社会意义以及社会对该职业的需求。

3. 现实期　在 17 岁以后的青年年龄段，此时期的人即将步入社会，能够客观地把自己的职业愿望和要求，同自己的主观条件、能力、社会现实的职业需要紧密联系和协调起来寻找适合自己的职业角色。现实的职业目标不再模糊不清，已经有具体的、现实的职业目标，表现出的最大特点是客观性、现实性，讲求实际。

（二）萨帕的职业生涯阶段理论

美国著名职业管理专家萨帕经过二十多年的大量实验研究，提出了人一生完整的职业发展阶段模式。他的职业发展理论从终生发展角度出发，把整个人生分为成长阶段、探索阶段、立业与发展阶段、维持阶段和衰退阶段，并突出了各个阶段的发展特点。

1. 成长阶段（1~14 岁）　这个时期的个体是通过在家与学校中的游戏、想象和模仿来发展自我概念、认识社会的。其中 4~10 岁为幻想期，常常扮演幻想中的角色；11~12 岁为兴趣期，兴趣成为影响儿童活动的主要因素；13~14 岁为能力期，这时更多地考虑任职条件和自身的基本能力的训练。

2. 探索阶段（15~24 岁）　这一阶段的个体开始尝试职业角色，认识不同的职业，并不断改变对职业的期望。其中 15~17 岁为试验期，个人对自身的需要、能力、价值、就业机会都有所考虑，并据此进行试验性的尝试；18~21 岁为过渡期，是个体进入劳动力市场或专门训练机构开始正式选择的时期；22~24 岁为尝试期，个体选择一种认为适合自己特点的职业，并试图把它作为终身职业。

3. 确立阶段（25~44 岁）　这一阶段个体已经找到一个适合的工作领域，并努力在其中确立永久的地位。这一阶段的早期(25~30 岁)，有时会对自己从事的职业领域不满意，也可能变换一两次工作岗位。

直到31~44岁才完成职业选择的探索，进入稳定期。

4. 维持阶段（45~60岁）　这时人们在工作中已经取得一定地位，一般不再寻求新的工作领域，而是朝着既定的目标前进。

5. 衰退阶段（60岁以上）　这一阶段的特点是个体生理与心理能力逐渐衰退，职业活动范围开始缩小，活动兴趣开始发生变化，并由此引起职业转换，直到最后退出职业岗位。

从20世纪初期生涯规划的理论初露端倪以来，各种流派和学说层出不穷，研究关注的焦点也各有侧重。不管是人职匹配理论、职业锚理论还是职业发展阶段理论，都是从各自不同的研究角度出发，建构起来的各具特色的理论，而不是覆盖多面的普遍理论。他们或从单一角度研究生涯，或整合不同学科或不同领域的研究成果来发展自身的理论，在汲取其他理论营养的同时，又不同程度地予以创新，从而丰富了职业生涯规划理论，同时也增强了实践的可行性。

职业指导之父——帕森斯

帕森斯（Frank Pasons）是美国波士顿大学教授，他看到大学生毕业后寻找职业茫无所从，于是就从事帮助失业人员有效选择职业的工作。在他的倡导下，1908年，在波士顿市政府附近的一个社交场所成立了世界上第一个职业指导机构——波士顿地方就业局，专门从事职业咨询工作。帕森斯为第一任局长，他因此被誉为“职业指导之父”。1908年5月，他在局执行委员会的工作报告中第一次提出“职业指导”的概念。1909年帕森斯在给美国职业署的报告中说：“职业指导应成为每个地区公立学校体制中的一部分。职业指导者所应具有的职业指导艺术培训，应与医学和法学界的培训一样仔细。他们应拥有科学技术所能设计的测量儿童感觉、能力及整个身体、智力和情感素质的各种设施。”同年他出版了《选择职业》一书，书中界定了明智的职业生涯选择需要经历三个步骤：①对自身的兴趣、技能、价值观、背景和资源进行自我评估。②针对学校、业余培训、就业和各种职业，考察所有可供选择的机会。③鉴于前两个阶段所发觉的信息，仔细推断何为最佳选择。

美国的职业指导理论自帕森斯倡导以来，已有百年历史。其间又有学者提出了各种职业指导的理论模式，至今已经形成了一套较为完整的职业指导理论体系。帕森斯对职业生涯理论的发展起到了至关重要的作用。

第三节　临床医学生的职业生涯规划

《“健康中国2030”规划纲要》的实施，我国医药卫生事业进入全新发展阶段，普及健康生活、优化健康服务、完善健康保障、建设健康环境、发展健康产业，必然推进医学高等教育变革与发展，越来越多的医学生未来的就业方向发生了变化，由原来的进入医院、药企从事临床、检验和生产一线工作，逐渐演化为多形式多层次的就业。就业岗位如社区医生、营养师、康复治疗师、药剂师、美容师、药品营销等行业；就业方向也发生变化，整个医学生就业重心将下移到基层，城市重点补充社区，农村重点补充乡镇，基层医院将成为接收医学高职毕业生的主力。这样的改变对医学生的专业素质和综合素质提出了更高的要求，同时对于医学生的职业生涯规划也提出了新的挑战。

职业生涯规划就是在分析、衡量自身特点和所处环境条件后，明确个人努力目标并选择实现这一目标的职业和道路。每个人要想使自己的一生过得有意义，都应该合理地规划自己的职业生涯。我们进行职业生涯规划的目的不只是找到一份适合自己的工作，更重要的是指导我们在详细评估内外环境的优势和限制下，为自己制定一套合理、可行的职业生涯发展方案，最大限度地实现自我价值。特别是对我们医学生而言，正处在对个体职业生涯的探索阶段，在这一起步阶段，正确的职业选择对医学生今后职业生涯发展有着十分重要的意义。

一、医学生职业生涯规划的内容

（一）自我认知

一份有效的职业生涯规划是在正确评估自我的基础上进行的。自我评估就是对自己进行全面的分析，不断审视自己、认识自己、了解自己的过程。通过自我评估，明确自身的特点以及不足，在进行职业选择的时候才能做到扬长避短，选定适合自己的职业生涯发展路线。通常自我评估包含对自身兴趣、人格特质、能力、价值观的认知。就是说，要弄清自身想干什么，自身能干什么，自身应该干什么，在众多的职业面前自身会选择什么职业等问题。根据家长、老师和同学们的评价，借助于职业兴趣测验和性格测验，发现自己是一个较为外向开朗的人还是内向稳重的人，并对哪些问题较为感兴趣，如经济问题还是管理问题，或擅长哪些技能，如分析、对数字敏感、语言表达能力等。也可分析出自己的一些弱点，如抗压力能力差、合作能力较弱、考虑问题深度不够、文字表达能力不佳等。

1. 兴趣　职业兴趣是职业选择时需要考虑的一个重要因素，正所谓“学之者不如好之者，好之者不如乐之者。”如果一个人的兴趣与自己的职业相匹配，对个人以及企业的发展都是受益匪浅的。医学生在设计自己的职业生涯时，要充分挖掘和培养自己的兴趣，把“选我所爱”和“爱我所选”相结合。

“选我所爱”可以充分地挖掘人的职业潜能，推动人们进行不懈地努力和创造性的劳动，从而取得事业的成功。人们的兴趣具有差异性，这种差异性是人们在进行职业选择的重要依据之一。因而，在开展职业生涯规划活动时，医学生应注意理性地对自己进行定位，明确自己的职业兴趣，才能确定今后的职业目标，按照理想的职业目标去奋斗、努力。当然，兴趣作为职业选择时的一个重要因素，也不是唯一的，“爱我所选”也很重要。兴趣往往是医学生在生活、学习、工作感到愉快、投入、发展、成就、自信、满足、自我实现等一系列良性循环的起点。只有当对所学的东西感兴趣时，才能将满腔的激情和热忱，内化为实现理想的动力。

2. 人格特质　人格特质离不开人的性格、能力和气质。作为医学生，未来医疗战线的从业者就应该具备医学职业人格，即从事医学职业的人们在医疗工作中所具备的基本品质和心理特征，它包含了医务工作人员的世界观、人生观、价值观、信念、兴趣、能力、气质等。在人格特质的培养方面，医学生首先应该培养自身稳定的职业心理，只有这样才能在复杂的工作环境中，冷静地分析工作中遇到的各种问题，克服自己的不足，促进人格的不断完善以及医疗技术水平的持续提高。其次要形成良好的职业性格，医学的特殊工作性质要求医务人员必须具备细心、耐心、热心、爱心等性格特征，遇到问题能妥善处理，不冲动，不急躁。所以，作为医学生在学习期间要充分了解自己的人格特质，找出不适合的性格缺陷，不断完善，扬长避短。

3. 能力　社会上每一种职业对工作者的能力都有一定的要求。对于医学生来说，拥有较强的综合能力，可以帮助自身更好地适应就业环境的需要，在激烈的竞争中脱颖而出。在进行职业生涯规划时，医学生要充分考虑自身的能力范围，发挥其最佳优势，根据各种工作岗位需求的不同，选择与自身能力和优势吻合的职业方向。在自身能力范围之内，扬长避短，挖掘自身最大潜能，实现自我价值。能力也有一般职业能力和特殊职业能力之分。一般职业能力又称普通能力，是人们从事不同职业活动所必需的共有能力，适用于广泛的活动范围，符合多种活动的要求，并保证人们比较轻易和有效地把握知识。一般能力和熟悉活动紧密地联系在一起，观察能力、记忆能力、思维能力、想象能力等都是一般能力，一般能力的综合体就是通常所说的智力。特殊职业能力就是指从事某项专门活动所必须具备的能力。例如会计、出纳应具备算数能力；运动员、舞蹈工作者应具备动作协调能力；而医生除了一般职业能力外，还应具备交流沟通的能力、动手操作的能力、信息管理的能力、判断性思维的能力等。每个人只能根据自己的能力所及来确定自己的职业方向和领域，才能胜任工作，也才可能取得职业的成功。

4. 价值观　价值观是一套自我激励机制，它指向我们一生中最重要的东西。价值观支配着人认识世界和自我了解、自我定向、自我设计等，因此直接影响个人的职业生涯规划。

大多数人在10岁左右都已经下意识地从父母、老师和朋友们那里接受了一套价值观。成年后，我们逐渐将这些接受下来的价值观进行整理和筛选，并选择某些成为我们自己的价值观。医学生的价值观应该始终将“救死扶伤”作为恒久不变的誓言。“健康所系、生命相托”是医学生入校上的第一

课，这份誓言是对社会的一份庄严承诺，选择了医务工作就选择了“救死扶伤”，任何情况下、任何理由下都不能置病人于不顾。秉承“救死扶伤”的信念，培养正确的职业态度，才能发挥医学的真正价值。

（二）职业环境分析

每一个人都处在一定的环境之中，离开了这个环境，便无法生存。环境为每个人提供了活动的空间、发展的条件、成功的机遇。职业环境分析主要是指分析内、外环境因素对自己职业生涯发展的影响。它主要是通过对组织环境，特别是组织发展战略、人力资源需求、晋升发展机会的分析以及对社会环境、经济环境等有关问题的分析与探讨，弄清环境对职业发展的作用及影响，以便更好地进行职业目标的规划与职业路线的选择。随着社会的变迁、科技的发展，环境因素对个人发展起到越发重要的作用。因此，在制定个人职业生涯规划时，要将自身所处的环境特点、个人与环境的关系、环境对个人的影响等因素分析清楚。只有充分了解了环境因素，才能做到在复杂的环境中趋利避害，将生涯规划做得更具实际意义，使个人的人生价值得到最大的实现。

职业环境分析主要从四个维度方面进行，分别是社会环境分析、地域环境分析、组织环境分析以及岗位环境分析。在社会环境分析层面，医学生目前的总体就业压力相对较大，就业门槛普遍较高。尽管我国医疗卫生专业人员严重不足，但由于地区分布、队伍结构、用人机制等问题，现有医疗机构普遍认为：医务人员数量趋于饱和，招聘人才主要是需要提高团队质量。所以，提高门槛是各大医院未来的用人趋势，这一状况对医学生未来的就业造成了不小的压力。另外，医学生的就业市场不断发生着变化。伴随着社会主义市场经济的深入发展，许多与健康、康复、生命相关的保健、咨询、预防营销等单位蓬勃兴起，成为医学生未来就业的另一主要领域。医学生只有具备良好的专业知识结构，不断培养自己具有时代特征的竞争意识和竞争能力，才能不断完善自我、超越自我，为社会做出更大贡献。如何让医学生增强自身的就业竞争力，适应新时期市场对医学类毕业生的要求是我们亟须解决的问题，通过职业环境分析更好地帮助医学生认清目前的就业现状，帮助其提高自身综合能力，以获得良好的就业效果。

（三）职业生涯决策

制定生涯决策的前提要在了解自我、分析环境的基础上，明确自身职业生涯目标，确定职业生涯决策。在对个人进行全面分析以及对环境有了较为深入的了解后，结合个人职业理想确定自己的职业发展目标。心理学家洛克教授提出了著名的目标设置理论，他认为只要将目标上升为自觉目标就能产生激励作用，这是完成工作的直接动机。职业生涯目标就是有关职业生涯发展的、可以预见的、具有一定实现可能性的最长远的目标，它的实现基于小目标的逐一实现。所以，医学生在学习期间要不断将大目标分解为各阶段性的小目标，在一步步完成自己的短期目标后，提高个人的能力，不断拉近与终极目标的距离，最终实现自身的职业目标。

由于医学生的专业特点突出，培养目标和就业方向清晰、明确，所以医学生毕业后的去向相对单一，很大比例的毕业生选择进入医疗卫生行业就业，所选行业与专业匹配度较高。经统计，真正放弃专业，转入其他行业的医学生比例相对较少。例如护理专业的学生大都进入医院从事护理岗位；临床医学专业的学生进入医疗机构或医疗相关机构从事临床或辅助工作；药学专业的学生未来的就业去向主要是医疗机构的药剂科室、药厂或医药公司等单位。稳定的就业去向使得不少医学生在入学之初就有了一定的思维定势，认为临床专业的学生毕业后一定当医生、护理专业的学生毕业后一定做护士……从而认为医学生不需要做职业生涯规划和决策，很明显这种认识是片面的。当前，经济、社会的快速发展为医学生提供了越来越多的选择和机遇，医学生未来的就业范围并不仅仅局限于传统的医药卫生行业，而是可以有更多领域的选择。为此，医学生应更加重视职业生涯规划和决策，在做决策时摒弃传统固有的非理性化信念，对自己未来的职业生涯发展做出认真的思考，全面了解外部环境，结合自身特点和能力，科学定位自己的职业目标和发展方向，理性选择就业岗位。只有这样，才能使自己的生涯之路越走越宽，实现个人价值的最大化。

二、医学生职业生涯规划的特殊性

通过对医学生职业生涯规划主要内容的分析，我们认为医学生职业生涯的规划应具备以下几个特性：

1. 长期性　医学作为生命科学的一部分，分科越来越细，知识量大，由此形成医学教育课程多、课时量大、学制长等特点。知识经济时代，科学技术的快速发展推动医疗设备、技术不断更新，医疗工作也逐渐向数字化、信息化转变，再加上各个医学学科之间不断相互交叉、彼此渗透以及边缘学科的不断兴起，使得医务工作者的工作与以前相比发生了很大的变化。医务工作者除应掌握扎实的医学基础理论和系统的基本知识外，还须兼备丰富的专业医疗工作经验和熟练的医疗操作技术，才能解决复杂疑难的重大医疗技术问题。因此医务工作者的职业成就短期不明显，往往随着年龄、经验和资历的增长职业成就才能有所体现，成长过程大概需要十年甚至几十年的时间。正因为医药卫生人才的培养非一朝一夕所能完成，更不可能一蹴而就，而是一项长期性的工作，所以医学生应更侧重做好职业生涯的长期规划。

2. 人文性　就医学本质而言，它是以人的生命、人的健康为服务对象，以"向善"为基本原则，以"治病救人，实行革命的人道主义"为根本宗旨，其本质为人性化的医疗，是对人的尊重，对健康的关怀，对生命和健康的珍爱，是奠基于人文、科学、哲学的学问之上的。古今中外的历史也表明，大凡思想圣洁、德高望重之医家，无不具有丰厚的医学人文修养。医生的人文修养决定其价值观，在社会主义市场经济的大潮中，医生的价值观、职业道德时刻会受到正反两方面的影响和冲击。具有良好人文素养的人往往善于选择和坚持正确的价值观念，这就要求医学生在规划今后的职业生涯时，要树立正确的医学人文精神，将医院中的某些不良行为，放到灿烂的人文背景下去比较，真正感受到它的污秽和卑劣，促成价值观念的矫正和自律意识的增强，从而更好地实现人生职业目标。

3. 唯一性　每个人的人格特性不同、所处环境不同，所制订出的职业生涯规划也应该是独一无二的，所以，职业生涯规划具有唯一性、个性化的特点。职业生涯设计是针对学生个体而言的，医学生在进行职业生涯设计时应根据自身不同的兴趣、能力、自身所处的阶段等制订不同的设计方案，从而使职业定位准确、设计方案科学。

4. 可操作性　医学生的职业生涯规划要从实际情况出发，依据客观的事实，充分考虑自身以及外部环境的条件，制订切实符合自身的职业生涯规划。这需要学生能够对自我的实际能力有清醒的认识，并且进行全方位的客观评价，对外界的大环境进行深入细致地分析，从而选出适合自身的职业发展目标。

三、职业生涯规划对医学生的影响

职业生涯规划是新形势下指导医学生就业的一份行之有效的新途径和新方法，它贯穿于职业学习的全过程，对于学生充分了解自我、了解环境、实现自身人生价值都有着非常重要的意义。

1. 职业生涯规划有利于增强医学生学习的主动性，以达到不断提高自身综合素质的目的。职业生涯规划是在帮助学生更好地规划未来，有效的生涯规划能够帮助学生明确自身的学习主体地位，在客观地进行规划时，帮助学生明确阶段性目标，为了完成每一阶段的目标，学生就需要主动学习、主动工作、主动实践等。一方面让医学生始终保持积极向上的精神状态，充满超强活力，另一方面也有利于医学生不断夯实自身专业知识和技能，不断提高自身综合素质。

2. 职业生涯规划有利于帮助医学生进一步了解社会，以达到增强就业优势的目的。过去，人们把大学生看做是生活在象牙塔中的天之骄子，缺乏对社会、对外部职业咨询的了解，因而不能根据社会和职业的需要适时合理地调整自己的职业目标与行动计划，从而在职业竞争中容易处于劣势状态。在职业生涯规划的过程中，医学生需要不断地获得外部信息，这些信息涵盖职业、组织、社会等多方面。医学生获得的外部信息越多，心理上的准备也就越充分，在规划自己未来发展的时候，就能够根据社会的需求考虑短期利益和长远发展的需求，有的放矢，合理地规划自己，从而增强自己在就业市场中的竞争力。

3. 职业生涯规划有利于帮助医学生实现自我，追求完美的人生。每个人都希望在人生的经历中完美地实现自身价值，医学生亦是如此。正如马斯洛的需求理论所述：人的需要是由低级向高级层次不断推进的一个过程，即从生理需求—安全需求—友爱和归属需求—受尊敬的需求—自我实现的需求。人的需求的最高层次——自我实现的需求，最主要的是在职业生涯阶段完成的。谁都希望能在自己的职业生涯中有所成就，特别是受过良好教育的医学生，对自身未来事业的发展充满了期待。但

是"成功"光靠妄想是不够的，我们还要在明确目标的基础上，不断地付出努力，这就是职业生涯规划的意义，帮助我们迈向成功。

本章小结

职业生涯是人的一生中非常重要的阶段，一份有效的职业生涯规划能够帮助个人尽早实现个人价值。本章中系统介绍了职业生涯规划的渊源、与职业生涯规划有关词语的含义以及职业生涯规划的意义。一份好的职业生涯规划能够帮助人们明确未来的奋斗目标，深入发掘自身潜能，转变择业观念，提高就业竞争力。通过职业生涯规划相关理论依据的赘述，充分了解职业生涯规划的发展脉络，在博采众家之长的基础上，完成一份属于自己的职业生涯规划书。最后，归结到医学生职业生涯规划的主要内容和特点，深刻领会职业生涯规划对于医学生的重要作用。

案例讨论

一名老师对药学班即将参加工作的学生做了一份就业意向问卷调查。甲同学，对中药非常感兴趣，在校参加了中药鉴别大赛和标本制作大赛，性格专注、安静。他希望能够从事药品开发研究。乙同学，性格外向活泼，外在条件好，善于沟通交际，她希望以后能够从事医药营销、医疗器械代理方面的工作。丙同学，想找一份比较稳定、压力不大的工作，希望能够进医院药房工作。丁同学，他舅舅自己开了一家药店，生意不错。在校期间，参加了本校"大学生创新创业大赛"获得二等奖。实习期想在舅舅的药店好好学习，5~10年后，能够开一家自己的药店。戊同学，她是班级的班长，多次获得优秀班干部的称号，擅长活动策划，组织与管理能力是她的优势。她想进外资药企、大型药企的策划部，从文员做起。之前，老师有让同学们进行职业锚测试，请问这五名同学的测试结果最可能是什么类型的职业锚？

案例讨论

（廖志斌）

扫一扫，测一测

思考题

1. 医学生进行职业生涯规划的主要内容和特点是什么？
2. 职业生涯规划的主要理论有哪些？
3. 一份行之有效的职业生涯规划对于医学生会产生哪些影响？
4. 按照下面的步骤完成一份"大学学业规划书"。

步骤：

1. 了解自我：从多个方面充分地分析个人的优缺点。例如，理论知识方面、操作技能方面、工作能力方面、社会实践能力方面等。

2. 了解环境：分析你所处的环境特点。例如，你所就读的学校、你所选择的专业、你目前所读的年级等。

3. 明确目标：大学期间你所希望达到的主要目标，可分为短期目标和长期目标，抑或是阶段性目标和总体目标。

4. 实施计划：完成目标所需要的计划和步骤。

大学学业规划书

了解自我	理论知识
	操作技能
	工作能力
	社会实践
了解环境	我的学校
	我的专业
明确目标	短期目标
	长期目标
实施计划	计划实施步骤

笔记

第三章　临床医学生职业生涯规划准备

学习目标

1. 掌握职业能力提高的方法和途径。
2. 熟悉医疗卫生行业对临床医学生的职业要求。
3. 了解本专业的培养目标及课程特点，职业标准和职业资格证书。
4. 具备自我管理能力和制订学业规划的能力。
5. 能够根据目标职业要求，树立职业意识，恪守职业道德，提高职业能力，养成职业行为和职业作风，为职业规划做好充分准备。

医生的职业是神圣的，它肩负着“除人类之病痛，助健康之完美”的特殊使命，正因如此，医生所肩负的医疗、社会、家庭责任，客观上对医生这一职业提出了更高的要求。在医疗卫生事业飞速发展的今天，作为临床医学生只有紧跟时代步伐，全面了解专业特点及要求，熟悉职业要求及标准，明确职业素养的形成途径及方法，进一步树立职业理想、激发学习热情，运用科学方法，全面提升职业素养，才能为职业生涯规划做好充分准备。

第一节　临床医学专业简介

临床医学是研究疾病的病因、诊断、治疗和预后，提高临床治疗水平，促进人体健康的科学。它根据病人的临床表现，从整体出发结合研究疾病的病因、发病机理和病理过程，进而确定诊断，通过预防和治疗在最大程度上减弱疾病、减轻病人痛苦、恢复病人健康、保护劳动力。临床医学是直接面对疾病、病人，对病人直接实施治疗的科学。针对高等职业院校临床医学专业的特点和学生成长成才的规律，其培养目标、课程设置和学习方法主要体现在以下三个方面。

一、培养目标及规格

（一）培养目标

培养目标是指教育目的在各级各类学校、教育机构的具体化。它是由特定社会领域和特定社会层次的需要所决定的，也是随着受教育者所处的学校类型、级别而变化的。每个大学生都有自己的学校和专业，每个学校和专业都有一定的培养目标。把大学生培养成什么样的人，是高等职业院校人才培养工作的出发点和落脚点，因此，培养目标决定着人才培养的规格和质量。

教育部发布的普通高等职业学校临床医学专业教学标准中明确指出，临床医学专业的培养目标是：“培养理想信念坚定、德技并修、全面发展，具有一定的科学文化水平、良好的职业道德和人文素

养，掌握临床医学和公共卫生服务的基本知识、基本理论和基本技能，具备常见病、多发病的诊治和预防能力，急危重症的初步判断和处理能力，基本公共卫生服务和健康促进能力，面向基层医疗卫生机构，为居民提供基本医疗和基本公共卫生服务的助理全科医生。"

（二）培养规格

人才培养规格是学校对人才培养的质量标准的规定，指受教育者应达到的综合素质。它既是学校工作的立足点和重要依据，又是对人才培养目标的细化和人才培养质量的规范要求。教育部发布的临床医学专业教学标准指出，临床医学专业毕业生的培养规格应在素质、知识和能力等方面达到以下要求：

1. 素质要求

(1)具有正确的世界观、人生观、价值观：坚定拥护中国共产党的领导，树立中国特色社会主义共同理想，践行社会主义核心价值观，具有深厚的爱国情感和中华民族自豪感；崇尚宪法、遵守法律、遵规守纪；具有社会责任感和社会参与意识。

(2)具有良好的职业道德和职业素养：遵守、履行道德准则和行为规范；崇德向善、诚实守信、爱岗敬业、知行合一；具有"敬佑生命、救死扶伤、甘于奉献、大爱无疆"的职业精神；热爱基层卫生健康事业，将预防疾病、解除病痛、维护人民群众健康作为自己的职业责任；关爱病人，尊重患者隐私和人格，平等对待服务对象；具有新型健康理念，多种途径实施健康促进；具有较强的质量意识和严谨细致、精益求精的职业习惯，规范医疗卫生服务行为，不断提高服务质量，避免差错事故发生。

(3)具有良好的身心素质和人文素养：达到《国家学生体质健康标准》，具有健康的体魄、心理和健全的人格，有良好的健身与卫生习惯；对工作、学习、生活中出现的挫折和压力，能够进行心理调适和情绪管理；具有一定的审美和人文素养；具有终身学习的意识。

2. 知识要求

(1)掌握必备的思想政治理论、科学文化基础知识。

(2)了解与本专业相关的法律法规。

(3)掌握基础医学和临床医学的基本知识、基本理论。

(4)掌握预防医学、急诊医学和社区医学的基本知识。

(5)掌握临床常用药物的药理知识。

(6)掌握基本公共卫生服务的基本知识。

(7)熟悉全科医学基本知识，全科医疗的基本原则与服务模式和全科医师的临床诊疗策略。

(8)熟悉与基层医疗卫生工作相关的医学心理学和中医中药知识。

3. 能力要求

(1)能正确地进行病史采集、体格检查和医疗文书书写。

(2)能对常见病、多发病进行诊断、治疗和预防。

(3)能对常见急危重症病人进行初步判断、初步处理和正确转诊。

(4)会正确地进行基本诊疗技术操作。

(5)会合理使用临床常用药物。

(6)能实施基本公共卫生服务。

(7)能开展卫生适宜技术服务。

(8)能运用计算机信息技术辅助日常诊疗活动、提高工作效率。

(9)能进行较好的人际沟通，实施人文关怀。

(10)具有正确的临床思维模式，能用循证医学的基本原理分析、解决临床问题。

(11)具有一定的英语读说听写能力。

(12)具有自主学习和终身学习的能力。

在培养目标及规格中，明确了临床医学专业人才培养的类型、对应职业岗位所需的专业知识和基本技能、就业主要的行业领域、可以选择的用人单位及起点岗位等，它指明了职业发展方向，为临床医学专业大学生职业规划提供了基本依据。

二、课程设置及特点

（一）课程设置

课程主要包括公共基础课程和专业课程两部分。

1. 公共基础课程　根据党和国家有关文件明确规定，将思想政治理论课、中华优秀传统文化、体育、军事课、大学生职业发展与就业指导、心理健康教育、信息技术等课程列入公共基础必修课程，并将马克思主义理论类课程、党史国史、大学语文、公共外语、创新创业教育、美育课程、职业素养等列为必修课或选修课。

2. 专业课程　一般包括专业基础课程、专业核心课程与专业拓展课程，并涵盖有关实践性教学环节。鼓励开展适合本专业特点的纵向或（和）横向的整合课程改革。

（1）专业基础课程：课程设置6~8门，课程名称可以有差异，但主要应包括：人体解剖与组织胚胎学、生理学、生物化学、免疫学与病原微生物学、病理学与病理生理学、卫生法律法规、医患沟通、医学心理学等。

（2）专业核心课程：一般设置6~8门课程，主要包括：诊断学、内科学、外科学、妇产科学、儿科学、药理学、基本公共卫生服务实务等。

（3）专业拓展课程：主要包括全科医学、预防医学、急救医学、传染病学、临床实践技能、中医基础与适宜技术、康复医学、五官科学、皮肤性病学等。

3. 实践性教学环节　主要包括实验实训、临床见习、顶岗实习和社会实践等。实践性教学环节可在校内实验室、校外实训基地、附属医院或相关协作医院等开展完成。

（二）课程特点

医学的对象是人，医学“是人的医学”。医学表达的是对人类生命的最深切的终极关怀。医学的目的是预防疾病、预防损伤，促进和维持健康；解除疾病带来的痛苦；照料与呵护患者；避免早死，追求安详的死亡。然而，人又是特定的社会人，置身于特定的社会环境中，有活生生的思想情感和心理活动，他们对疾病、对社会、对社会环境、对医生有着不同的认识，这决定了医学的临床实践必须顾及到人的生物属性、社会属性和个性特征。因此，医学具有科学性、技术性、社会性和人文性等多重属性，课程具有以下几方面特点：

1. 自然科学与人文社会科学交叉融合　医学除了研究自然科学以外，还涉及人类学、社会学、经济学、语言学、艺术、心理学等，因此，医学院校除了开设专业基础课程、专业核心课程和专业拓展课程之外，还开设一定的人文社会科学课程，即公共基础课程。这就要求临床医学专业学生，在学习专业课程以外，还应该有意识地学习人文社会科学知识，要将医学知识与人文社科知识紧密相融、合理整合，培养人文情怀，从而产生对生命的高度敬畏。

2. 课程多，实验（实训）、实习时间较长　高等职业学校临床医学专业所有课程（包括选修课程）总计四十余门。2012年教育部公布了《教育部等部门关于进一步加强高校实践育人工作的若干意见》，其中明确提出了要强化高校实践教学环节，尤其是高等职业学校要提高实践教学比重。因此，与一般院校专业相比，医学院校存在课程多、课时多，实验（实训）、实习时间较长的特点。同学们要做好充分的思想准备，付出更多努力，才能顺利完成学业。

3. 实践性强　医学研究的对象是人类的生命过程。临床医生通过掌握的专业知识和基本技能保护人民的健康，消除人民的病痛，因此无论是目的、过程，还是结果，医学最终是在病人身上的一种实践活动。在学习过程中，各种医学理论知识和实际操作技能，都是通过观察、实验、实践（实训），在不断地学习和练习中获得，这就要求临床医学生在学习中要重视观察、实验、实践（实训），这对深刻理解医学知识及其运用，有着重要意义。

4. 社会性强　人的社会性决定了医学的社会性。疾病的发生发展以及预后与社会环境、生存状态、文化心理、生活方式、卫生保健政策、经济条件等密切相关。脱离人的社会性进行医学实践，是不能取得理想的治疗效果的。这就要求医学生要深入地了解社会，了解社会环境对疾病的影响，了解社会环境对病人的影响。在学习过程中，要尽早和尽量多地进行社会实践，在医院和基层医疗卫生机构参观和见习，在临床环境中理论联系实际、提高专业技能、训练临床思维、培育职业精神，最终才能成

为合格的医务工作者。

三、学习方法及要求

大学是一个崭新的人生舞台，它为同学们提供了一个有利于成长成才的环境，提供了各种资源，提供了较高的职业发展起点。在大学里同学们能学到什么，这主要取决于医学生自身的主观能动性和采取什么样的学习方法。所以必须要树立正确的职业理想，学会自我管理，制订合理的职业发展规划。

(一) 树立正确的职业理想

高尔基说："一个人追求的目标越高，他的能力就发展得越快，对社会越有益。"因此对同学们来说，理想目标至关重要。

理想是前进的方向，是心中的目标。人生发展的目标是通过职业理想来确立，最终通过职业理想来实现。

职业理想是人们在一定的世界观、人生观和价值观的指导下，对未来职业的向往和追求，既包括对将来所从事职业种类和职业方向的追求，也包括事业成就的追求。职业理想是理想的重要组成部分，引领着人们职业价值观和择业行为。

1. 职业理想的特点

(1) 职业理想的个体差异性：一个人职业的选择，与他的思想修养、知识结构、能力水平、兴趣爱好等有很大的关系。政治思想觉悟、道德修养水准以及人生观决定着一个人的职业理想方向；知识结构、能力水平决定着一个人的职业理想追求的层次；个人的兴趣爱好、气质性格等非智力因素以及性别特征、身体状况等生理特征影响着一个人的职业选择。因此，职业理想具有一定的个体差异性。

(2) 职业理想的发展性：一个人的职业理想会因时因地因事的不同而变化。随着年龄的增长、社会阅历的增强、知识水平的提高，职业理想会由模糊变得清晰，由幻想变得理智，由波动变得稳定。因此，职业理想也具有一定的发展性。

(3) 职业理想的时代性：由于社会不断发展变化，社会的分工、职业的变化，影响着一个人职业理想。生产力发展的水平不同，职业理想社会实践的深度和广度不同，人们的职业追求目标也会不同。树立正确的职业理想，对于大学生科学规划职业生涯，具有重要意义。

2. 职业理想的作用

(1) 职业理想是职业选择的导向：由于职业理想是人们对未来职业的向往和追求，一个人一旦确立了正确的职业理想，就会朝着实现这一理想的方向去努力。为了实现自己的职业理想，必须选择一个与之相适应的职业，将理想与岗位结合，这个职业才是理想职业，它可以是所从之业，也可以是所创之业。因此，在进行职业选择时，其职业理想将起着非常重要的导向作用。

(2) 职业理想是职业成功的推动力：由于职业理想是人们对未来职业的追求，它不仅包括了工作的部门、工作的种类，还包括了工作的成就。无论是从业，还是创业，每个人都有自己的职业理想。为了实现自己的职业理想，从学生时代起，就必须积极进行相关知识的积累和相关能力的培养，为选择自己理想中的职业工作准备；走上职业岗位后，还要能够利用自己所学的知识和所掌握的能力，努力地、创造性地做好岗位工作，力争取得优异的工作成绩，并最终取得职业成功。

(3) 职业理想是事业成功的精神支柱：职业理想是成就事业、推动社会进步的精神力量，有了这样的精神力量，无论是在职业准备、职业选择，还是在就业或创业的过程中，无论遇到什么样的困难和曲折，都会朝着已经确立的职业目标前进，直到取得事业上的成功。

(二) 学会自我管理

自我管理是指个体对自己本身，对自己的目标、思想、心理和行为等表现进行的管理。自我管理很重要，一个成功的人不是能够领导别人的人，而首先是能够管理好自己的人。自我管理主要包括以下几个方面：

1. 目标管理　目标与方向主导了一个人一生的命运与成就，它是驱使人不断向前迈进的原动力。医学生在自我管理过程中，要充分认识到目标管理的重要性，要有效地利用目标引领个人到达成功的彼岸。目标管理应把握这样几个要点：

(1)确立目标:成功的关键不是看你选择了什么职业,而是有没有确定明确的目标,在确定目标时要反复权衡斟酌。首先,要充分认识自我,客观地分析自身的长处和短处,如性格、价值观、兴趣、能力等,评估个人在各方面的潜能,给予自己准确的定位。

医学生应该在准确定位的前提下,确立学习和奋斗的目标。在自我管理中,目标要切合自身实际,要充分考虑自身和外在环境因素,积极调动各方面因素,共同促进目标的实现。一个人的目标可以分为长期目标和阶段性目标。就长远目标而言,是将个人的发展与社会的发展结合起来的目标,立志为社会、民族做出贡献的目标;阶段性目标则是一个较为明确的目标,比如在校期间通过英语、计算机的等级考试,工作一年后通过执业助理医师考试等具体的目标。每一个人想要实现自身的长远目标,必须要实现自己设定的阶段性目标,才能逐步实现长期目标。

(2)实践目标:在确定了职业目标后,行动和内容变成关键环节,没有达成目标的行动方案,目标就难以实现。因此,大学生要制订落实目标的具体行动方案,主要应包括教育、培训、实践等方面的措施。比如,在职业素养方面,计划学习哪些知识,掌握哪些技能,开发哪些潜能等。另外,影响目标达成的因素很多,有的变化因素是可以预测的,而有些则是难以预测的,要想实现目标必须要未雨绸缪,时时审视内外环境的变化,不断修正,及时纠正偏差。只有在实践中保持乐观精神,积极思考,勇于进取,开拓创新,才能顺利地到达胜利的顶峰。

2. 学习管理　学习管理也叫学业管理。学习是医学生的主要任务。大学阶段不同于其他的学习阶段,其主要原因在于:大学除了学习前人已有的、现成的认识及成果外,更注重得出结论的过程和发现真理的方法,培养人做学问的思维。学习管理,首先要明确学习态度,大学学习环境相对自由独立,在大学能学会什么,主要取决于自身的主观能动性,要培养自主学习能力,要学会学习,学会自主学习、创新学习、科学学习、全面学习,由“要我学”转到“我要学”上来;其次要掌握学习方法,要明确“学什么”,要掌握“怎么学”,如学习本专业基础知识和基本技能,提高综合素质,提高学习效率,促进知识转化等。

3. 时间管理　时间不可缺少,也无法替代,时间不可存储,也无法增减,但是时间可以管理。时间管理是通过事先合理规划,用一定的技巧、方法和工具帮助人们完成工作,实现既定目标。时间管理就是要有效地利用时间,在有效时间内做该做的事,解决该解决的问题。时间管理可以使人们事前合理安排时间和事情,会提醒和引导着人们朝着既定的方向努力,从而降低时间的变动性。时间管理技能是一个人职业化素养的重要体现,也是医学生需要注意学习的重要技能,在外部压力骤减的大学时代,如何管理自己的时间决定着大学生活的成败。

医学生提高时间管理技能,要养成良好的个性习惯,要善于协调两类时间:一是他控时间,如学校安排上课、实验(实训)的时间;二是自控时间,即属于自己自由支配的时间。提高时间管理技能的具体方法如下:首先,制订一个合理的计划并编写“每日必作表”,时间只给有合理安排的人;其次,要分清主次,把更多的时间花费在解决主要问题上;第三,确立正确的目标,并给目标设以时限,避免将大量的时间用于内耗上;第四,寻找解决事件的最佳途径,快速解决问题。

4. 情绪管理　情绪不但会影响到人们的身心健康,更可能影响到事业上的成败。良好的心态能够让人以更健康的体魄投入自己的工作和学习中去,能够很好地迎接挫折和挑战。医学生学习和临床实践中更应该培养良好的情绪管理能力,从而构建和谐的医患关系。学会情绪管理,首先要觉察自己的情绪是什么?是爱、希望、信心、同情、乐观、忠诚,还是愤怒、焦虑、忧伤、委屈、失落等,要知道此时所处的身心状况;其次,要学着适当表达情绪。从积极的角度去思考问题,在这个前提下,把自己对问题的想法、感受,通过能让对方可以接受的方式来表达和沟通,这需要长期学习、思考、用心体会和揣摩;第三,遇到影响情绪的事件,不要急于马上解决问题,给自己一个缓冲,时间是情绪管理的特效药;第四,用适宜的方式来排遣情绪,有些人会听听音乐、大哭一场、大声喊叫、找朋友聊天、深呼吸、散步、逛街、进行体育运动等。舒缓情绪的目的是为了让自己好过一点,给自己一个理清事情缘由的机会,也让自己能够更加从容地面对未来。

5. 人际管理　人际关系是人们在生产或生活活动过程中所建立的一种社会关系。包括亲属关系、朋友关系,学友(同学)关系、师生关系、雇佣关系、战友关系、同事及领导与被领导关系等。人有社会属性,每个个体均有其独特的思想、背景、态度、个性、行为模式及价值观,然而人际关系对每个人的情

绪、生活、工作有很大的影响，甚至对组织气氛、组织沟通、组织工作、组织效率及个人与组织之间的关系均有极大的影响。

在大学里，老师、同学、朋友、父母等构成了人际关系的主体，交往的内容也是丰富多彩的，除了专业知识以外，涉及文学、艺术、体育、政治、人生、理想、爱情和社会问题等各个方面；形式由偶尔的相聚、互访发展到较为经常的聊天，也有社团活动、聚会、体育活动、娱乐、结伴出游以及其他一些集体活动等。医学生只有拥有成熟的人际管理技巧，才能让大学生活更加多姿多彩，才能让你的未来之路更加畅通。

6. 健康管理　世界卫生组织将健康定义为一种身体上、精神上和社会适应上的完好状态，而不是没有疾病及虚弱现象。从定义上可以看出，健康包括身体健康、心理健康和良好的适应性。对于身体健康，需要养成良好的生活习惯，注意个人卫生，注重饮食营养，加强身体锻炼，定期体检，有病及时就医，科学用药和保持好的心情等。对于心理健康，需要做到悦纳自我，接受他人，热爱生活，接受现实，控制情绪，完备人格等。

（三）制订学业发展规划

学业规划是指根据未来的职业理想和人生目标，对大学期间学习、生活的规划和设计。医学生应该根据自身情况，结合现有条件和制约因素，通过解决学什么、怎么学、什么时候学等问题，以确保顺利完成学业，为今后成功就业打好基础。对刚入校的新生来说，及早制订科学的合理的学业规划，就会有明确的人生目标、职业目标和学业目标，就会有行动的方向，就能提高素质、锻炼能力，在激烈的竞争中把握机会，获得成功。医学生在学业规划时要正确处理以下四种关系：

1. 学业与专业的关系　专业学习是职业生涯的起步，在校期间要重视自己的学业，努力培养专业兴趣，这是成功走向职场，保证职业稳定、职业发展的重要因素。不仅如此，在掌握专业知识和技能的基础上，还要重视自然学科和人文社会学科相关知识的融合，提高医学专业的职业素养。

2. 学业与职业的关系　职业是医学生生存和提升价值的平台，因此，在校学习期间要努力学习未来工作所需的职业本领，树立职业意识，恪守职业道德，提高职业技能，养成职业行为和职业作风，以期在将来的职业竞争中立于不败之地。

3. 学业与事业的关系　将自己现在的学业与将来从事的事业联系起来，在学习过程中，充分认识所学专业在国家建设和社会发展中的地位、作用和发展前景，要立志服务于国家、服务于社会，在工作中充分实现自己的人生价值。

4. 学业与就业的关系　就业与学业存在着密切的关系，就业是学业的导向，学业对就业有重要影响，它是衡量学业成就的重要指标。以就业岗位目标为导向，有利于医学生树立学业目标，改变学习方法，提高职业素养和就业竞争力。同时，医学生要针对不同阶段的学习任务和活动内容，有针对性地的进行学业规划。

大一阶段，适应大学生活，确立学习目标，完成从中学生到大学生的角色转变。通过学校开展的入学教育、专业思想教育、心理健康教育、国防教育等，认识“我的大学”“我的学校”“我的课程”和“我的职业”。全面分析自己，确立学习目标。在这个阶段，根据自己的兴趣爱好加入学生会或社团工作，建立新的人际关系，提高人际沟通能力。

大二阶段，学习专业知识，培养综合素质。结合社会需求，通过学校开设的基础课程和专业课程，建立合理知识结构，注重专业知识学习和技能培养，参加英语、计算机等工具性证书的考试。要积极参与各种社团活动，培养自己的组织协调能力和团队合作精神，提升自己的综合素质。

大三阶段，提升求职技能，做好就业准备。加强专业知识学习的同时，有针对性地参加社会兼职、实习等工作，积累应聘，增加职场工作经验；扩大校内外交际圈，加强与校友、同学、带教老师的交往；拓宽求职信息渠道，搜集工作信息，掌握求职技巧，积极参加招聘活动，提高就业能力。

第二节　医疗卫生行业对临床医学生的职业要求

职业要求是一定的职业对任职者受教育程度、技能技巧、工作能力、道德品质、身体状况等各项素

质的综合要求。职业要求主要包括技能和非技能两方面内容。技能方面包括能力、技术、知识、思维、判断和决策等；非技能方面包括职业道德、心理、智商、情商、职业观、学历和资格证书等。任何一种职业的职业要求都具有独特性，同一职业又因职位不同、组织不同具有一定的差别性。

一、职业的一般要求

虽然不同的职业对从业者的要求不同，但大体上对从业者的一般要求还是具有共性的。一般职业要求主要包括专业能力、表达能力、沟通能力、实际操作能力、学习能力、创新能力和情感智力。

（一）专业能力

专业能力是指从事职业和创业活动所必需的知识和技能，以及运用已经掌握的知识和技能解决工作中实际问题的能力。专业能力是人们从事某一特定社会职业所必须具备的能力和本领，是大学生能力培养中最为基础、最为重要的能力，是影响大学生就业的最重要因素之一。在求职中，招聘和用人单位最重视的是求职者胜任岗位工作的专业能力，因此，精通专业知识和技能是大学生适应社会生活、对社会有所贡献所必须具备的素质。一般来说，毕业生就业后能否很快适应专业工作要求、取得工作单位中上司和同事的认同，首先与其具备的专业能力和技能密切相关。专业知识和技能的水平越高，就越有利于其开展工作，也越有利于工作中各种关系的处理，有利于形成良好的职业发展循环。医学生只有掌握必需的专业知识和技能，如临床医学和公共卫生服务的基本知识、基本理论和基本技能，具备常见病、多发病的诊治和预防能力，急危重症的初步判断和处理能力，才能消除人民的病痛，有效促进人民的健康。

（二）表达能力

表达能力是指应用语言或文字阐明自己的观点、意见或抒发自己思想的能力。它包括口头表达能力、文字表达能力、数字表达能力、图示表达能力等几种形式。作为人与人之间最重要的交流工具，在日常学习、工作和生活中，语言和文字起着无可替代的作用。无论今后从事管理工作还是专业技术工作，无论在政府机关还是在民营企业，无论是用语言还是用文字，清楚、准确的表达是十分必要的。用人单位对医学生表达能力的基本要求是：能用准确、流畅的语言讲述事实、表达观点，既包括简单、通俗、严谨的口头语言表述，又包括在病例、医嘱、处方等方面的规范统一、精炼简洁的医学书面语表述。医学生可以通过日常训练、参加活动、专门的培训、实习、社会实践等方式来提高自己的表达能力。

（三）沟通能力

沟通泛指通过某种媒介，将一种观念或信息由一个人传达到另一个人的过程。沟通的形式多种多样，最主要的方式是语言沟通，包括口头语言和书面语言、本地语言和其他语言符号（如网络语言）等。除了语言沟通外，非语言方式的沟通也是重要的组成部分。非语言沟通包括衣着、表情、姿态、动作、距离等。在人际交往中，语言沟通和非语言沟通是并存的，并互相补充、相互印证。现代医务工作者通过文明的工作态度、高超的技术水平，在医疗过程中能够形成一个良好的医患关系。因此，对医学生必备的要求是能准确、高效地将信息传递给信息接收方，并能正确理解对方传递的信息。如医务人员必须细心、耐心倾听患者的诉说，并在其诉说过程中及时抓住重点以及对患者加以有目的地提问、引导、解释，适当地向患者介绍病情和治疗方法，这样可以提高患者主诉的质量，增加其对医务工作者的理解和信任，有助于形成良好的医患关系。

（四）实际操作能力

实际操作能力也就是动手能力。它是人的智力转化为物质力量的关键，是专业工作者必须具有的基本实践能力，直接影响到工作能否顺利完成。因此，用人单位一般对大学生的实际操作能力有较高要求。在临床医疗实践中，动手能力是一项基本功，医务人员只有细心地采集病史，进行准确的体格检查和规范的技术操作，才能顺利完成诊疗工作。它要求临床医学生要重视实验课、实训（实习）课程，从基础阶段有意识训练动手能力，在临床实习和社会实践期间，要多看、多听、多练、多思考。

（五）学习能力

学习能力是指人们在正式学习或非正式学习环境下，自我求知、做事、发展的能力。学习，是人类认识自然和社会、不断完善和发展自我的必由之路。无论一个人、一个团体，还是一个民族、一个社会，只有自主学习、不断学习、善于学习，才能获得新知，增长才干。尤其是全民互联网+信息化时代，学

习能力是社会衡量一个人价值的重要方面，也是用人单位考察大学生的重要标准。具体来说，学习能力包括读写能力、逻辑思维能力、发现问题和解决问题的能力及自主学习能力等。对于大学生来说，学习不仅是提升素质、增强能力的方法，还是一种人生追求和生活方式。对于国家来说，高素质实用型人才越多越好。

（六）创新能力

创新能力是一种综合能力，是各种智力因素和能力品质在新的层面上的融合。它是人们运用已有的知识，在头脑中创造出新的形象，提出新的见解，搞出新的发明。当前社会的突出特点是不断出现新情况、新问题、新举措、新局面，需要人们不断做出新概括，开拓新思路，设计新方案，寻找新角度，采取新办法、新对策。这就对人们的创新能力提出了更高的要求。大学生在学习和生活中，要培养强烈的好奇心、细微的观察力、深刻的洞察力，大胆设想、勇于探索的精神及提出问题、研究问题、解决问题的能力等。

（七）情感智力

情感智力又称为情商，指人们识别自己和他人的情绪，它反映的是一个人把握和控制自己的情绪、揣摩和驾驭他人的情绪、在外界压力下不断激励自己、把握心理平衡的能力。具体包括以下几点：一是认识自身的情绪，了解自己内心想法，准确地自我评估，才能成为生活的主宰；二是自我调控，它是控制自己内心世界的活动及冲动的能力，只有这样，才能管理好自己的情绪，如约束力、适应力、创造力等；三是成就动机，它是引导或推动人达到目的的情绪倾向，如责任感、主动性、乐观态度等；四是认知他人情绪，它是与他人正常交往，体会他人的感情与需求及关心他人事情，如善解人意、服务定位、助人发展、深入交流等。这是实现顺利沟通的基础。

未来社会需要什么样的人才

《21 世纪美国对人才的要求》中提出了 21 世纪就业人员应具备“三大基础”和“五大能力”。“三大基础”即智力基础（读、写、听、说）、思维基础（具有创造性思维，有决策及解决问题、想象、学习和推理能力）和素质基础（善良、诚实、正派、有责任心、有自尊心、能自律、能写作）。“五大能力”是统筹能力、合作与交际能力、获取并利用信息的能力、系统运作能力和利用多种科技手段工作的能力。

我国《国家中长期人才发展规划纲要（2010—2020 年）》中指出，到 2020 年，开展住院医师规范化培训工作，支持培养 5 万名住院医师；加强以全科医师为重点的基层卫生人才队伍建设，通过多种途径培训 30 万名全科医师，提高基层医疗卫生服务能力。

综上，对人才标准的要求，美国从微观角度考察，提出了人才应该具备的基本素质；中国是从宏观角度分析，提出了未来医疗卫生人才队伍建设方向。

（引自：李怀康．职业生涯规划．北京．外语教学与研究出版社 .2014. 有删减）

二、职业的特殊要求

职业除具有一般要求外，还有一些特殊要求。所谓特殊要求，就是一个职业不同于其他职业的要求。人对职业适应与不适应，主要取决于人的素质是否达到了职业对人的特殊要求。如军人有政治和身体条件的要求、教师有学历和表达能力的要求、文化新闻媒体人有文字表达和写作能力的要求、医生有执业资格的要求等。因此，任何职业都有适合于所有职业的一般要求，也有与之相对应的特殊要求，并且，同一职业在不同的组织和不同的岗位也有职业要求上的差别，这构成了职业要求的多样性和复杂性。下面重点介绍临床医学专业职业岗位（群）所对应的特殊职业要求。

（一）医疗卫生职业

临床医学专业最主要的就业方向是医疗卫生机构。医疗卫生职业包括各类医院、血站、疗养院、卫生院、门诊部、诊所（室）、卫生防疫保健机构以及急救站等机构的职业岗位。根据国家规定，从事医疗、预防保健工作的人员，必须具有从业资格，即具有执业医师资格证书或助理执业医师资格证书。到目前为止，国家规定执业医师的类别分为临床、中医、口腔和公共卫生四类。中医类包括中医、民族医和中西医结合，其中，民族医又含蒙医、藏医、维医、傣医、朝医、壮医。

近年来，随着医疗卫生事业的快速发展，医疗设备和医疗手段不断更新，医学又具有自然与社会双重属性，医生在诊疗的过程中，既要考虑人体的精神、心理状况、生理活动，又要考虑疾病过程还受到社会因素的影响等。所以要求医学生不仅要有广博的医学知识、精湛的医疗技术，还要掌握新科技知识和社会知识；不仅要有正确分析和诊断病情的逻辑思维能力、实际操作能力，还要有遇事沉稳、果断决策的心理素质；不仅要有对未知领域探索的科研能力，还要具备高度的责任心、严谨的工作态度，良好的沟通能力和耐心细致的工作作风。

（二）医学教育类职业

在医学教育领域里，这类职业范围包括医学院校教师、医学职业院校教师，医学教育培训机构教师等，即临床专业毕业生还可以从事医学教育工作。教育工作的特点决定了职业要求，应该具有坚定的政治方向，拥护中国共产党的领导，努力学习党的路线、方针、政策，热爱社会主义祖国；有良好的职业道德，遵守法纪，能教书育人、为人师表；在具备本专业知识和技能的同时，具有较高的理论水平和科研能力；掌握心理学和教育学相关知识，普通话标准，表达能力强，具备良好的课堂组织管理能力，善于做学生的思想工作等。

（三）医学科研类职业

在医学研究领域里，医学科研类职业主要指基础研究、应用研究、发展研究等职业。这类职业要求医学毕业生具有丰富坚实的专业科学知识、掌握严谨的科学研究方法并能运用于实际研究中；掌握大量的本专业研究的前沿信息，熟练掌握本专业的各种试验方法和调查方法并能运用于实际研究中；具有发现问题、分析问题和解决问题的能力以及追求真理的精神和强烈的求知欲。

（四）医药卫生管理类职业

在医药卫生类专业里，其毕业就业方向是医院的行政科室（党办、医务处、人事处等）、卫生局（考取公务员）、卫生监督所、疾控中心、红十字会、医疗器械公司、医药公司等。这类职业要求医学生除了具有本专业知识之外，还要有相关的管理理论和知识，能根据职业的实际需要和管理科学的规律发展办事，掌握国家相关的方针政策，具有相应的管理能力、工作协调能力、社交能力和组织能力，以及办事负责、坚持原则、严于律己、讲求实效的精神。

总之，不同性质的用人单位，不同类别的职业岗位，对人都有其特殊要求，医学生只有分析自身情况，了解单位和职业岗位要求，才能在求职过程中找到适合的、理想的工作岗位。

三、职业标准与职业资格证书

（一）职业标准

国家职业标准属于工作标准。国家职业标准是在职业分类的基础上，根据职业（工种）的活动内容，对从业人员工作能力水平的规范性要求。它是从业人员从事职业活动、接受职业教育培训和职业技能鉴定及用人单位录用、使用人员的基本依据。国家职业标准由人力资源和社会保障部组织制定并统一颁布。

国家职业标准包括职业概况、基本要求、工作要求和比重表四个部分，其中工作要求为国家职业标准的主体部分。

职业概况是对本职业基本情况的描述，包括职业名称、职业定义、职业等级、职业环境条件、职业能力特征、培训要求、鉴定要求等内容。

基本要求包括职业道德和基础知识。其中职业道德是指从事本职业工作应具备的基本观念意识、品质和行为的要求，一般包括职业道德知识、职业态度、行为规范；基础知识是指本职业各等级从业人员都必须掌握的通用基础知识，主要是与本职业密切相关并贯穿于整个职业的基本理论知识、有关法律知识和安全卫生、环境保护知识。

工作要求是在对职业活动内容进行分解和细化的基础上，从技能和知识两个方面对完成各项具体工作所需职业能力的描述。它包括职业功能、工作内容、技能要求、相关知识。其中职业功能是指

一个职业所要实现的活动目标，或是一个职业活动的主要方面（活动项目）。根据不同职业的性质和特点，可按工作领域、项目或工作程序来划分。

工作内容是指完成职业功能所应做的工作，可以按种类划分，也可以按照程序划分。每项职业功能一般包含两个或两个上的工作内容。技能要求是指完成每一项工作内容应达到的目标或应具备的技能。相关知识指完成每项操作技能应具备的知识，主要是指与技能要求相对应的技术要求，有关法规规程、安全知识和理论知识等。

因此，了解职业标准，熟悉职业岗位基本要求和工作要求，有利于提高大学生职业素质，实现其技能就业、素质就业，起到积极而重要的促进作用。

（二）职业资格证书制度

职业资格证书制度是劳动就业制度的一项重要内容，也是一种特殊形式的国家考试制度。它是指按照国家制定的职业技能标准或任职资格条件，通过政府认定的考核鉴定机构，对劳动者的技能水平或职业资格进行客观公正、科学规范的评价和鉴定，对合格者授予相应的国家职业资格证书。

推行职业资格证书制度是实施“科教兴国”战略的一项举措，也是我国人力资源开发的重要手段。《中华人民共和国劳动法》第六十九条规定：“国家确定职业分类，对规定的职业制定职业技能标准，实行职业资格证书制度”，中共中央《关于建立社会主义市场经济体制若干问题的决定》指出：“要制定各种职业的资格标准和录用标准，实行学历文凭和职业资格两种证书制度”。《中华人民共和国职业教育法》第八条明确规定：“实施职业教育应当根据实际需要，同国家制定的职业分类和职业等级标准相适应，实行学历证书、培训证书和职业资格证书制度。”这些都为推行职业资格证书制度提供了法律依据。职业资格证书是表明劳动者具有从事某一事业所必备的学识和技能的证明，它是劳动者求职、任职、开业的资格凭证，是用人单位招聘、录用劳动者的主要依据，是大学毕业生就业的敲门砖。

“双证书”制度

职业院校一般实施“双证书”制度，要求学生在取得毕业证书的同时，必须至少取得一项相关的职业资格证书。

“双证书”是指学历文凭和职业资格证书。高等职业教育推行“双证书”制度，是提高高职毕业生职业素养和就业竞争力、实现职业教育与劳动就业对接的重要举措。

职业资格对高职学生越来越重要，在当今的就业市场中，用人单位越来越重视求职者的职业资格；同时在职业生涯的发展过程中，职业资格也成为职业发展的必要条件之一。

（引自：李怀康．职业生涯规划．北京．外语教学与研究出版社．2014.）

职业资格证书分为从业资格证书和执业资格证书。从业资格是指从事某一专业（职业）应具备的学识、技术和能力的起点标准；执业资格是指政府对某些责任较大，社会通用性强，关系公共利益的专业（职业）实行准入控制，是依法独立开业或从事某一特定专业（职业）学识、技术和能力的必备标准。实行执业资格的职业主要有：执业律师、执业医师、执业药师、注册建筑师、注册会计师、注册城市规划师等。现以医药卫生类职业举例：

1. 医学类

（1）报考执业医师：依据《中华人民共和国执业医师法》规定，符合以下条件的可以报考：①具有高等学校医学专业本科以上学历，在医疗、预防、保健机构中试用期满 1 年的；②取得执业助理医师执业证书后，具有高等学校医学专科学历，在医疗、预防、保健机构中工作满 2 年的；③取得执业助理医师资格证书后，具有中等专业学校医学专业学历，在医疗、预防、保健机构中工作满 5 年的。

（2）报考执业助理医师：①具有高等学校医学专科学历或中等专业学校医学专业学历，在医师指导下，在医疗、预防、保健机构中试用期满 1 年的，可以参加执业助理医师资格考试；②以师承方式学习传统医学满 3 年或者经多年实践医术确有专长的，经县级以上人民政府卫生行政部门确定的传统医学专业组织或者医疗、预防、保健机构考核合格并推荐，可以参加执业医师资格或者执业助理医师资

格考试。考试的内容和办法由国务院卫生行政部门另行制定。

2. 护理类　2010年7月1日起实施的《护士职业资格考试办法》规定，如下人员具有参加护士执业资格考试的条件：在中等职业学校、高等学校完成国务院教学主管部门和国务院卫生主管部门规定的普通全日制3年以上的护理、助产专业课程学习，包括在教学、综合医院完成8个月以上护理临床实习，并取得相应学历证书的，可以申请参加护士职业资格考试。

申请人为在校应届毕业生的，应当持有所在学校出具的应届毕业生毕业证明；申请人为非应届毕业生的可以选择到人事档案所在地报名。考试成绩合格者，可申请护士职业注册。

具有护理、助产专业中专和大专学历的人员，参加护士执业资格考试并成绩合格，可取得护理初级（士）专业技术资格证书；助理初级（师）专业资格按照有关规定通过参加全国卫生专业技术资格考试取得。

具有护理、助产专业本科以上学历的人员，参加护士执业资格考试并成绩合格，可以取得护理初级（士）专业资格证书；在达到《卫生技术人员职务试行条例》规定的护师专业技术职务任职资格年限后，可直接聘任护师专业技术职务。

3. 药师类　申请参加国家执业药师资格考试的人员应具有药学、中药学或相关专业中专以上（含中专）学历，并有一定的专业工作实践经历。报考条件中对专业工作年限的具体规定：①取得药学、中药学或相关专业中专学历，从事药学或中药学专业工作满7年；②取得药学、中药学或相关专业大专学历，从事药学或中药学专业工作满5年；③取得药学、中药学或相关专业本科学历，从事药学或中药学专科工作满3年；④取得药学、中药学或相关专业第二学士学位、研究生班毕业或取得硕士学位，从事药学或中药学专业工作满1年；⑤取得药学、中药学或相关专业博士学位的人员可直接申请参加考试。

4. 技师类　凡符合原卫生部、人事部颁发的《预防医学、全科医学、药学、护理、其他卫生技术等专业技术资格考试暂行规定》（卫人发〔2001〕164号）中报名条件的人员，均可报名参加相应级别的考试。

(1) 参加临床医学检验技士资格考试，取得临床医学检验专业中专或专科学历，从事专业技术工作满1年。

(2) 参加临床医学检验技师资格考试，①取得临床医学检验专业中专学历，受聘担任临床医学检验技士职务满5年；②取得临床医学检验专业专科学历，从事本专业技术工作满3年；③取得临床医学检验专业本科学历或硕士学位，从事本专业技术工作满1年。

特别注意，取得执业资格证书的人员，应在规定的期限内到注册管理机构办理注册登记手续。注册是对专业技术人员执业管理的重要手段，未经注册者不得使用相应的名称和从事有关业务。国务院有关业务主管部门为注册管理机构，各省、自治区、直辖市人事部门负责对注册进行监督、检查。

第三节　临床医学生应具备的职业素养

素养是一个人在从事某项工作时应具备的素质与修养。职业素养是人在社会活动中需要遵守的行为规范和要求，是一个人在职业过程中表现出来的综合品质，包括职业道德、职业意识、职业行为习惯和职业能力等方面。前三者是职业素养中最根基的部分，属于世界观、价值观、人生观范畴，是一个人从出生到退休或至死亡逐渐形成、逐渐完善的；而职业能力是支撑职业人生的表象内容，通过学习、培训而获得的。例如，医学、药学、计算机、英语等职业技能，能够通过学习获得，并在实践中逐步提高。

从个人角度看，一个人缺乏良好的职业素养，在工作中就很难取得突出业绩，更谈不上建功立业；从单位角度看，唯有集合较高职业素养的人员，才能降低成本、提高效率，实现单位的生存和发展；从国家角度看，国民职业素养的高低直接影响着国家经济的发展，是社会稳定的提前。因此，提高大学生的职业素养尤为重要。

一、职业意识

(一) 职业意识的内涵

职业意识是指从业者在特定的社会条件和职业环境影响下，在教育培养和职业岗位任职实践中形成的某种与所从事的职业有关的思想和观念，是从业者在职业问题上的心理活动，是自我意识在职业选择领域的表现。对于职业人来说，良好的职业意识能够促进职业人在他所从事的职业中发挥作用，挖掘潜能，实现其人生价值。

职业意识可以细化为规范意识、团队意识、责任意识、质量意识、服务意识、专业意识等。

规范意识是指按照所在单位成文的规章制度和企业文化所认同的不成文的习惯规定，自觉履行岗位职责，规范自身行为的意识。

团队意识包括两个方面的含义，一是集体意识，是指自己与同事构成目标相同、利益一致、共同努力的集体；二是合作能力，当今社会完成一项任务，不是靠个人、单个岗位，而是靠各岗位的有效合作，才能圆满完成各项任务。

责任意识是指每个工作岗位都有具体的工作内容，在本职岗位上，要自觉履行岗位职责，按照岗位标准和要求，认真落实各项任务。勇于承担责任，避免推卸责任，逃避责任。

质量意识是以质量为核心，在工作中自觉地保证工作质量。对于医疗卫生单位来说，医疗服务质量不仅涵盖诊疗质量的内容，还强调病人的满意度、医疗工作效率、医疗技术经济效果以及医疗的连续性和系统性。

服务意识是敬业精神的延伸，是指愿意把自己所从事的工作以及给他人带去的方便和快乐当作自己应该做的事情。具有强烈的服务意识才能把工作当作一件快乐的事情来做。这也是职业人的基本素质。

专业意识是指对自己所从事的工作热爱、专注和投入工作的执着精神，是自觉按照专业规范开展工作的严谨精神。

(二) 职业意识的培养

1. 树立专业意识　专业意识是衡量技能和专业水平的标准，是医务工作者必备的职业素养。一是通过专业意识教育，培养专业兴趣。专业兴趣是医学生进行专业学习的动力。通过专业意识教育，使大学生树立专业思想，培养专业兴趣，提高自主学习、独立学习、创新学习、科学学习和全面学习的能力，促进专业素养的提高。二是通过专业技能训练，强化专业意识。专业技能是大学生从事一项职业的基本技能和手段，是大学生就业的钥匙。在专业技能学习和训练中，强化专业意识，促使大学生按照职业标准严格要求，能够促进学生在学习技能时从专业这一层面去掌握知识，理解“为什么，应该怎么解决”。使学生更好地掌握专业知识和基本技能，更好地为适应就业环境练就过硬的本领。

2. 培养敬业精神　敬业精神是指热爱自身所从事的专业，尊重自己所从事的职业，处处遵守专业所具有的基本要求，把自己的全部力量投入到专业活动中去，使专业充满生命力，充满这一职业的神圣光彩。医学生在校学习和医疗实践中应热爱服务对象，视患者如亲人，积极贯彻全心全意为人民健康服务的宗旨。

医疗工作具有高技术、高风险、高责任的性质，决定了医务工作者高负荷、高压力、高奉献、高付出的特征，而社会和患者对医疗过程和医疗结果则往往有着过高的要求和期望，医务人员承载和面临着巨大压力。在生理上，他们在诊疗过程中每天要分析、处理大量的信息并做出决策，消耗了大量的体力和脑力，常常处于高度疲惫状态；在心理上，面对各类患者的病痛，既需要同情心、同理心，也需要一份耐心和细心。因此，执着的敬业精神对医务工作者来说尤为重要。

3. 增加知识积累　医务人员只有不断学习，不断补充、更新自己的知识体系，提高技术水平、学术水平和医疗质量，才能医治好病人的疾病，体现自身的价值和职业精神。因此，医学生在学习本专业知识和技能的基础上，应了解和掌握其他学科的知识，保持对新事物、新知识的浓厚兴趣和强烈的求知欲，加强学习，拓宽知识面，增加知识积累，走上工作岗位后，才能尽快适应和胜任职业岗位。

二、职业行为

职业行为是指人们对职业劳动的认识、评价、情感和态度等心理过程的行为反映，是职业目的达成的基础。从形成意义上说，它是由人与职业环境、职业要求的相互关系决定的。俗话说，无规矩不成方圆，没有规范就没有秩序。由于人们认识问题的方式、方法不同，其职业行为也不同，职业行为需要一定的规则和标准来约束，才能建立良好的工作秩序和社会秩序。因此，各个行业先后出台了一系列的职业行为规范。例如教师的职业行为规范、检察官的职业行为规范、企业员工的职业行为规范等。下面重点介绍医务工作者的职业行为规范。

医务工作者的职业行为涉及医德医风、学术、技术、法律、伦理以及和患者沟通等诸多方面，因此医务人员的职业行为规范对于提高医疗服务质量和水平，提升整个医疗行业形象以及构建和谐的医患关系，具有重要意义。

（一）医疗机构从业人员基本行为规范

主要包括：①以人为本，践行宗旨：坚持救死扶伤、防病治病的宗旨，发扬大医精诚理念和人道主义精神，以病人为中心，全心全意为人民健康服务。②遵纪守法，依法执业：自觉遵守国家法律法规，遵守医疗卫生行业规章和纪律，严格执行所在医疗机构的各项制度规定。③尊重患者，关爱生命：遵守医学伦理道德，尊重患者的知情同意权和隐私权，为患者保守医疗秘密和健康隐私，维护患者合法权益；尊重患者被救治的权利，不因种族、宗教、地域、贫富、地位、残疾、疾病等歧视患者。④优质服务，医患和谐：言语文明，举止端庄，认真践行医疗服务承诺，加强与患者的交流与沟通，积极带头控烟，自觉维护行业形象。⑤廉洁自律，恪守医德：弘扬高尚医德，严格自律，不索取和非法收受患者财物，不利用执业之便谋取不正当利益；不收受医疗器械、药品、试剂等生产、经营企业或人员以各种名义、形式给予的回扣、提成，不参加其安排、组织或支付费用的营业性娱乐活动；不骗取、套取基本医疗保障资金或为他人骗取、套取提供便利；不违规参与医疗广告宣传和药品医疗器械促销，不倒卖号源。⑥严谨求实，精益求精：热爱学习，钻研业务，努力提高专业素养，诚实守信，抵制学术不端行为。⑦爱岗敬业，团结协作：忠诚职业，尽职尽责，正确处理同行同事间的关系，互相尊重，互相配合，和谐共事。⑧乐于奉献，热心公益：积极参加上级安排的指令性医疗任务和社会公益性的扶贫、义诊、助残、支农、援外等活动，主动开展公众健康教育。

（二）管理人员行为规范

主要包括：①牢固树立科学的发展观和正确的业绩观，加强制度建设和文化建设，与时俱进，创新进取，努力提升医疗质量、保障医疗安全、提高服务水平。②认真履行管理职责，努力提高管理能力，依法承担管理责任，不断改进工作作风，切实服务临床一线。③坚持依法、科学、民主决策，正确行使权力，遵守决策程序，充分发挥职工代表大会作用，推进院务公开、自觉接受监督，尊重员工民主权利。④遵循公平、公正、公开原则，严格人事招录、评审、聘任制度，不在人事工作中谋取不正当利益。⑤严格落实医疗机构各项内控制度，加强财物管理，合理调配资源，遵守国家采购政策，不违反规定干预和插手药品、医疗器械采购和基本建设等工作。⑥加强医疗、护理质量管理，建立健全医疗风险管理机制。⑦尊重人才，鼓励公平竞争和学术创新，建立完善科学的人员考核、激励、惩戒制度，不从事或包庇学术造假等违规违纪行为。⑧恪尽职守，勤勉高效，严格自律，发挥表率作用。

（三）医师行为规范

主要包括：①遵循医学科学规律，不断更新医学理念和知识，保证医疗技术应用的科学性、合理性。②规范行医，严格遵循临床诊疗和技术规范，使用适宜诊疗技术和药物，因病施治，合理医疗，不隐瞒、误导或夸大病情，不过度医疗。③学习掌握人文医学知识，提高人文素质，对患者实行人文关怀，真诚、耐心与患者沟通。④认真执行医疗文书书写与管理制度，规范书写、妥善保存病历材料，不隐匿、伪造或违规涂改、销毁医学文书及有关资料，不违反规定签署医学证明文件。⑤依法履行医疗质量安全事件、传染病疫情、药品不良反应、食源性疾病和涉嫌伤害事件或非正常死亡等法定报告职责。⑥认真履行医师职责，积极救治，尽职尽责地为患者服务，增强责任安全意识，努力防范和控制医疗责任差错事件。⑦严格遵守医疗技术临床应用管理规范和单位内部规定的医师执业等级权限，临床上不违规应用新的医疗技术。⑧严格遵守药物和医疗技术临床试验有关规定，进行实验性临床医

疗，应充分保障患者本人或其家属的知情同意权。

(四) 护士行为规范

主要包括：①不断更新知识，提高专业技术能力和综合素质，尊重关心爱护患者，保护患者的隐私，注重沟通，体现人文关怀，维护患者的健康权益。②严格落实各项规章制度，正确执行临床护理实践和护理技术规范，全面履行医学照顾、病情观察、协助诊疗、心理支持、健康教育和康复指导等护理职责，为患者提供安全优质的护理服务。③工作严谨、慎独，对执业行为负责。发现患者病情危急，应立即通知医师；在紧急情况下为抢救垂危患者生命，应及时实施必要的紧急救护。④严格执行医嘱，发现医嘱违反法律、法规、规章或者临床诊疗技术规范，应及时与医师沟通或按规定报告。⑤按照要求及时准确、完整规范地书写病历，认真管理，不伪造、隐匿或违规涂改、销毁病历。

(五) 药学技术人员行为规范

主要包括：①严格执行药品管理法律法规，科学指导合理用药，保障用药安全、有效。②认真履行处方调剂职责，坚持查对制度，按照操作规程调剂处方药品，不对处方所列药品擅自更改或代用。③严格履行处方合法性和用药适宜性审核职责。对用药不适宜的处方，及时告知处方医师确认或者重新开具；对严重不合理用药或者用药错误的，拒绝调剂。④协同医师做好药物使用遴选和患者用药适应证、使用禁忌、不良反应、注意事项和使用方法的解释说明，详尽解答用药疑问。⑤严格执行药品采购、验收、保管、供应等各项制度规定，不私自销售、使用非正常途径采购的药品，不违规为商业目的统方。⑥加强药品不良反应监测，自觉执行药品不良反应报告制度。

(六) 医技人行为规范

主要包括：①认真履行职责，积极配合临床诊疗，实施人文关怀，尊重患者，保护患者的隐私。②爱护仪器设备，遵守各类操作规范，发现患者的检查项目不符合医学常规的，应及时与医师沟通。③正确运用医学术语，及时、准确地出具检查、检验报告，提高准确率，不谎报数据，不伪造报告。发现检查检验结果达到危急值时，应及时提示医师注意。④指导和帮助患者配合检查，耐心帮助患者查询结果，对接触传染性物质或放射性物质的相关人员，进行告知并给予必要的防护。⑤合理采集、使用、保护、处置标本，不违反规定买卖标本、谋取不正当利益。

另外，在目前医患关系紧张、医疗风险巨大的社会环境中，自觉遵守《医疗机构从业人员行为规范》，在出现医疗纠纷等情况时，一定程度上也是对医务人员的保护。

三、职业道德

职业道德是与人们的职业活动紧密联系的符合职业特点要求的道德准则、道德情操与道德品质的总和，它既是对本职人员在职业活动中的行为标准和要求，同时又是职业对社会所负的道德责任与义务。例如，医生有医生的职业道德，简称医德；教师有教师的职业道德，简称师德。职业道德直接影响着行业风气的好坏和社会的和谐稳定。

与社会道德相比较具有以下特点：一是职业道德是在历史上形成的、特定的职业环境中产生和发展起来的，形成了世代相袭的职业传统和稳定的职业心理和习惯，因此具有较强的稳定性和连续性；二是职业道德反映着特定的职业关系，仅局限于特定的职业活动中，只对从事特定职业的人们具有约束力；三是职业道德通常以规章制度、工作守则、服务公约、劳动规程、行为须知等形式表现出来。

(一) 职业道德的内容

职业道德的内容是指某一职业或行业约定俗成的明文规定的职业道德标准，它反映了该职业所具备的道德本质，体现了社会全行业的整体道德要求。《中华人民共和国公民道德建设实施纲要》中明确指出："要大力倡导以爱岗敬业、诚实守信、办事公道、服务群众、奉献社会为主要内容的职业道德，鼓励人们在工作中做一个好建设者"。因此，"爱岗敬业、诚实守信、办事公道、服务群众、奉献社会"，是我国现阶段各行各业普遍适用的职业道德的基本内容。但是，不同的行业和不同的职业，有不同的职业道德标准。每一种职业道德都只能规范本行业从业人员的职业行为，在特定的职业范围内发挥作用。以医疗卫生行业为例：

医疗卫生行业从业人员的职业道德，简称为医德。它是指在医疗工作中用来调节医务人员与病

人、医务人员之间以及与社会之间关系的行为准则，它是一般社会道德在医疗卫生领域中的特殊表现。在医疗卫生工作中，由于医疗卫生人员担负的任务、服务的对象、工作的手段、活动的条件和应尽的责任等的不同，而形成自己特有的道德意识、职业心理和行为准则。《中华人民共和国医务人员医德规范及实施办法》阐述了医务人员的职业道德规范：①救死扶伤，实行社会主义的人道主义，时刻为病人着想，千方百计为病人解除病痛；②尊重病人的人格与权利，对待病人，不分民族、性别、职业、地位、财产状况，都应一视同仁；③文明礼貌服务。举止端庄，语言文明，态度和蔼，同情、关心和体贴病人；④廉洁奉公。自觉遵纪守法，不以医谋私；⑤为病人保守医密，实行保护性医疗，不泄露病人隐私与秘密；⑥互学互尊，团结协作，正确处理同行、同事间关系；⑦严谨求实，奋发进取，钻研医术，精益求精，不断更新知识，提高技术水平。

医务人员的职业道德规范明确了医务人员应具备的思想品质和医务人员与病人、社会以及医务人员之间的关系，是指导医务人员进行医疗活动的思想和行为准则。高尚的医德情操是医务人员开发智力、努力学习、勤奋工作、追求真理、发展科学的积极促进力量，会使其更好地为人民服务。因此，作为医学生应该更好地了解医疗卫生行业从业人员的职业道德。

（二）职业道德的培养

1. 传承中华传统医德思想　中华优秀传统文化博大精深，蕴含着丰富的思想道德资源，传统医德根植于中国传统文化，经历几千年的医学实践、发展，形成了丰富完整、特点鲜明的思想和理论体系，对当今医务工作者的医德培育具有重要的参考价值和借鉴意义。

我国主要医德思想包括：①尊重生命的思想：《黄帝内经》中说“大覆地载，万物悉备，莫贵于人，人以天地之气生，四时之法成”，说明人是万物中最宝贵的，其生命活动受天地变化的影响。我国唐朝名医孙思邈的名言“人命至重，有贵千金，一方济之，德逾于此”，充分说明了传统医学对生命的珍视以及对医德的重视。救死扶伤是医生的神圣职责，要成为医术精湛、医德高尚的大医，必须尊重生命，敬畏生命。②医乃仁术的思想：中国历代医家皆以“医乃仁术”为行医宗旨和医德的基本原则。三国时期名医董奉隐居庐山，为人治病不收钱，重病愈者，栽杏树五株，轻者一株，许多年后，得十万余株杏树，郁然成林，并以每年所收的杏，资助求医的穷人。至今医界仍流传着“杏林春暖”的佳话，以赞扬医生的美德。③普同一等的行医原则：我国古代医师行医时指出应遵循的原则是无论患者富贵贫贱、地位高低，都应一视同仁。孙思邈提出：作为一名医生要做到“若有疾厄来求救者，不得问其贵贱贫富，长幼妍媸，怨亲善友，华夷愚智，普同一等，皆如至亲之想。”元末明初的名医刘勉曾任太医，他常说，“富者我不贪其财，贫者我不厌。”④献身医药事业的精神：明代的李时珍在编写《本草纲目》的过程中，脚穿草鞋，身背药篓，带着学生和儿子建元，翻山越岭，访医采药，足迹遍及河南、河北、江苏、安徽、江西、湖北等广大地区，走了上万里路，倾听了千万人的意见，参阅各种书籍 800 多种，历时 27 年，终于在他 61 岁（1578 年）写成。

2. 学习先进模范典型事迹　榜样的力量是无穷的。学习医德高尚的医务工作者的优良品德和崇高精神，是广大医务工作者提高职业道德修养和职业道德水平的必由之路，也是社会主义精神文明建设的重要内容。

在我国医疗卫生行业，不乏大量具有高尚医德的医务工作者。近几年，感动中国的无论是医学大家，还是默默无闻的医生，除了具有精湛的技术外，更让人称颂的是他们高尚的医德。如妇产科医生胡佩兰，人们称颂她为“技不在高，而在德；术不在巧，而在仁。医者，看的是病，救的是心，开的是药，给的是情。扈江离与辟芷兮，纫秋兰以为佩。你是仁医，是济世良药”。这正是她高尚医德的体现。

3. 坚持理论与实践相结合　中国明代大思想家王守仁提出“知行合一”的思想，道德意识离不开道德行为，道德行为也离不开道德意识。二者互为表里，不可分离。知必然要表现为行，道德认识和道德意识必然表现为道德行为，如果不去行动，不能算是真知。当代医学生工作后，在知道和理解、遵守职业道德的重要性和提高职业道德的前提下，不仅应树立正确的职业道德目标，更应通过不断实践，在工作中不断充实和完善自己，不断提高自己的职业道德水平。

4. 勤于学习、勇于自省　学习能力是衡量一个人工作能力的重要指标。医学生应该在平时的学习、工作和生活中，乐于接受未曾经历过的新生活，形成新经验、新思想、新观念和新的行为方式，随时

准备接受社会的改革和变化，敢于向教育的内容和传统智慧挑战。同时，还要经常进行“自省”。在实际工作中，可能会碰到形形色色的诱惑，可能会产生和职业道德不相符的行为，要通过自我反省，来思考自己每日的行为是否符合职业道德规范，对不符合要求的行为和思想要不断地进行修正。尽管这一过程伴随着痛苦，但坚持下去，持久以恒，必定能使自己的职业道德水平达到新的高度。只有这样，才能将根植于人们内心的职业道德知识内化为信念、外化为实际的行为。

5. 严格遵守法律法规　为提高医务人员的职业道德素质，改善和提高医疗服务质量，全心全意为人民服务，国家相关部门制定了《中华人民共和国医务人员医德规范及实施办法》，医务工作者应当在日常工作中，严格按照医德规范要求，指导自己的行为，并在工作中完善充实，不断提高职业道德修养。

四、职业能力

(一) 职业能力的内涵

职业能力是人们从事某种职业的多种能力的综合。例如：教师不仅要具备语言表达能力，还要具备教学的组织和管理能力、教材的理解和使用能力、教学问题和教学效果的分析、判断能力等。职业能力是人们就业、胜任职业岗位和取得职业发展所必备的能力。医学生在职业生涯中，要通过不断学习和训练从中获得职业能力，在工作中培养职业能力，在不断的实践中提高和发展职业能力。

我国劳动保障部《国家技能振兴战略》的研究课题中，首次把人的能力按职业分类规律分成了三个层次，即：职业特定能力、职业通用能力和职业核心能力。

职业特定能力是每一种职业自身特有的，只适用于这个职业岗位的专门性技能。它适应面很窄，但有一个职业就有一个特定的能力，按我们国家职业分类大典划分的有 1838 个职业，所以特定能力的总量是最大的。

职业通用能力是以社会各大类行业为基础，从一组特征和属性相同或相近的职业群中体现出来的共性的技能和知识要求。它的适应面比较宽，可适用于这个行业内的各个职业或工种，而按行业或专业性质不同来分类，通用能力的总量显然比特定能力小。

职业核心能力是从所有职业活动中抽象出来的一种最基本的能力，是通用性最强的技能。它是人们在职业生涯甚至日常生活中必需的，可适用于所有行业的所有职业。虽然世界各国对核心能力有不同的表述，相比而言它的种类还是最少的。

(二) 职业核心能力的培养

职业核心能力具有普遍的适用性和广泛的可迁移性，其影响辐射到整个职业通用能力和职业特定能力领域，对个人的职业生涯发展和终身成就影响极其深远，是伴随人终身可持续发展的能力。它包括沟通能力、团队合作能力、解决问题能力、信息管理能力、数学应用能力、自我学习能力、创造创新能力、外语应用能力八个大类。下面重点介绍职业核心能力的培养。

1. 沟通能力的培养　人是社会的动物，社会是人与人相互作用的产物。马克思指出：“人是一切社会关系的总和”“一个人的发展取决于与他直接和间接进行交往的其他一切人的发展”。因此，与人交流能力是一个人生存与发展的必备能力，也是决定一个人成功的必要条件。

美国曾经做过一项调查，其结果显示，在校期间成绩拔尖，但是不善于与人沟通的学生，毕业后获得事业成功的只有 20%，而那些在校期间学习成绩一般，但是却显示出良好的沟通能力的学生走向社会后获得事业成功的占到了 80%。可见，与人沟通对于大学生的重要作用。因为人际关系提供了社会功能，借助沟通这个过程，人与人的关系得以发展、改变和维系。

医学服务是一种基于道德文化和职业文化上的医疗卫生服务，它的本质就是为了满足社会人群的健康需求，而这一服务的核心能力就是人际沟通。美国国际医学教育专门委员会制定了医学教育“全球最低基本要求”，共有七个宏观的教学成果和能力领域，其中第三项就是沟通技能。对现代医生的基本要求是：医生应当通过有效的沟通创造一个便于与患者、患者家属、同事及公众之间相互学习的环境。

(1) 善于倾听：倾听是接受听到的信息，并在头脑里进行组织加工以理解信息意义的过程。无论是

在人际交往中，还是在生活工作中，有效倾听至关重要。很多时候，在与对方交流中，我们看起来是在听，但实际上我们根本没有听懂对方真正想表达的意思，或者根本没有用心去体会对方在表达时的情绪与感受，在这种情况下做出的回应，可想而知，不会给双方关系带来积极的作用。所以与人沟通最重要的一点就是要学会倾听，而且要有效地倾听，就是倾听别人诉说时，要让对方明白我们已经理解对方的表达意思，并且感同身受。有效的倾听能够让对方感觉到被理解、被接纳。作为医学生要学会有效地倾听患者的诉说。医学生将来服务的对象是患者，听懂他们的诉求是作为一名医务工作者的基本职责，所以“听”在工作中至关重要。例如在诊疗过程中，问诊是明确诊断的第一步，在“问诊”这个沟通过程中，医生说的第一句话一般都是“您哪里不舒服？”患者的诉说再加上医生有效的倾听方能起到有效沟通的目的。

(2)真诚的反馈：在维护人际关系过程中，人们不仅需要运用有效的倾听来表达对他人的接纳和尊重，而且需要通过真诚的反馈，让他人了解我们的情感和思想。反馈与倾听一样，都是人际沟通中重要的内容之一。通过真诚的反馈，倾听者可以阐述自己的观点，同时也可以通过适时、适度的提问来获得更多的信息。倾听后的反馈要注意真诚的表达，提出的问题不宜过多，要少而精练，太多的问题容易打断说话者的思路；可以通过重复对方说话中的关键词加以反馈；同时，可以使用简单的语句，如“是的”“好的”“继续”“嗯”等来表示认同对方的陈述；通过“说来听听……”“我听听你的意见”等一些开放式的问句以鼓励谈话者更多地诉说。另外，一些非语言符号也可以起到有效反馈的目的，比如说一些动作、眼神、表情等。

(3)职业特殊要求：对于医学生与人沟通能力的培养，还要注意以下两个方面：第一，扎实的医学专业水平。如果专业水平有限，临床操作技能不高，当与患者交流的时候肯定会担心患者的问题无法回答，或者不娴熟的技能引起患者不满，这种情形下必然造成自信缺乏、顾虑加深，从而阻碍了与患者的有效沟通。所以，医学生在学习过程中，应该不断夯实自己的专业知识，提升实践操作能力，在实习过程中，珍惜临床实践锻炼机会，过硬的基本功可以提高同学们的自信心，同时也可以增强患者对医学生的信任感。第二，规范的职业礼仪。在医疗活动中，要注意职业礼仪规范，按照医生职业行为规范要求自己，树立健康的职业形象。在与患者沟通中，言语要有礼、有节、有技巧，着装要整洁，在操作过程中，动作不宜过大，尽最大努力减轻患者的痛苦。

2. 团队合作能力的培养　团队合作能力是指在实际工作中，组织成员自觉以团队的利益和目标为重，在各自工作中尽责，在此基础上与他人相互协调配合、互相帮助的能力。在团队中与人合作要做到：

(1)尊重：要想快速融入团队，提高团队战斗力和合作能力，要先学会尊重别人。没有高低之差、没有资历之别的尊重是团队合作的首要条件。在团队合作中，要尊重他人的人格、个性，尊重他人的权利和义务，尊重他人的成就和发展。只有团队中每个成员备受尊重，才能保证成员间关系平等，才能营造出团队和谐融洽的氛围，才能共享团队资源的最大化。

(2)信任：信任是合作的基础，它是一种激励，更是一种力量。相互信任是高效团队的重要特征，成员间相互信任彼此的能力、品性等，这种信任可以在团队内部创造高度互信的互动能量，同时这种能量能够促使成员更加相信团队的奋斗目标，目标不断明确和强化，促使成员更加乐于付出自己的能量和激情。当团队遇到危机时，信任更为重要，如同一场排球比赛，每一位队员的任务、分工或者特长有所不同，建立信任是队员之间的首要任务，如果因为一个队员的失误导致信任关系瓦解，这个团队肯定不会走向最后的胜利。

(3)宽容：雨果曾经说过“世界上最宽阔的是海洋，比海洋更宽阔的是天空，比天空更宽阔的则是人的心灵。”这句话无论何时都是适用的，宽容是尽快融入团队之中的捷径。宽容是团队的润滑剂，它能消除分歧和争端，能使团队成员互敬互重、和谐相处，从而安心工作，体会到合作的快乐。宽容首先要学会悦纳自我，接受自我是人际开阔的基础，人们在人际中审视自我，挑剔自我，也在自我接纳的过程中影响着自己的人际关系。学会悦纳自我、接受自我是每个大学生需要提升的必备素质。宽容的第二步就是接纳、赞美别人，学会换位思考，站在别人的角度思考问题，赞扬别人的长处，这样能维系、扩展更广阔的人际关系。

(4)负责：敢于承担责任，敢于担当，对自己负责、对团队成员负责、对团队负责，并将这种精神落实

到每一个工作的细节中。团队在运作过程中难免会出现失误，若是每次出现错误都相互推卸责任，这个团队终不能成功。要知道当你将责任转嫁给他人时，就是一种不负责任的行为，任何有利于团队荣誉和利益的事情与每一个团队成员都是息息相关的，所有的人都有不可推卸的责任。

(5)互助：只有一个完全发挥作用的团队才是一个最具竞争力的团队，同时只有在一个最具竞争力的团队之中，个体的价值才能得到最大程度的体现。当我们的团队出现"短板"时，我们要学会互助，不能自顾自地前进，忽略短板的存在。如果我们自己成为团队中的短板时，我们要不断加强学习，勇于接受帮助，尽一切努力提高自己的能力，不让自己拖整个团队的后腿。当我们处于一个团队中，只有想方设法让短板达到长板的高度，才能完全发挥团队的作用。

(6)诚信：就是指诚实无欺，讲求信用。"诚"即诚实诚恳，是指主体真诚的内在道德品质；"信"即遵守承诺，言行一致，真实可信。古人云"一诺千金"。每个大学生都需要有一诺千金的校园信誉；每个职场人都需要有一诺千金的职业信誉。维持自己的信誉度，要求人们必须坦然面对生活和工作中的一切压力，不逃避、不抱怨。没有人会一致盯着我们工作，只有靠自己的责任感来保证工作可以高质量地完成。人们认为一个人有责任感，就是表示这个人是值得信任的，这个人的职业信誉度就高。

3. 解决问题能力的培养　解决问题的能力是指个体能够准确地把握事情发展的关键，经过有效地分析，提出解决问题的意见或方案。它是一项重要的职业核心技能。调查显示具有较高分析、解决问题能力的毕业生最受用人单位青睐，这项技能能够帮助学生顺利就业，并在未来的职业发展中永葆积极向上的活力。从医学的特殊性来说，医生经常面对的是没有唯一结论的临床问题，需要通过系统地分析病史、体检、实验室检验报告等内容得出较为合理的结论，并制订合理有效的治疗方案，这就需要医生具有很强的分析与解决问题的能力。一般来说，解决问题主要包括以下几个过程：

(1)发现问题：问题本身是客观存在的，有的问题较为明显，容易被发现，而有的问题则比较隐蔽不容易被挖掘出来。能否发现问题，取决于三个因素，一是解决问题者活动的积极性。积极性越高，接触面越广，发现问题的可能性就越高。二是解决问题者的知识经验。知识越广博，经验越丰富，视野也就越开阔，同样越容易发现问题。三是解决问题者的求知欲望。求知欲望越高的人，越不满足于对事物的一般了解，对新知识的渴求促使着问题的发现。

(2)提出问题：就是敢于质疑问题的存在。在分析问题的过程中，发现问题很容易，但是敢于质疑权威，提出问题，说出自己的想法却是一件难事。在日常学习工作中，我们都面对着大量的问题，但在权威解释面前，我们的思想过于"懒惰"，最终针对问题提出自己质疑的少之又少。

(3)分析问题：就是认清问题的关键所在。只有这样才能明确目标，找到解决问题的根本。要明确问题，必先分析问题，任何问题都包括要求和条件两个方面。要求是问题解决要达到的目的，条件是问题解决过程中所能利用的因素和必须接受的限制。分析问题就是要分析问题的要求和条件，找出它们之间的内在联系，把握问题的主要矛盾，明确解决问题的方向。

(4)解决问题：一旦明确了问题根源，就可以制定出相应的对策加以解决，假设就是提出解决问题的可能途径和方法。对于同一个问题，问题解决者往往会提出多种假设，以确定最佳解决方案。一个提出多种假设并确定最佳方案的人肯定是一个知识广博、经验丰富、思维灵活的人。对于医学生来说，要养成勤于分析的习惯，增强主动分析问题的意识，不要形成被动地盲从接受，要勇于把自己的思维置于问题中，使自己的思维积极活跃起来，敢于提出问题、分析问题并寻找解决问题的对策，从而不断提高自身分析问题、解决问题的能力。

4. 信息管理能力的培养　以通信技术和互联网为核心的信息化社会飞速发展。为适应信息化社会，要求医学生必须具备相应的信息管理能力。医学领域每年产生大量的医学文献和资料，医生要能够从数据库中、数据源中和运用手机，检索、组织和分析有关卫生和生物医学信息；从临床数据库中检索特定病人的信息；运用信息和通用技术帮助诊断、治疗和预防，以及对健康状况进行调查和监控；了解信息技术的用途和局限性，并能够在解决医疗问题时合理地使用这些技术；保存医疗工作记录，以便进行分析和改进。

由于医学领域不断发展变化，医学生在校期间学习到的知识不可能完全满足工作需要。所以，医学生需要通过信息管理能力来提高自身信息收集意识、信息收集能力，加强终身学习和研究的能力，

从而在今后的工作中能及时获取、学习到医学领域的新知识和核心技术。

(1)熟悉常用的医学检索工作和医学数据库：在常用的医学信息检索工作基础上，掌握基本操作方法和投稿信息检索能力。如在手工检索部分，主要了解 CA、EM、IM、BM 以及《中文科技资料目录》(医药卫生分册)等常用检索工具的使用；在计算机检索部分，熟悉中国学术期刊数据库，中文科技期刊数据库等一些常用数据库的使用。

(2)培养信息评估、利用和再创造能力：积极参与带教老师的一些临床研究，在对操作过程和操作方法进行描述的基础上，进行分析，根据分析需要查找资料，再对查到的资料进行评估、利用，以此锻炼整合信息的能力。

(三) 职业特定能力的培养

职业特定能力是国家职业分类大典中规定的各职业所要求的职业岗位专门性技能。例如医生诊治疾病，需要的不只是对患者热情周到的服务，更需要符合专业领域要求的专门知识和技能。中医大夫需要通过望、闻、问、切，诊察疾病表现在各个方面的症状，了解疾病的病因、性质和它的内在联系，为进一步治疗提供依据。这些都是中医大夫必备的职业特定技能。

1. 培养专业兴趣　一名高中学生因为一部军医题材的电影而对医学院校充满了无限向往，在高考填报志愿时义无反顾地填报了医学专业；还有很多学生对“白衣天使”工作充满了期待，最终走向医学岗位，这些选择都是“兴趣”使然。兴趣是推动人们学习活动的直接动力因素，是促进个性和谐发展的有效途径，是成才的起点和成就事业的沃土。只有具备浓厚的专业兴趣，才能产生学习的内驱力，增强求知欲望，提高学习效率。

“认识”是产生兴趣的前提条件，培养医学生对专业的兴趣也是应该从“认识”入手，主动了解医学专业理论体系，探究医学发展历史，憧憬医学未来发展形势。“认识”医学有这样几个方面的途径：

(1)查阅专业相关资料：通过查阅专业文献、科普文章了解本专业的发展脉络、研究前沿，这样可以激发学习兴趣和深入研究的好奇心。浏览一些医学专业网站，阅读一些医学专业文献，参与一些话题讨论，这些途径都可以帮助医学生更快地了解专业知识，进而培养对医学专业的兴趣。

(2)参加社会实践活动：可以利用假期参加社会实践活动，这样能够增强医学生的荣誉感和自豪感。医学专业低年级的同学们可以组织进入医院从事导诊工作、深入社区宣讲医学知识、为社区老人查体等活动，高年级的同学可以利用业余时间深入医院进行见习，通过社会实践这一载体达到早期接触临床的目的，帮助医学生尽早了解医院的组织结构、医护工作流程，见识部分常见临床病例，进而激发学生学习专业知识的求知欲。

(3)主动与人交流沟通：在校期间可以多听专业老师、辅导员或是学长的意见和建议，可以通过参加学生社团活动不断锻炼自己的各种能力，听取大家对医学院校、医疗行业、医患关系、学习方法等方面的意见和看法，一方面可以培养医学生人际沟通技巧，扩大交际圈；另一方面也可以全面客观地了解未来将要面对的职业环境。另外，兴趣与志向密切相关，而志向的确立必须服从社会的需要。因此，医学生应从社会需要出发，立志为民解除疾苦，激发专业兴趣。也可以通过阅读医学家传记，从他们的职业生涯起步和成长中得到启迪。

2. 明确奋斗目标　每名医学生从进入大学校园的第一天起，就应该不断审视自己的大学生活，明确未来的奋斗目标。奋斗目标可以分为长远目标和阶段性目标。就长远目标而言，就是将个人发展与社会发展结合起来的目标，立志为社会、民族做出贡献的目标；阶段性目标则是较为明确的目标，比如在校期间通过英语、计算机等级考试；工作一年后通过医生资格认证等具体目标。每个人想要实现自身的长远目标，必须要实现自己设定的阶段性目标，最后才能顺利到达胜利的顶峰。

3. 提高专业技能　医学生专业技能主要包括理论基础和实践技能两部分，提高医学生的专业技能需要从以下两个方面入手。

(1)夯实理论基础：“医学”是一门博大精深的学科，医务工作者是专门从事救死扶伤、治病救人职业的人群，“白衣天使”是人们对医务工作者的赞美，这其中不仅蕴含着赞誉与期望，更承载着责任与义务。所以，作为未来的医务工作者，在学习期间认真学习专业理论知识，夯实理论基础意义重大。提高医学生专业理论水平的渠道有多种，除了明确的学习目标、适当的学习方法以及刻苦的学习过程以外，还有一些问题需要医学生注意。

1)培养自学能力:自学能力是指自己独立获取知识的能力。自学能力是形成其他能力的基础和重要条件。自学能力可以分解为:选择学习资料的能力、选择和储存信息的能力、记忆和提取信息的能力、吸收和使用信息的能力等。自学能力是学习能力的一种升华,是一种发展智能的学习,能够增强人的主动性和独立思考的能力。

医学是一门庞大的学科,而且知识更新相当迅速。作为一名医学生,学习范围不能仅仅局限在“课本”和“课堂”上,还有很多知识需要我们去自己探索,学校不可能在有限时间内将所有新知识传授给学生,这就需要我们医学生不断提高自己的自学能力,为终身学习打下基础。

2)运用循证医学的能力:循证医学是流行病学和现代信息学与临床医学结合的产物。其基本原理是有目的地正确运用现代最好的科学依据来指导每个病人的治疗,其核心思想是明确、明智地运用当代数据资料,对个体病人进行医疗决策。在临床的医疗实践中,医生要尽可能地以客观研究成果为依据来进行医疗决策,对患者的诊疗决策应建立在最新的科学基础之上。为适应未来岗位要求,医学生必须具备科学使用医学文献的能力以及具有科研创新意识,能够自觉运用以问题为中心的循证医学方法。以往对临床治疗效果的评价往往是依靠表面的简单指标来进行的,但随着医学科学的发展,对诊疗效果的评价必须依靠实验室指标和数据来进行对比观察,进行统计学的处理。这就要求医学生要掌握循证医学的方法,包括计算机检索能力、数据统计能力、数据识别能力和数据分析能力等。

3)科研创新能力:医学教育目标是为了培养高素质的医学人才,一名合格的临床医生不仅要有良好的职业素养、扎实的医学基础知识、娴熟的临床技能,同时还应有较高的科研水平。医学生从事科研工作要培养自己的科研意识和科研思维。首先要具有批判精神,就是以问题为核心,敢于质疑权威、破除思想禁锢,有敢想敢干的精神。其次是要具有独立的思考能力,批判思维来源于独立的思考,在对事物充分认知的基础上,提出自己的意见和建议。最后是培养求异思维的能力,它是批判思维的基础,有了求异思维才能有批判的态度,才能发现事物的缺陷和不足。

(2)提高实践能力

1)提高动手能力:医学生的动手能力主要指实验操作技能和临床操作技能。医学专业的一大特点就是对实践操作要求高,这就要求医学生具备较强的动手能力。在实验教学中,学生要多动手,锻炼实际操作能力,同时还应加强设计性实验和科学研究方法等方面的训练,锻炼探求知识的思维能力。在临床教学中,充分重视实践教学。与患者多接触,完成必要的诊疗操作,这些都是锻炼动手能力的重要内容。

2)加强驾驭环境的能力:医学服务是一种社会服务,每天服务的对象是形形色色的人,他们有着不同的社会背景、学历层次、职业及不同教育背景和生活背景,他们对事物的认知是不同的,具体到行为和言语也会有不同。所以医学生要加强驾驭环境的能力,与不同人群接触、交流时,要充分考虑到对方的实际情况,主动去适应对方,了解对方的诉求,把这些诉求融入医疗活动中,这样才能减少误会,增进彼此理解和认同,构建良好的医患关系。

本章小结

大学是职业生涯的关键期。根据本专业人才培养目标及要求,在校期间必须要树立正确的职业理想,学会科学的自我管理,制订合理的学业规划,全方位地进行职业生涯规划准备,这是成功走向职场,保证职业稳定、职业发展的重要因素。

不仅如此,根据医疗卫生行业对临床医学生的职业要求,还要努力学习未来工作所需的职业本领,树立职业意识,恪守职业道德,提高职业能力,养成职业行为和职业作风,这样才能在将来的职业竞争中立于不败之地。

案例讨论

案例讨论

医患沟通能力的培养

（一）患者概要

患者，男性，70岁，汉族，工人。家庭经济状况一般。

（二）诊治概况

患者双眼均患有老年性白内障，左眼视力为0.1，右眼视力为0.2，经常规检查后收入院治疗，欲行白内障手术。在术前各项检查和手术中，各位医生与患者均未再次确认手术眼别，而将右眼进行了白内障手术，并植入了人工晶体，手术顺利，术后视力有所提高。但术后患者却提出原本希望治疗的是左眼，而手术的却是右眼，且术后视力与术前比较无明显提高，因此，患者及其家属提出异议。

（三）纠纷事由

患者认为：①术前医生未再次确认眼别，未经本人同意将右眼进行了白内障手术；②手术视力无明显提高；③主治医师不负责任，要求医院赔礼道歉，并赔偿经济损失。

（王丽岩）

扫一扫，测一测

思考题

1. 了解自己所学专业，认识专业的价值，思考未来专业出路。完成以下专业探索记录。

专业探索记录

专业名称	
培养目标	
专业价值	
核心课程	
知识、能力和素质	
相关专业	
近年就业状况	
对口行业状况	
可能适合职业	
相关专业名校名师	

（以上表格参照徐俊祥，兰华．幸福密码——大学生学业与职涯发展导航．北京：现代教育出版社，2017.）

2. 如何过好大学生活？为将来就业应该做好哪些准备？如何制订科学合理的学业规划？
3. 分析并确定本专业必须获取的职业资格证书。

笔记

第四章 临床医学生职业生涯规划的实施

1. 掌握临床医学生职业生涯规划的方法。

2. 熟悉临床医学生职业生涯规划的原则。

3. 了解自我认知的途径和方法。

4. 能利用所学知识进行客观全面的自我认知，清楚自身兴趣、性格、能力、价值观等方面的特质，并很好地处理与职业生涯规划的关系。

5. 可结合自身实际，运用所学方法，撰写出具有针对性和操作性的职业生涯规划书。

案例导学

近年来，大学毕业生就业后频繁跳槽的现象已然成风，很多企业表示“不能忍”。这一现象暴露了大学生对未来职业发展缺乏长远规划，定位不清，存在走一步看一步的情况。在某高校举行的优秀校友分享会上，现任某三甲医院胸外科主任的李某给学弟学妹的建议就是：“要想毕业后找工作少走弯路，大家在大学期间必须为自己设计一份职业蓝图，做一份切合实际的职业生涯规划书。”听到这，小王同学提出了自己的疑问：“职业生涯规划书是不是就是把自己未来的目标写下来就可以了？”

问题：1. 临床医学生职业生涯规划书的制订要遵循哪些原则和方法？

2. 临床医学生如何制订自己的职业生涯规划书？

第一节 自我认知

印度著名哲学家、20世纪最伟大的心灵导师克里希那穆提（J.Krishnamurti）在《一生的学习》中说：“无知的人并不是没有学问的人，而是不明了自己的人。”你对自己知道多少？你能清楚告诉别人你是谁吗？你想要什么？你喜欢做什么？你能做什么？你最希望得到的是什么？临床医学生只有对自己有了客观而全面的认知，才能发现一条能最大限度发挥自身潜能的职业道路，才能规划出一幅未来最有可能达成的职业生涯蓝图，才能在医学这一布满荆棘的道路上越走越远。

一、兴趣认知

（一）兴趣的概念

兴趣是人认识某种事物或从事某种活动的心理倾向，它是以认识和探索外界事物的需要为基础的，是推动人认识事物、探索真理的重要动机。兴趣包括人的爱好，但当人的兴趣不只是指向对某种对象的认知，而是指向某种活动的时候，人的兴趣便成为人的爱好了。兴趣和爱好都和人的积极情感相联系，当一个人对一种事物或职业感兴趣的时候，往往会有外在的表现，例如，感知敏锐、记忆牢固、情感浓烈、关注度高、积极探索，等等。培养良好的兴趣和爱好是推动人努力学习、积极工作的有效途径，可以让你在职业发展道路上取得更大的成就。在进行职业选择时，首先需要了解自己的兴趣。比如，有的人喜欢操作，靠他灵巧的双手，在技能操作领域得心应手，如果你硬要把他的兴趣转移到书本的理论上来，他就会感到无用武之地。这种兴趣上的差异就构成了职业选择的重要依据。

（二）职业兴趣的类型

目前，在职业兴趣领域运用最多、最具影响力的是霍兰德的职业兴趣理论，按照人格类型把职业兴趣分为现实型（realistic type，简称 R）、研究型（investigative type，简称 I）、艺术型（artistic type，简称 A）、社会型（social type，简称 S）、企业型（enterprising type，简称 E）和常规型（conventional type，简称 C）六种类型（表 4-1）。职业兴趣类型和职业环境之间的适配增加个人的工作满意度、职业稳定性和职业成就感。例如"艺术型"的人需要艺术型的环境或职业，因为只有这种环境或职业才能给予其所需的机会与奖励，即达到人和职业的最佳匹配与和谐。

表 4-1　霍兰德职业兴趣类型

类型	主要特征	职业环境要求	适宜职业
现实型（R）	动手能力强，愿意从事实物性的工作、体力活动，喜欢户外活动或操作具体器械和各类工具，不善交际，不喜欢在办公室工作	使用手工或机械技能对物体、工具、机器、动物等进行操作，更善于与"事物"打交道，而不是人	园艺师、木匠、汽车修理工、工程师、兽医、机械工、火车司机、机械制图员、电器师、厨师、检验师等
研究型（I）	抽象思维能力强，喜欢探索和理解事物，学习研究那些需要分析、思考的抽象问题，喜欢阅读和讨论有关科学性的论题，喜欢独立思考，对未知问题充满兴趣	分析研究问题，运用复杂和抽象思维创造性地解决问题，谨慎缜密	科研人员、教师、天文学家、药剂师、数学家、生物学者、医生等
艺术型（A）	追求个性，有创造力，喜欢文学、音乐、艺术、表演等工作，注重形象思维，重视作品的原创性	创造力，对情感的表现能力，自由，开放	作家、编辑、演员、导演、音乐家、摄影师、广告制片人、建筑师等
社会型（S）	善于与人打交道，喜欢与人合作，热情，喜欢帮助别人，热衷探索别人心理活动，渴望得到社会认同	人际交往能力，教导、帮助他人等方面的技能，对他人表现出精神上的关爱，愿意担负社会责任	教师、社会工作者、心理咨询师、导游、护士、律师等
企业型（E）	大胆，敢闯，善于冒险，追求财富，行动力强，做事目的性和逻辑性都很强，善于领导和支配别人	说服他人或支配他人的能力，敢于承担风险，目标导向	政治家、推销员、零售商、管理者、保险代理等
常规型（C）	喜欢固定的、有秩序的工作或活动，希望确切的指导工作的要求和标准，习惯接受他人领导，循规蹈矩	文书技巧，组织能力，听取并遵从指示的能力，能够按时完成工作并达到要求，有组织有计划	文字编辑、会计、出纳、税务员、核算员、办公室人员、计算机操作员、秘书等

对于临床医学生来讲，霍兰德职业兴趣类型对职业生涯的指导有重要意义。现实型学生更适合仪器操作、设备维护、检验检疫等医技类的职业；研究型的学生更适合从事医学技术研发、临床科研等工作；艺术型的学生可以向医学整形、美容等方向发展；社会型的学生可以从事一线的医学教育、咨

询、医护工作等；企业型的学生可在医药卫生管理、医药类公司发挥自己的优势，而常规型的学生可以在医学管理中从事具体的事务工作。

但职业兴趣类型不是选择职业的唯一标准，职业兴趣是可以培养的。在实际工作中，难免会遇到职业兴趣与所从事的职业不匹配的情况，这时就需要临床医学生有意识地培养自身对所从事职业的兴趣，慢慢寻求职业与兴趣的平衡。

二、性格认知

（一）性格的概念

性格是一个人在对现实的稳定的态度和习惯了的行为方式中表现出来的人格特征，它表现一个人的品德，受人的价值观、人生观、世界观的影响。这些具有道德评价含义的人格差异，我们称之为性格差异。性格是在后天社会环境中逐渐形成的，是人核心的人格差异。性格有好坏之分，能最直接地反映出一个人的道德风貌。性格是在社会生活中逐渐形成的，同时也受个体的生物学因素的影响。

性格形成的因素很复杂和细碎，但是如果概括出其形成的主要表现，主要体现在以下三个方面：基因遗传因素、成长期发育因素以及社会环境的影响因素。可以说它既有来自于本身的因素，同时也有相应的环境影响。所以从这个角度分析，性格是可以改变的，但是需要大量量变之后的质变作用。

（二）性格的类型

性格的类型是指一类人身上所共有的性格特征的独特结合。按一定原则和标准把性格加以分类，有助于了解一个人性格的主要特点和揭示性格的实质。由于性格结构的复杂性，在心理学的研究中至今还没有大家公认的性格类型划分的原则与标准。

瑞士心理学家荣格认为，我们的心理活动会指向外部世界，也会指向自己的内心世界，前者属于外倾型，后者属于内倾型。同时，我们通过感官和直觉来获取外界的信息，并利用这些信息，通过理性和感性的方式，对事情进行判断和认识，并在此基础上形成自己的行为习惯和人格模式。

后来，梅尔和布莱格母女以荣格的理论为基础，发展出了16种人格理论，并与1962年发表了“梅尔-布莱格类型指标（MBTI）”，作为测量心理类型的工具。

心理类型理论主要是将人的性格区分为四组维度，每组两个向度，据此划分出16种不同的心理类型。

我们先看一下MBTI中的四个维度：

外倾（E）-内倾（I）维度：外倾是指我们的注意力和能量主要指向外部世界；内倾是指个体将自己的注意力和能量集中于自己的内心世界。

感觉（S）-直觉（N）维度：感觉和直觉是我们感知世界、获取信息的两种方式。感觉型的人倾向于通过自己的感官来获取有关环境的事实和现实，他们需要获取精确的信息和事实，着眼于现在；直觉型的人则习惯用超越感官的方式来获取信息，他们更注重事情的含义、象征意义和潜在意义，直觉型的人对洞察力、抽象的事物和未来等方面有明显的偏好。

思维（T）-情感（F）维度：思维和情感是关于我们如何对获取的信息做决定并得到结果的两种方式。思维型的人习惯于通过分析数据、权衡事实来作出符合逻辑的、客观的结论和选择；而情感型的人则习惯于通过自己的价值判断来做决定，他们通常会对信息作出个人的、主观的评价。

判断（J）-觉察（P）维度：判断和觉察是关于个体面对外部环境时如何行动的两种态度。判断型的态度意味着个体会通过思维和情感去组织、计划和调控自己的生活；而觉察型的态度则意味着个体倾向于用感觉和直觉的方式去对事物作出决定，他们的态度通常是灵活的、开放的。

通过对上述四个维度进行排列组合，就能得到16种性格类型。每个人通过MBTI测试都可以获得关于自己的信息，了解自己的特点，并据此选择适合自己的性格类型的职业。

下面我们来分别了解这16种性格的特征及其适合的职业：

1. 内向感觉思考判断型（ISTJ）　严肃、安静、借由集中心志与全力投入及可被信赖获致成功；行事务实、有序、实际、逻辑、真实及可信赖；十分留意且乐于任何事（工作、居家、生活均有良好组织及有序）；负责任，按照设定成效来作出决策且不畏阻挠与闲言会坚定为之；重视传统与忠诚。较适合会计

师、财务核查员、工程师、财务经理、警察、技师等职业。

2. 内向感觉情感判断型(ISFJ) 安静、和善、负责任且有良心;行事尽责投入;安定性高,常居项目工作或团体之安定力量;愿投入、吃苦及力求精确;对细节事务有耐心;忠诚、考虑周到、知性且会关心他人感受;致力于创建有序及和谐的工作与家庭环境。较适合健康工作者、图书馆工作人员、服务性工作者、教师等职业。

3. 内向直觉情感判断型(INFJ) 因为坚忍、创意及必须达成的意图而能成功;会在工作中投注最大的努力,因坚守原则而受敬重;为人光明正大且坚信其价值观;有组织且果断地履行其愿望。较适合艺术工作者、神职人员、音乐家、心理医师、教师、作家等职业。

4. 内向感觉思考判断型(INTJ) 具强大动力与本意来达成目的与创意——固执顽固者;有宏大的愿景且能快速在众多外界事件中找出有意义的模范;对所承负职务,具良好能力于策划工作并完成;具怀疑心、挑剔性、独立性,果决,对专业水准及绩效要求高。较适合电脑分析师、工程师、法官、律师、工程人员、科学家等职业。

5. 内向感觉思考觉察型(ISTP) 冷静旁观者,安静、预留余地、弹性及会以无偏见的好奇心与无预期的原始的幽默观察与分析;有兴趣于探索原因及效果,技术事件是为何及如何运作且使用逻辑的原理组构事实、重视效能;擅长于掌握问题核心及找出解决方式;分析成事的缘由且能实时由大量资料中找出实际问题的核心。较适合手工艺者、建筑工作者、机械工作者、服务工作者、统计人员等职业。

6. 内向感觉情感觉察型(ISFP) 羞怯的、安宁和善的、敏感的、亲切的、且行事谦虚;喜于避开争论,不对他人强加己见或价值观;无意于领导却常是忠诚的追随者;办事不急躁,安于现状,无意于以过度的急切或努力破坏现况,且非成果导向;喜欢有自有的空间及照自订的时程办事。较适合文书工作者、建筑工作者、音乐家、户外工作者、油漆工作者等职业。

7. 内向直觉情感觉察型(INFP) 安静观察者,具理想性与对其价值观及重要之人具忠诚心;希望外在生活形态与内在价值观相吻合;具好奇心且很快能看出机会所在。常担负开发创意的触媒者;除非价值观受侵犯,行事会具弹性、适应力高且承受力强;具想了解及发展他人潜能的企图。想做太多且做事全神贯注;对所处境遇及拥有不太在意;具适应力、有弹性,除非价值观受到威胁。较适合艺术工作者、娱乐工作者、编辑、心理学家、社会工作者、作家等职业。

8. 内向直觉思考觉察型(INTP) 安静、自持、弹性及具适应力;特别喜爱追求理论与科学事理;习惯以逻辑及分析来解决问题——问题解决者;最有兴趣于创意事务及特定工作,对聚会与闲聊无大兴趣;追求可发挥个人强烈兴趣的生涯;追求发展对有兴趣事务之逻辑解释。较适合艺术工作者、电脑分析师、工程师、科学家、作家等职业。

9. 外向感觉思考觉察型(ESTP) 擅长现场实时解决问题——解决问题者;喜欢办事并乐于其中及过程;倾向于喜好技术事务及运动,交结同好友人;具适应性、容忍度、务实性;投注心力会很快,喜欢具有成效的工作;不喜欢冗长概念的解释及理论。较适合账务核查员、工匠、警察、销售职员、服务性工作人员等职业。

10. 外向感觉情感觉察型(ESFP) 外向、和善、接受性、乐于分享喜乐予他人;喜欢与他人一起行动且促成事件发生,在学习时亦然;知晓事件未来的发展并会热烈参与;最擅长于人际相处能力及具有完备常识,很有弹性,能立即适应他人与环境;对生命、人、物质享受的热爱者。较适合儿童保育人员、采矿工程师、秘书、督导等职业。

11. 外向直觉情感觉察型(ENFP) 充满热忱、活力充沛、聪明的、富想象力的,视生命充满机会但期望能得自他人肯定与支持;几乎能达成所有有兴趣的事;对难题很快就有对策并能对有困难的人施予援手;依赖能改善的能力而无须预作规划准备;为达目的常能找出强制自己为之的理由。较适合演员、神职人员、咨询师、记者、音乐家、公关人员等职业。

12. 外向直觉思考觉察型(ENTP) 反应快、聪明、长于多样事务;具激励伙伴、敏捷及直言不讳专长;会为了有趣对问题的两面予以争辩;对解决新及挑战性的问题富有策略,但会轻忽或厌烦经常的任务与细节;兴趣多元,易倾向于转移至新生的兴趣;对所想要的会有技巧地找出逻辑的理由。较适合演员、记者、摄影师、销售人员等职业。

13. 外向感觉思考觉察型(ESTJ) 务实、真实,具企业或技术天分;不喜欢抽象理论;最喜欢学习

可立即运用的事理；喜好组织与管理活动且专注以最有效率方式行事以达致成效；具决断力、关注细节且很快作出决策——优秀行政者；会忽略他人感受；喜作领导者或企业主管；做事风格比较偏向于权威指挥性。较适合督导者、行政人员、财务经理、推销人员等职业。

14. 外向感觉情感判断型（ESFJ）　诚挚、爱说话、合作性高、受欢迎、光明正大——天生的合作者及活跃的组织成员；重和谐且长于创造和谐；常做对他人有益事务；给予鼓励及称赞或许会有更佳工作成效；最有兴趣于会直接及有形影响人们生活的事务；喜欢与他人共事去精确且准时地完成工作。较适合美容师、健康工作者、办公人员、秘书、教师等职业。

15. 外向直觉情感判断型（ENFJ）　热忱、易感应、极负责任——具能鼓励他人的领导风格；对别人所想或希求会表达真正关切且切实用心去处理；能怡然且技巧性地带领团体讨论或演示文稿提案；爱交际、受欢迎及富同情心；对称赞及批评很在意；喜欢带引别人且能使别人或团体发挥潜能。较适合演员、神职人员、咨询顾问、咨询师、音乐家、教师等职业。

16. 外向直觉思考判断型（ENTJ）　坦诚、具决策力的活动领导者；长于发展与实施广泛的系统以解决组织的问题；专精于具内涵与智能的谈话如对公众演讲；乐于经常吸收新知且能广开信息管道；易生过度自信，会强于表达自己意见；擅长策划及目标设定。较适合行政人员、律师、经理、销售人员、工程人员等职业。

（三）性格与职业匹配建议

了解自己的性格，选择合适的职业。个人应根据自己的性格特征、兴趣爱好等选择合适的职业。可以借助科学手段了解自己的性格类型，以及兴趣爱好、价值观、理念，分析自身的优劣势，并结合自身专业知识、技能等能力，合理设定职业目标，了解该职业的需求，做好职业规划，实现性格和职业相匹配。

完善自己的性格，让性格适应工作。性格不是一成不变的，具有可塑性，受社会生活环境的影响，通过后期的实践活动，人的职业个性可以随着职业的需求作适当调整。我们一方面讲究“人职匹配”“先天优势”，同时也强调注重“职业适应性”，以提高生存能力。在适应社会过程中遇到性格与职业选择错位的问题是非常普遍和正常的，关键是如何针对自身的弱点，弥补不足。

该跳槽时就跳槽。职场中有些人的性格特征不适合现在的职业，但为了现有的薪金状况或者职业安全感，仍然很努力地去适应工作。这样的人身处职场中，无法感受到工作的快乐，只会日益承受越来越大的压力。如果重新客观地审视自我，明晰自我性格的适应范围，找份合适的工作来完成，感觉肯定会不一样。

利用他人性格的长处，发挥不同性格的作用。我们生来就有自己的性格特征。就好像是不同种类的石头，我们有些是花岗岩，有些是大理石。这些不同的材质都各有其用途，并不能说有优劣之分。比如，花岗岩更坚硬些，大理石更华丽些，他们各自可以被用在不同的地方。我们的性格也是如此。力量型更适于做有推动力和开创性的工作，他们更有领导人的特质；活泼型更适于做公关和打开人际关系，他们更能够制造轻松愉快的氛围，与人打成一片；完美型更适于做规划和研究的工作，他们如果加上力量型将是非常难得的领导人，而且他们更有艺术天赋、更能深入人的内心；和平型的人安静从容，他们是一流的倾听者、有良好的人际关系，受人喜欢、又可以博采众长。所有这些性格都有其独特性，这样才构成了丰富多彩、刚柔相济、和谐协作的美好社会。对企业而言，在招聘新员工时，应充分考虑员工的性格与职业匹配问题。根据员工不同的性格为其安排合适的工作，同时根据不同工作对性格的要求选择适当的人才，真正做到岗有所需，人尽其才，实现人力资源配置的最优化，体现其在企业中的价值。组织管理者掌握和了解员工的性格类型与特征，实现员工性格与职业的相匹配，对组织提高绩效、实现组织目标以及提高员工满意度有非常重要的作用。同时，企业在经营运行过程中也可以通过营造良好的企业文化与氛围，培养员工良好的性格，使员工性格上不利于企业文化或者具体工作的方面隐藏起来，引导员工向与职业匹配的方向发展。

性格倾向自我测试

三、能力认知

（一）职业能力

职业能力是人们从事某种职业的多种能力的综合。例如：一位医生只有过硬的医学基础知识是

不够的，还必须具有娴熟的实践操作技能、与病患良好沟通的能力、快速接收先进医学知识的敏感性等。一位教师只具有语言表达能力是不够的，还必须具有对教学的组织和管理能力，对教材的理解和使用能力，对教学问题和教学效果的分析、判断能力等。

如果说职业兴趣或许能决定一个人的择业方向，以及在该方面所乐于付出努力的程度，那么职业能力则能说明一个人在既定的职业方面是否能够胜任，也能说明一个人在该职业中取得成功的可能性。任何一个职业岗位都有相应的岗位职责要求，一定的职业能力则是胜任某种职业岗位的必要条件。因此，求职者在进行择业时，首先要明确自己的能力优势以及胜任某种工作的可能性。条件允许的情况下，可以由专业职业指导人员帮助分析，根据求职者的学历状况、职业资格、职业实践等来确定求职者的职业能力，必要时可以通过心理测试作为参考，在基本确定求职者的职业能力和发展的可能性的基础上帮助求职者进行职业选择。

任何一个职业生涯规划的制订与实施，都在很大程度上受职业能力的影响，职业能力强，则为成功的职业生涯提供了基础；职业能力不足，则鲜有成就。

另外，人们所接受教育的专业、学科门类对职业生涯起着决定性作用，人们在选择职业、转换职业时往往与所学的专业有一定的联系，或以该专业的理论知识、技术能力为基础，流动到更高层次的职业岗位上。因此，职业的进展深受正规教育或专业培训的影响，教育程度是事业成功中不可或缺的因素。干什么，学什么，缺什么，补什么，是当前培训教育的一大特色。从职场的许多成功案例来看，教育是改变职业者社会地位的主要动力。

（二）心理素质

美国的心理动力论者认为，职业选择是个人快乐原则与现实原则相结合的结果。个人在人格与冲动的引导下，通过升华作用，选择可以满足其需要与冲动的职业。职业生涯规划的重点在于“自我功能”的增强。若心理问题获得解决，则包括职业选择在内的日常生活问题将可顺利解决而不需要再加指导。

心理素质决定成败

1998 年 5 月，华盛顿大学 350 名学生有幸请来了世界巨富巴菲特和盖茨做演讲。当大学生们问道：“你们怎么变得比上帝还富有？”这一有趣的问题时，巴菲特说：“这个问题很简单，原因不在智商。为什么聪明人会做一些阻碍自己发挥全部功效的事情呢？原因在于习惯、性格和心理素质。”盖茨表示赞同。

其实，心理素质所能决定的东西远远不止人生的成败，它是使一个人富有一生的资本。一个清静无为的人照样生活得快乐自在，他一定具有与之相关的良好心理素质；一个临危不惧、处乱不惊的人所具有的修养，一定有良好的心理支撑。如此，一个不畏失败执着于成功的人，他的心理素质必然十分坚强。

（三）个人综合素质

所谓综合素质，指观察能力、实践能力、思维能力、整合能力和交流能力。良好的个人综合素质具体体现在：

拥有诚实守信的品格，一颗包容的爱心，学会对人、对事感恩，待人礼貌周到，尊重他人意见和想法，富有责任心，具有创造能力、沟通交往能力，善于合作，善于倾听，学会分享，乐观心态面对挫折，具有良好的判断能力。

医务人员必须尽忠职守、精益求精、严谨务实、廉洁奉公、不图名利、尊重患者、一视同仁、言语谨慎、保守秘密、举止端庄、文明礼貌、团结协作、共同进步、富有爱心和同情心；观察敏锐、学会记忆、善于思考；具有良好的人文科学素质、社会科学素质、管理科学素质；具有良好的身心素质。

良好的个人综合素质是事业成功的必备条件，是实现职业生涯规划的基础。

当然，每个人都会有一个能力系统。在这个系统中，每一个人体现出来的各种能力都不是均衡发

展的。有的人某些能力是强项，一定也有某些能力是弱项，这些都是很正常的事情，大家必须正确对待自己能力的强弱，在条件允许的情况下，在专业人员的指导下逐步提升自己的能力。

四、价值观认知

（一）价值观的概念

价值观是人们对事物重要性的主观判断，换言之，就是你追求什么，赞成什么，反对什么。价值观支配着人的一切行为，是个体做出行为的基本驱动力。职业价值观是价值观体系中一个极为重要的组成部分，是人们对某一职业所赋予的一定看法和意义的总和，是人们对待职业的一种信念和态度，同时，也是人们在职业生活中所表现出来的一种价值取向。医生的职业价值观就是人们对医生职业所赋予的一定看法、意义的综合，是人们对医生职业的一种信念和态度。医生的职业价值观是医生价值观体系的重要组成部分，对医生的职业目标、职业动机等起着决定性的作用。

鉴于价值观在一定程度上支配人的行为，是个体做出行为的深层原因，因此，认识自己的价值观就显得十分重要。

（二）职业价值观的类型

根据不同的划分标准，对职业价值观的种类划分也有所不同。美国心理学家洛克奇在其所著《人类价值观的本质》一书中，提出 13 种价值观：成就感、审美追求、挑战、健康、收入与财富、独立性、爱、家庭与人际关系、道德感、欢乐、权利、安全感、自我成长和协助他人。我国学者阚雅玲将职业价值观分为 12 类，这里着重介绍这一分类标准。

1. 收入与财富　工作能明显有效地改变自己的财务状况，将薪酬作为选择工作的重要依据。工作的目的或动力主要来源于对收入和财富的追求，并以此改善生活质量，显示自己的身份和地位。

2. 兴趣特长　以自己的兴趣和特长作为选择职业最重要的因素，能够扬长避短、趋利避害、选我所爱、爱我所选，可以从工作中得到乐趣、得到成就感。

3. 权力地位　有较高的权力欲望，希望能够影响或控制他人，使他人照着自己的意思去行动，认为从较高的权力地位中得到较强的成就感和满足感。

4. 自由独立　在工作中能有弹性，不想受太多的约束，可以充分掌握自己的时间和行动，自由度高。

5. 自我成长　工作能够帮助自身不断提升，使自己的经验与阅历能够在一定的时间内得以丰富和提高。

6. 自我实现　工作能够提供平台和机会，使自己的专业和能力得以全面运用和施展，实现自身价值。

7. 人际关系　将工作单位的人际关系看得非常重要，渴望能够在一个和谐、友好甚至被关爱的环境工作。

8. 身心健康　工作能够免于危险、过度劳累，免于焦虑、紧张和恐惧，使自己的身心健康不受影响。

9. 环境舒适　工作环境舒适宜人。

10. 工作稳定　工作相对稳定，不必担心经常出现裁员和辞退现象，免于经常奔波找工作。

11. 社会需要　能够根据组织和社会的需要工作，为集体和社会作出贡献。

12. 追求新意　希望工作的内容经常变换，使工作和生活显得丰富多彩，不单调枯燥。

从价值观的角度来说，个人职业发展，成功还是失败的最终标准取决于你是否得到了你想要的生活，你的职业价值观是否和你的生活方式相一致。如果符合你就会感觉很快乐；如果不符合，即使你拿着高薪，也还是感到不满足。

随着市场经济的深入和我国医学教育的快速发展，临床医学生的职业价值观呈现多元化趋势，总的来说，主流是健康的、积极向上的，但也出现了不同程度的偏差。主要表现在：部分医学生在选择医学专业时看重的就是医生的高收入，工作以后一味追求经济利益，享受物质生活，把医德医风置之脑后，为病人做昂贵的检查，开不必要的高价药，忽略了个人在精神需要方面的追求。部分医学生追求社会地位，不愿到基层去，只想去大城市、大医院，在择业时更加趋向自我而忽视了社会需求等。

(三) 职业兴趣测量

关于职业兴趣的测量表有很多种，比如斯特朗－坎贝尔职业兴趣量表(SCII)、库德兴趣量表(KOIS)等，这里重点介绍霍兰德职业兴趣量表，帮助被试者发现和确定自己的职业兴趣和能力特长，从而更好地做出求职、择业、升学的考虑。需要说明的是，本测试是基于喜欢的活动类型、擅长的活动、能力类型和职业价值观等角度分析、判断职业兴趣的。

本测验共有七个部分，每部分测验都没有时间限制，但请您尽快按要求完成。

第一部分：你心目中的理想职业(专业)

对于未来的职业(或升学进修的专业)你也许早有考虑，它可能很抽象、很朦胧，也可能很具体、很清晰。不管是哪种情况，现在都请你把你最想干的三种工作或最想读的三种专业，按顺序写下来：

1. ____________________________；
2. ____________________________；
3. ____________________________。

以下二、三、四部分每个类别下的每个小题都是选择题，请选出比较适合你的、与你的情况相符合的项目，并按照有一项计 1 分的规则统计分值，将相应分值填写在第六部分的统计项目中。

第二部分：所感兴趣的活动

注意：这一部分测验主要想确定你所"感兴趣"的某种活动，而不是你"要从事"的活动。即：答题时不必考虑你过去是否干过和是否擅长这种活动，只根据你的兴趣直接做出判断。请务必做完每一个题目(表 4-2)。

第三部分：你所擅长或胜任的活动

注意：你如果从未从事过某一活动，那就请考虑你将来是否会擅长从事该项活动。请你务必做完每一个题目(表 4-3)。

表 4-2　你所感兴趣的活动

R:现实型活动		I:研究型活动	
1. 装配修理电器或玩具	□是□否	1. 读科技图书和杂志	□是□否
2. 修理自行车	□是□否	2. 在实验室工作	□是□否
3. 用木头做东西	□是□否	3. 改良水果品种，培育新的水果	□是□否
4. 开汽车或摩托车	□是□否	4. 调查了解土和金属等物质的成分	□是□否
5. 用机器做东西	□是□否	5. 研究自己选择的特殊问题	□是□否
6. 参加木工技术学习班	□是□否	6. 解算术或玩数字游戏	□是□否
7. 参加制图描图学习班	□是□否	7. 物理课	□是□否
8. 驾驶卡车或拖拉机	□是□否	8. 化学课	□是□否
9. 参加机械或电气学习班	□是□否	9. 几何课	□是□否
10. 装配修理机器	□是□否	10. 生物课	□是□否
选择"是"得 1 分，小计____分		选择"是"得 1 分，小计____分	
A:艺术型活动		**S:社会型活动**	
1. 素描 / 制图或绘图	□是□否	1. 学校或单位组织的正式活动	□是□否
2. 参加话剧 / 戏剧	□是□否	2. 参加某个社会团体或俱乐部活动	□是□否
3. 设计家具 / 布置室内	□是□否	3. 帮助别人解决困难	□是□否
4. 练习乐器 / 参加乐队	□是□否	4. 照顾儿童	□是□否
5. 欣赏音乐或戏剧	□是□否	5. 出席晚会、联欢会、茶话会	□是□否
6. 看小说 / 读剧本	□是□否	6. 和大家一起出去郊游	□是□否
7. 从事摄影创作	□是□否	7. 想获得关于心理方面的知识	□是□否
8. 写诗或吟诗	□是□否	8. 参加讲座会或辩论会	□是□否
9. 进行艺术(美术 / 音乐)培训	□是□否	9. 观看或参加体育比赛和运动会	□是□否
10. 练习书法	□是□否	10. 结交新朋友	□是□否
选择"是"得 1 分，小计____分		选择"是"得 1 分，小计____分	

续表

E:企业型活动		C:常规型活动	
1. 说服鼓动他人	□是□否	1. 整理好桌面和房间	□是□否
2. 卖东西	□是□否	2. 抄写文件和信件	□是□否
3. 谈论政治	□是□否	3. 为领导写报告或公务信函	□是□否
4. 制订计划、参与会议	□是□否	4. 检查个人收支情况	□是□否
5. 以自己的意志影响别人的行为	□是□否	5. 打字培训班	□是□否
6. 在社会团体中担任职务	□是□否	6. 参加算盘、文秘等实务培训	□是□否
7. 检查与评价别人的工作	□是□否	7. 参加商业会计培训班	□是□否
8. 结交名流	□是□否	8. 参加情报处理培训班	□是□否
9. 指导有某种目标的团队	□是□否	9. 整理信件、报告、记录等	□是□否
10. 参与政治活动	□是□否	10. 写商业贸易信	□是□否
选择"是"得1分,小计____分		选择"是"得1分,小计____分	

表4-3 你所擅长或胜任的活动

R:现实型活动		I:研究型活动	
1. 能使用电锯、电钻和锉刀等木工工具	□是□否	1. 懂得真空管或晶体管的作用	□是□否
2. 知道万用表的使用方法	□是□否	2. 能够列举三种蛋白质多的食品	□是□否
3. 能够修理自行车或其他机械	□是□否	3. 理解铀的裂变	□是□否
4. 能够使用电钻床、磨床或缝纫机	□是□否	4. 能用计算尺、计算器、对数表	□是□否
5. 能给家具和木制品刷漆	□是□否	5. 会使用显微镜	□是□否
6. 能看建筑设计图	□是□否	6. 能找到三个星座	□是□否
7. 能够修理简单的电器用品	□是□否	7. 能独立进行调查研究	□是□否
8. 能修理家具	□是□否	8. 能解释简单的化学	□是□否
9. 能修理收录机	□是□否	9. 理解人造卫星为什么不落地	□是□否
10. 能简单的修理水管	□是□否	10. 经常参加学术会议	□是□否
统计"是"一栏得分		统计"是"一栏得分	
A:艺术型活动		**S:社会型活动**	
1. 能演奏乐器	□是□否	1. 有向各种人说明解释的能力	□是□否
2. 能参加二部或四部合唱	□是□否	2. 常参加社会福利活动	□是□否
3. 独唱或独奏	□是□否	3. 能和大家一起友好相处的工作	□是□否
4. 扮演剧中角色	□是□否	4. 善于与年长者相处	□是□否
5. 能创作简单的乐曲	□是□否	5. 会邀请人、招待人	□是□否
6. 会跳舞	□是□否	6. 能简单易懂的教育儿童	□是□否
7. 能绘画、素描或书法	□是□否	7. 能安排会议等活动顺序	□是□否
8. 能雕刻、剪纸或泥塑	□是□否	8. 善于体察人心和帮助他人	□是□否
9. 能设计板报、服装或家具	□是□否	9. 帮助护理病人和伤员	□是□否
10. 写得一手好文章	□是□否	10. 安排社区组织的各种事务	□是□否
统计"是"一栏得分		统计"是"一栏得分	
E:企业型活动		**C:常规型活动**	
1. 担任过学生干部并做得不错	□是□否	1. 会熟练的打印中文	□是□否
2. 工作上指导和监督他人	□是□否	2. 会用外文打字机或复印机	□是□否
3. 做事充满活力和热情	□是□否	3. 能快速记笔记和抄写文章	□是□否
4. 有效利用自身的做法调动他人	□是□否	4. 善于整理保管文件和资料	□是□否
5. 销售能力强	□是□否	5. 善于从事事务性的工作	□是□否
6. 曾作为俱乐部或社团的负责人	□是□否	6. 会用算盘	□是□否
7. 向领导提出建议或反映意见	□是□否	7. 能在短时间内分类和处理大量文件	□是□否
8. 有开创事业的能力	□是□否	8. 能使用计算机	□是□否
9. 知道怎么做能成为一个优秀的领导者	□是□否	9. 能搜集数据	□是□否
10. 健谈善辩	□是□否	10. 善于为自己或集体做财务预算表	□是□否
统计"是"一栏得分		统计"是"一栏得分	

第四部分：你所喜欢的职业（表 4–4）

表 4–4　你所喜欢的职业

R:现实型活动		I:研究型活动	
1. 飞机机械师	□是□否	1. 气象学或天文学者	□是□否
2. 野生动物专家	□是□否	2. 生物学者	□是□否
3. 汽车维修工	□是□否	3. 医学实验室的技术人员	□是□否
4. 木匠	□是□否	4. 人类学者	□是□否
5. 测量工程师	□是□否	5. 动物学者	□是□否
6. 无线电报务员	□是□否	6. 化学学者	□是□否
7. 园艺师	□是□否	7. 数学学者	□是□否
8. 长途公共汽车司机	□是□否	8. 科学杂志的编辑或作家	□是□否
9. 电工	□是□否	9. 地质学者	□是□否
10. 精密仪器装配工	□是□否	10. 物理学者	□是□否
统计“是”一栏得分		统计“是”一栏得分	
A:艺术型活动		**S:社会型活动**	
1. 乐队指挥	□是□否	1. 街道、工会或妇联干部	□是□否
2. 演奏家	□是□否	2. 小学、中学教师	□是□否
3. 作家	□是□否	3. 精神病医生	□是□否
4. 摄影家	□是□否	4. 婚姻介绍所工作人员	□是□否
5. 记者	□是□否	5. 体育教练	□是□否
6. 画家、书法家	□是□否	6. 福利机构负责人	□是□否
7. 歌唱家	□是□否	7. 心理咨询员	□是□否
8. 作曲家	□是□否	8. 共青团干部	□是□否
9. 电影电视演员	□是□否	9. 导游	□是□否
10. 时装设计师	□是□否	10. 国家机关工作人员	□是□否
统计“是”一栏得分		统计“是”一栏得分	
E:企业型活动		**C:常规型活动**	
1. 厂长	□是□否	1. 会计师	□是□否
2. 电视片编制人	□是□否	2. 银行出纳员	□是□否
3. 公司经理	□是□否	3. 税收管理员	□是□否
4. 销售员	□是□否	4. 计算机操作员	□是□否
5. 不动产推销员	□是□否	5. 化验员	□是□否
6. 广告部长	□是□否	6. 成本核算员	□是□否
7. 体育活动主办者	□是□否	7. 文书档案管理员	□是□否
8. 销售部长	□是□否	8. 打字员	□是□否
9. 个体工商业者	□是□否	9. 法庭书记员	□是□否
10. 企业管理咨询人员	□是□否	10. 人口普查登记员	□是□否
统计“是”一栏得分		统计“是”一栏得分	

第五部分：能力类型简评

下面两张表是您对 6 种职业能力的自我评定（表 4–5，表 4–6）。您可以先与同龄者比较出自己在每一方面的能力，然后经斟酌后对自己的能力作评估。请在表中适当的数字上画圈。数字越大，表示你的能力越强。注意，请勿全部划同样的数字，因为人的每项能力不可能完全一样。

表 4–5　职业能力自我评定 Ⅰ

R 型	I 型	A 型	S 型	E 型	C 型
机械操作能力	科学研究能力	艺术创作能力	解释表达能力	商业洽谈能力	事务执行能力
7	7	7	7	7	7

续表

R型	I型	A型	S型	E型	C型
6	6	6	6	6	6
5	5	5	5	5	5
4	4	4	4	4	4
3	3	3	3	3	3
2	2	2	2	2	2
1	1	1	1	1	1

表 4-6 职业能力自我评定Ⅱ

R型	I型	A型	S型	E型	C型
体育技能	数学技能	音乐技能	交际技能	领导技能	办公技能
7	7	7	7	7	7
6	6	6	6	6	6
5	5	5	5	5	5
4	4	4	4	4	4
3	3	3	3	3	3
2	2	2	2	2	2
1	1	1	1	1	1

第六部分:统计和确定您的职业倾向

请将第二部分至第五部分的全部测验分数按前面已统计好的6种职业倾向(R型、I型、A型、S型、E型和C型)得分填入下表(表 4-7),并作纵向累加。

表 4-7 统计和确定职业倾向

测试	R型	I型	A型	S型	E型	C型
第二部分						
第三部分						
第四部分						
第五部分Ⅰ						
第五部分Ⅱ						
总分						

请将表7中的6种职业倾向总分按大小顺序依次从左到右排列:

________型>________型>________型>________型>________型>________型

最高分________,被试者的职业倾向性得分________,最低分________。

第七部分:您所看重的东西——职业价值观

这一部分测验列出了人们在选择工作时通常会考虑的9种因素(见所附工作价值标准)。现在请您在其中选出最重要到最不重要的两项因素,并将序号填入下边相应空格上。

最重要:__________;

次重要：______________；

最不重要：____________；

次不重要____________。

附：工作价值标准

1. 工资高、福利好
2. 工作环境（物质方面）舒适
3. 人际关系良好
4. 工作稳定有保障
5. 能提供较好的受教育机会
6. 有较高的社会地位
7. 工作不太紧张、外部压力少
8. 能充分发挥自己的能力特长
9. 社会需要与社会贡献大

以上全部测验完毕。

现在，将你测验得分居第一位的职业类型找出来，对照本书融合教材数字资源，判断一下自己适合的职业类型。

职业兴趣与职业对应表

第二节　医学生职业生涯规划的原则、方法与运用

职业生涯规划要在客观并全面的自我认知前提下，充分考虑影响因素，依据一定的原则与方法，按照一定的步骤进行，因此，临床医学生在进行职业生涯规划时应熟悉和掌握规划的原则与方法。

一、医学生职业生涯规划的原则与运用

医学生的职业生涯与其他专业大学生存在较大差异，主要体现在长期性、艰巨性和人文性、复杂性，因此，医学生的职业生涯规划也应适应具体要求，遵循以下原则：

（一）可持续原则

可持续原则是指职业生涯规划是个有机整体，必须把个人当前现状、近期目标、中期目标、长期目标有机结合起来，使职业规划呈现不断发展的态势。

一般来说，在制定个人近期、中期、远期规划的时候：近期规划要详尽而可行，并努力达到量化的程度；中期规划要与近期规划相承接，体现出发展性（中期规划也要有时间进度表，但与近期规划相比较而言机动性稍强一些，有待于未来对规划评估后的调整）；远期规划要揭示出职业发展的远景目标，在时间的实现方面模糊性更大（但远期目标的总体趋势必须明确，不能太随意）。从编者给大学生上职业规划课的实践经验来看，许多学生上交的职业规划书的远景规划都太随意、太类似，大部分学生希望自己10年后有房有车，20年后事业有成，成为某医院院长，或知名学者，或某级别的国家干部等。

可持续原则规定着临床医学生的职业生涯规划，体现着职业发展的适度超越性。一方面，规划目标不能太低，这样会使发展期望值太低，从而失去规划的激励意义。另一方面，远景规划目标又不能脱离实际，违背职业生涯规划的适应性原则。所以，在制定职业生涯规划时，要认真细致，科学测量。既要有战略方面的指导性发展方向，也要有切实可行的战术方面的操作性要求。在规划制定完后，还要定期对职业生涯规划进行评估与调整，及时纠正规划运行过程中偏离的方面，或者对原定的规划作修订，使规划更适应个人与社会发展需要。只有这样，医学生的职业生涯规划才能在当前与未来之间保持适当的张力，才能对职业发展方向起到指导作用。

（二）去功利化原则

去功利化原则是指职业生涯规划要淡化名利追求，强调个人发展和推动社会的作用。只有树立正确的职业价值观和发展观，医学生的职业生涯规划才能真正起到作用。

现在的校园里，学生们开口闭口谈钱，人前人后说利，穿名牌、用名牌、比名牌成为一种流行风气。曾几何时被人们贬称为"铜臭"的金钱，已成为无所不能的圣物，受到学生们的热捧。"学习只为求职或将来升官发财"成为相当一部分学生头脑中一种根深蒂固的想法。在"物竞天择，适者生存"的思想影响下，我们的学生把职业生涯规划狭隘地理解为谋取体面工作和高薪职业。掌握各种知识的动机早已被追求物质利益的动机和欲望所绑架。

去功利化原则要求医学生的职业生涯规划要回归自我的发展，从长远的角度出发，以救死扶伤为首要责任，淡化对名、地位、金钱的追求。一方面，不因为追逐物质利益而放弃梦想；另一方面，不为金钱利益而丢掉自己的职业信仰和初衷。

（三）区域性原则

区域性原则是指职业生涯规划要充分考虑所在地区社会、经济、文化等职业环境，不能脱离地区实际制订职业生涯规划。因此，区域不同，所制订的职业生涯规划将存在差异。

区域差异是职业生涯规划的重要影响因素，该地区的社会、经济、文化都势必导致医学生职业生涯规划的不同。例如，东部发达地区，专科层次医学生的职业生涯规划目标将更多地考虑深造学习或到西部欠发达地区基层医疗卫生岗位就业。另外，区域性的医疗卫生政策导向也将影响医学生职业生涯规划。

（四）适应性原则

适应性原则是指职业生涯规划不脱离个人与社会的生活环境，制订切实可行的个人职业规划。只有遵循职业规划的适应性原则，职业生涯规划才有实际意义。

职业生涯规划首先要适应个人特点。每个人都是独立的个体，个人的成长环境、所受的教育不同，其综合素质与能力也不同。从这个角度来说，每个人只要发挥个人的长处，找到适应的职业，都能做出成功的事业。职业生涯规划的意义正在于此。

（五）可量化原则

可量化原则是指职业生涯规划不能停留在书面理论层面，要能切实指导职业实践，要有可量化的指标去评价和判断规划的实现程度和效果。职业生涯规划不是理论层面的书面计划，而是实践层面的行动指南，不能最终落实到实践层面的职业生涯规划，都是一纸空文，毫无意义。职业生涯规划可量化原则，要求个人职业生涯规划具有科学性，即职业生涯规划是可持续、去功利化、区域性、适应性的有机结合。

另一方面，职业生涯规划实践性原则要求个人能坚定地执行规划中的进度表，身体力行，切实按照规划的前进方向而努力。在编者近几年的教学中，发现大学生们都知道职业生涯规划的重要性，并认真做好了个人职业生涯规划，但能在大学期间切实落实到位的很少很少。究其原因，最重要的一点是医学生们的执行力不够，在实践层面上不能坚持下去。实际上，实践层面的因素，恰恰是职业生涯规划能否最终落实的关键性因素。大学生不但要做到坐而论道，更要起而行之，这样的职业生涯才是值得期待的。而只有有了可量化评价的指标体系，职业生涯规划的落实效果才可以有效反馈给制订者，才能源源不断地提供前进的动力，并更好地进行调整。

二、医学生职业生涯规划的方法与运用

目前，采用最多的职业生涯规划方法主要有两种：

（一）五个"W"归零思考法

我们在做职业生涯规划时，如果能认真思考并回答以下五个问题，那么，个人职业生涯规划就比较明晰了。这五个问题都是以英文"W"开头，从问自己开始，然后顺着一路问下去，这五个问题分别是：

Who are you？

What do you want？

What can you do？

What can support you？

What can you be in the end？

回答了这五个问题，找到他们的最高共同点，你就有了自己的职业生涯规划。

第一个问题“我是谁？”应该对自己进行一次深刻的反思，有一个比较清醒的认识，优点和缺点都应该一一列出来。也就是正确地做好自我评估，对自己做全面分析，对个人的需求、能力、兴趣、性格、气质等进行分析，以确定什么样的职业比较适合自己和自己具备哪些方面的能力。然而，许多大学生在制订职业规划的时候，往往没有在“who are you”这一阶段下足够的功夫，导致了他们口头与心里知道职业规划的重要性，但实际行动中却没有真正做到位的现象。从全球职业规划师（GCDF）中国项目组 2006 年发起的针对大学生的全国调研报告来看，85%的大学生对职业规划有过了解，同时有 81%的人认为很有必要寻找职业规划服务，但仅有 10%的人接受过职业规划服务。在认清自己的这一环节，30%的人认为职业测评非常重要，54%的人认为很重要，认为一般的占 15%，有 1%的人认为不重要。由此可见，大学生在制订职业规划时，通过科学的测评、认真的思考，认清自己，是关键的第一步。

第二个问题“我想干什么？”是对自己职业发展的一个心理趋向的检查。每个人在不同阶段的兴趣和目标并不完全一致，有时甚至是完全对立的。但随着年龄和经历的增长而逐渐固定，并最终锁定自己的终身理想。在这个阶段，大学生要充分认识职业世界，努力在外在的职业与个人价值观之间建立联系。

第三个问题“我能干什么？”则是对自己能力与潜力的全面总结。一个人的职业定位最根本的还是要归结于他的能力，而他职业发展空间的大小则取决于自己的潜力。对于一个人潜力的了解应该从几个方面着手去认识，如对事物的兴趣、做事的毅力、临事的判断力以及知识结构是否全面、是否及时更新等。

前面三个阶段总体上来说还是建立在个人主观设想上，到了第四个环节，就必须认真分析客观环境因素，即“允许我干什么？”在回答这个问题时，一方面要问问自己的能力水平是否达到了要求，或者离要求还有多远的距离，如果距离太大，那么个人的目标就成了空想；另一方面，要问问自己社会环境与实际需求是否允许自己实现目标。在这个环节，个人一定要充分了解工作世界，把握职业发展趋势，特别是认清政策导向，客观分析未来的职业。在信息化时代，大学生可以通过浏览相关的企业网站，登录专业的就业网站，了解个人目标职业的相关需求素质，从而可以比较客观地找到支持自己目标实现的条件。

回答了前面四个问题，“What can you be in the end？”就是水到渠成的了。当然，要最终达到目标，还必须在前四个环节的基础上艰苦实践。从这个角度来讲，执行力是职业目标实现的最终环节。

（二）SWOT 法

SWOT 法用系统的思想将涉及的内部优势、劣势和外部机会、威胁等这些似乎独立的因素相互匹配起来进行综合分析。S 代表 strength（优势），W 代表 weakness（劣势），O 代表 opportunity（机会），T 代表 threat（威胁），S、W 是内部因素，O、T 是外部因素。运用这个方法，有利于人们对个人或组织所处情景进行全面、系统、准确地研究，有助于人们制订发展战略和计划，以及与之相应的发展计划或对策。目前 SWOT 法在企业管理经营环境分析中运用得很广泛，是在对企业的内外部环境各方面内容进行调查、综合的基础上，分析企业的优劣势、面临的机会和威胁的一种方法。其目的在于识别企业的强项与弱项，掌握企业竞争态势，发挥优势，克服劣势，寻求有利于企业发展的机会。

运用 SWOT 法进行职业生涯规划时一般包括以下内容。

1. 分析环境因素　运用各种调查研究方法，分析自身所处的各种环境因素，即外部环境因素和内部环境因素。外部环境因素包括机会因素和威胁因素，它们是外部环境对自身的发展有直接影响的有利或不利因素，属于客观因素，一般归属为经济、政治、社会等不同范畴；内部环境因素包括自身的优势因素和劣势因素，它们是自身在其发展中存在的积极或消极因素，属主动因素。在调查分析这些因素时，不仅要考虑到自身的历史与现状，更要考虑自身未来的发展。

对于大学生而言，在制订个人职业生涯规划时，影响因素包括教育背景、家庭影响、个人需求与心理特征、就业机会以及社会环境等。

2. 构造SWOT矩阵 运用SWOT分析法规划设计职业生涯，主要以上述的职业影响因素为基础，对这些影响因素进行SWOT分析。首先构建个人职业因素的分析矩阵，如表4–8所示。

其次，采用关键提问法，对列表中的要点进行对比（即连续不断地向自己提出一系列问题），并静下心来实事求是地做好记录。

再次，对上述相关问题进行仔细思考并回答，做好记录。在回答这些问题时既要从自己的角度出发，又要从竞争对手的角度出发，回答要客观、真实。如果有些问题不好回答或不知道怎么回答，可以通过他人的评价或其他科学途径进行评判，如可以借助人才测评的方法和技术对自己的个性心理特征、职业能力倾向等进行分析评价。

最后，对列表进行分析对比，结合问题及其答案，就可以清楚地发现自身的竞争力与发展机会，从而能够设定科学、合理的职业目标，同时还能清楚地认识自己的不足和外在威胁，为自己的发展创造条件，最终设计出符合自身特点的职业生涯蓝图。

3. 制订行动计划 在完成环境因素分析和SWOT矩阵的构造后，便可以制订出相应的行动计划。制订计划的基本思路是：发挥优势因素的作用，克服劣势因素的影响，利用机会因素，化解威胁因素，考虑过去，立足当前，着眼未来。运用系统分析的综合分析方法，将排列与考虑的各种环境因素相互匹配起来加以组合，得出一系列未来发展的可选择策略。

表4–8 个人职业因素的SWOT分析矩阵表

	优势	劣势
内部因素	教育背景 家庭条件 个人能力 性格 人际关系 专长方面 ……	获奖大少 缺乏工作经验 自学能力差 适应环境能力差 没有明确清晰的追求目标 自信心不足 ……
外部因素	就业范围增大 再教育的机会多 行业属于朝阳产业 新兴环保行业 ……	就业机会少 本专业毕业生多 行业从业人员社会地位低下 盲目追求高学历 ……

第三节 医学生撰写职业生涯规划书

新东方的徐小平老师说："人生没有设计，你离挨饿只有三天。"在当今这个人才竞争日益激烈的时代，合理的职业生涯规划开始成为人才争夺战中的另一重要利器。有了合理的职业生涯规划，在职业道路上我们就已经成功了一半。作为当代青年大学生，只有认真、合理地规划未来，才能认识到自己的优势与不足，才能不至于大学时光茫然虚度，才能学习到真本领，从而在以后的求职道路上畅通无阻。那么为自己制订一份职业生涯规划变得尤为重要。要想自己人生之书内容变得丰富多彩就要先把目录写好。因此试着拟定一份职业生涯规划书，把自己的未来好好设计。

常见的职业生涯规划书主要有目录式、表格式、复合式、论文格式，为便于职业生涯规划，下面给出最常用的目录式和表格式模板，供实际操作时参考。

一、医学生职业生涯规划书范例模板——目录式

这种格式的规划书具有职业生涯规划的主要内容，只做简单的表述，没有详细的材料分析和评估，内容精练，但逻辑性和说理性不强。

职业生涯规划书

姓名：
性别：
年龄：
籍贯：
所在学校及学院：
班级及专业：
学号：
联系地址：
邮编：
一、认识自我
二、环境分析
三、设计与实施
四、评估调整

二、医学生职业生涯规划书范例模板二——表格式

表格式的规划书具有一目了然的特点，内容也较全面、系统，且有较明确的分类，比较简明地设计了一个共性的思路和框架，但不一定适合所有的人。所以医学生应根据自己的个性和需要，编制一个有鲜明个性的职业生涯规划书。特别是参加各级各类比赛的学生，更要有个性化的设计。你也可以把此表拆分为多个表格，可能会更充分地表达你的个性。表格设计要以你自己和别人看起来方便、清晰、实用为原则。

职业生涯规划书

授课教师： 指导教师： 填写日期：

<table>
<tr><td>姓名</td><td></td><td>性别</td><td></td><td>现在年龄</td><td></td></tr>
<tr><td>学校</td><td></td><td>专业</td><td></td><td>家庭所在地</td><td></td></tr>
<tr><td colspan="6">个性特征测试结果(我喜欢做什么？)</td></tr>
<tr><td colspan="2">职业兴趣类型</td><td colspan="4"></td></tr>
<tr><td colspan="2">性格特征</td><td colspan="4"></td></tr>
<tr><td colspan="2">能力倾向</td><td colspan="4"></td></tr>
<tr><td colspan="6">个性特征自我描述(我是谁？)</td></tr>
<tr><td colspan="6"></td></tr>
</table>

续表

适合我的职业定向(我适合做什么？)				
例如:同学对我的评价:你最适合当律师(综合了解他们认识你适合什么职业)				
同学评价				
老师评价				
朋友评价				
其他评价				
职业长期目标定向和定位的 SWOT 分析结果(我能做什么？)				
OT SW 目标类型	S(优势)	W(劣势)	O(机会)	T(威胁)
目标行业				
目标产业				
目标职业				
目标岗位				
目标条件				
职业生涯发展规划阶段分解目标(我的职业价值观是什么？)				
1. 学习目标	近期	中期	长期	
学历				
职业资格证				
我的职业锚				
2. 收入目标	起薪	职业发展中期收入	最终目标	
职业收入				
其他				
3. 家庭目标	恋爱时间段	结婚时间段	住房	养老
4. 职务目标	初职岗位	晋升岗位	职务总目标	
5. 职称目标	初级职称	中级职称	高级职称	专家
6. 健康目标	健康途径	保健途径	医疗途径	应急措施
职业生涯发展道路(如何实现我的职业理想？)				
职业道路选择	红黄蓝			
理由 1				
理由 2				
理由 3				
路径选择	升学、考公务员、出国、创业、考职业资格证			
路径 A				
路径 B(备用)				

续表

<table>
<tr><td>路径 C（急用）</td><td colspan="3"></td></tr>
<tr><td>职业生涯保健期
（列出时间周期）</td><td colspan="3"></td></tr>
<tr><td colspan="4">在校期间学习生涯规划（现在的我从何做起？）</td></tr>
<tr><td>一、课程目标</td><td>列出重点必修课</td><td>列出相关选修课</td><td>列出学习方式</td></tr>
<tr><td>1 年级</td><td>1.
2.
3.</td><td>1.
2.
3.</td><td></td></tr>
<tr><td>2 年级</td><td>1.
2.
3.</td><td>1.
2.
3.</td><td></td></tr>
<tr><td>3 年级</td><td>1.
2.
3.</td><td>1.
2.
3.</td><td></td></tr>
<tr><td rowspan="2">二、职业资格目标</td><td colspan="2">列出证书名称</td><td>考证期限</td></tr>
<tr><td colspan="2">1.
2.
3.</td><td>第 学期
第 学期
第 学期</td></tr>
<tr><td rowspan="2">三、职业素质目标</td><td>课外学生社团选择</td><td>参加竞赛项目选择</td><td>假期社会实践内容选择</td></tr>
<tr><td>1.
2.
3.</td><td>1.
2.
3.</td><td>第一次
第二次
第三次
第四次
第五次
第六次</td></tr>
<tr><td>四、心理健康目标</td><td colspan="3"></td></tr>
<tr><td>五、身体健康目标</td><td colspan="3"></td></tr>
<tr><td>六、特长发展目标</td><td colspan="3"></td></tr>
</table>

续表

毕业后的行动计划（实现目标的措施）
一、实现近期职业目标的主要措施   二、实现中期职业目标的主要措施   三、实现长期职业目标的主要措施

三、医学生职业生涯规划书常见的误区与规避

医学生的职业生涯规划书由于其专业特殊性，容易出现一些常见的误区。那么我们在制订规划书时，如何有效规避常见问题呢？

（一）职业生涯发展目标不明确

主要表现在医学生对自己的职业进行规划时发现不喜欢所学专业，但又没有找到自己喜欢的专业；希望将来能成就一番事业，但又找不到成就事业的专业方向。因此，有很多学生会问："我到底喜欢什么？""我能做好什么？"这些现象的产生究其原因主要是医学生在入学前的自我探索不够，高考填报志愿时很多学生由家长、老师代劳，在进行专业选择时比较盲目，没有充分考虑自己对临床医学专业的兴趣，没有深入地思考自己今后到底适合做什么。进入大学后，以至于出现有些学生学习目的不够明确，学习动力不够强，甚至有的医学生沉迷于和学业无关的事情不能自拔，导致学习成绩不合格而被迫退学的现象时有发生。

对于被动来到临床专业学习的医学生要有"既来之，则安之"的信念，逐渐培养对临床医学的兴趣，从而找准职业生涯发展目标，并使之逐渐具体化、合理化。

（二）职业生涯规划书缺乏具体行动计划

主要表现在规划书没有具体可量化的行动指标和计划来对过程进行评价。医学体系的学习是庞大而复杂的，不管是实现学习目标还是职业生涯发展目标都必须要具体、可量化，这样既可以避免医学生无法评价自己的职业生涯发展轨迹和效果，也可避免医学生不分主次，盲目模仿。

（三）职业信念不合理

主要表现在有些医学生以自我为中心，在做各种规划时只想着自我的发展，没有合作意识和集体精神，做事情时功利性很强。长此以往，这样的学生会出现人际关系紧张，敏感、多疑、为达目的不择手段等，严重影响将来的职业生涯发展。

医学生在进行职业生涯规划时，一定要遵循医学学习的学科特点和医疗卫生事业的职业特点，强化合作意识和团队意识，淡化对名利的追求。

（四）缺乏适时调整机制

主要表现在由于时代发展、环境变化、未能预计的情况出现等原因，使职业发展与规划有所偏差。知识经济时代，知识每五年更新一次，科学技术的快速发展推动医疗设备、技术不断更新，医疗工作也逐渐向数字化、信息化转变，再加上各个医学学科之间不断相互交叉、彼此渗透以及边缘学科的不断兴起，使得医务工作者的工作与以前相比发生了很大的变化。这就要求新时期医务工作者要适时地对规划进行调整，如对规划、进度、自己的行为进行适当地调整，以确保职业生涯规划目标的实现。

本章系统介绍了兴趣、性格、能力、价值观等自我认知的方法，从客观全面的自我认知出发，结合第二、三章中对职业及职业生涯的认知，医学生应遵循可持续、去功利化、区域性、适应性、可量化的原则，通过五个"W"归零思考法或SWOT方法，运用目录式、表格式等格式进行职业生涯规划书的撰写。同时，注意规避常见误区。

（王　爽）

案例讨论

0403
案例讨论

职业生涯规划书案例

职业生涯规划书应从自我分析、职业分析、社会分析等入手，找准目标，落实行动计划，适时调整。你会制作职业生涯规划书吗？

0404
扫一扫，测一测

思考题

1. 用所学到的关于职业生涯的知识，总结一下自己家长的职业生涯，畅想自己即将开始的职业生涯。

2. 做一份自己的职业生涯规划书。

笔记

第五章　临床医学生的求职与面试

1. 掌握求职信制作方法；个人简历制作方法。
2. 熟悉面试技巧。
3. 了解临床医学生求职前心理准备；毕业生就业途径与求职途径。
4. 提高医学生求职与面试的技能技巧。
5. 培养学生求职过程中的应变能力及语言表达能力；增强学生个人修养和自身礼仪素养。

第一节　临床医学生求职前准备

做好求职前的准备工作，是应聘成功的第一步。俗话说"知己知彼，百战不殆"，任何竞争的成功者都是有备而来的，了解医药卫生单位的用人需求，全面客观地认识自我、广泛有效地了解对方以及准备好求职所需的各种信息和材料，是增强自信心、更好地把握求职机遇的前提与基础。

一、临床医学生求职前心理准备

(一) 择业不良心理表现及调适

1. 焦虑　是由心理冲突或挫折而引起的一种复杂情绪反应，表现为忧虑、紧张、失望、烦躁、恐惧、焦急等某些生理反应。引起医学生焦虑的主要原因有：自己的理想是否能够实现；是否能够找到一个适合自己专长且环境优越的单位；自己期望的用人单位是否能选中自己；屡屡被用人单位拒绝怎么办？自己看中的单位，而父母不同意怎么办？等等。在充满竞争的择业过程中，焦虑是一种有害的心理状态，它不仅不利于毕业生充分发挥自己的聪明才智，找到理想的工作，而且还有损于身心健康。

做好充分的心理准备，估计到择业中可能出现的问题与困难，就能降低择业中的焦虑心理。此外，正视现实，不要被暂时的失败击垮，并且学会及时转移消极情绪，或回避可能引起不良情绪的刺激，也是消除焦虑的有效方法。医学生在择业中应注意尽量不要将焦虑心理迁移到其他事情中去，焦虑不仅无济于事，而且还会降低做事效率，阻碍既定目标的实现。

2. 自卑　是一种缺乏自尊心和自信心的表现，自卑常和怯懦、依赖等心理交织在一起。主要表现为在择业的过程中对自身的能力和品质评价过低，缺乏自信心，缺乏勇气，不敢竞争，甚至悲观失望，精神不振。自卑常发生在性格内向的学生当中。性格内向的人一般都比较敏感，经常会不由自主地将自己同别人比较，并得出自己不如人的结论；他们常常"冷眼看世界"，对外界的环境刺激抱着畏惧心理，由于他们同外界接触比较少，缺乏大胆尝试的勇气，在择业中看到别人应付自如，很容易自惭形

秽。其实每个人都有自己的优势与不足，如果总是盯着自己的不足之处，不能正确客观地看到自己的长处，自信心是很难建立起来的。在择业过程中，自信心是成功的重要方面。如果自己都没有信心，别人还怎样信任你呢?

正确地认识和评价自己有助于克服自卑。正确认识自己，要求既看到自己的长处，也看到自己的短处，不要用自己的不足之处与别人的长处相比，更不要用自己的不足之处来否定自己的一切。正确评价自己，是在正确认识自己的基础上给自己定位，为自己制订切实可行的目标，不要盲目地追求自己难以达到的目标，适合的就是最好的。自信心的树立不仅对毕业生择业有很大帮助，而且对毕业生的未来发展有着深远的意义。

3. 攀比　求职过程中常常存在一种攀比心理。攀比心理也是毕业生择业过程中极易出现的不良心态。毕业生在择业过程中常会不由自主地与别人进行比较，看别人找到知名度高、效益好的单位，或进入大城市、三甲医院，就会感到心理失衡，总希望自己也能找到相当的工作。其实，由于每个人的自身条件不同，社会关系不一样，找到的工作自然会有好坏优劣的差别。对毕业生而言，不能将眼光局限在当前的差别上，而要立足于现实，努力从自身角度出发选择适合自己的工作，不要盲目攀比。况且任何工作都有其优缺点，随着时间的推移，每个人都会面临着不同的发展机会，再加上各人自身的适应性与努力程度的不同，其发展前景也会有很大差异。盲目的攀比并不一定会帮助毕业生找到适合自己的发展机会，而且在发现自己无法找到与别人相当的工作时，往往会背上沉重的思想包袱，感到强烈的失落与不满，无法保持平和的心态面对身边的事物，这很容易损害毕业生身心健康。

树立正确的择业观念，消除虚荣心的影响，是克服攀比心理的有效途径。择业的基本原则是从自身的实际条件出发，选择适合自己的工作，而不是选择别人认为好的工作。如果为了面子而“这山望着那山高”，盲目与别人攀比，不仅会延误时机，而且还会失去很好的基层锻炼机会。因此，医学生在就业求职中不从实际出发，不考虑求职时的各种综合因素，盲目攀比，很可能会失去人生成功的机遇。

4. 依赖　也是大学生不成熟的表现，凡事总是依靠别人去做，缺乏独立意识。择业中的依赖心理表现为不主动积极地为择业做准备，不敢或不愿面对激烈的择业竞争，而是将希望寄托在学校、家长和亲朋好友身上。当今社会流行一种认识，认为求职的竞争不是自身素质的竞争，而是关系的竞争，看谁的人际关系硬，看谁的社会背景深。有些人认为自己家里有“关系”，不将立足点放在自身努力上，而是找关系、托门子，甚至不惜一切代价，重礼相送。抱有这些想法是极其有害的。择业是大学毕业生走向社会的开端，踏上人生征程的初始。不通过自己的努力找工作，就失去了一个深入了解社会的机会。而且，在求职过程中与多家单位的接触有利于锻炼自己的交往能力，扩大选择范围，找到更适合自己的工作。如果对自己的命运持无所谓的态度，将命运的选择权交给别人，则会在人生的征途中时时处于被动地位。

培养独立意识是克服依赖心理的主要方法。毕业生择业要消除等、靠、要的思想，尤其在双向选择的就业模式下，更应发挥积极性，主动参与竞争，勇敢面对挑战。即使有“关系”，也不能完全依赖，毕竟未来的路还要自己走下去，就算能暂时谋得一份“好工作”，如果自己不能胜任，也难有作为。

(二) 健康择业心理的培养

健康心理素质表现为积极心理、平和心理、自信心理、客观心理和豁达心理。医学生健康择业心理的培养途径主要有以下三个方面:

1. 提高思想素养，树立正确的择业观　高校扩招，医学类毕业生数量增长过快，劳动力素质与社会经济发展的需要不完全适应，劳动力市场发育不成熟，用人机制不健全等，要求医学生树立崇高的职业理想，重视人生价值实现，不应单纯地把就业看成是谋生的手段，而要把就业视为一生所追求的为社会服务的事业、人生价值的实现。医学生在大学期间要有意识地把自己的专业与以后的就业联系起来，建立合理的知识结构，掌握扎实的专业理论知识，同时还要培养自己的实践操作能力、组织管理能力等，全面提升自身综合素质。要认真进行自我分析与自我评价，充分了解择业政策，广泛收集择业信息，作好择业形势预测，并制订个人的择业标准。只有树立符合社会经济发展，符合自身角色定位的择业观和价值观，才能在激烈的竞争中增强自己的竞争实力。此外，随着就业形势的变化，医学生也应自觉从传统择业观念的束缚中解脱出来，发挥自己的聪明才智，实现个人价值与社会价值的统一。

2. 做好职业生涯规划，培养职业意识　充分利用学校就业指导中心机构，尽早了解职业世界、了

解自己，规划职业生涯。结合自身特点对大学生活以及今后的发展方向进行总体规划，随着年龄的增长和年级的升高，及时修正自己今后努力的方向，多参加诚信教育和择业观指导，提高专业能力的实践活动。一是在校期间要有一个明确的职业规划。人只有确定了目标，才有行动的动力，才能使自己少走弯路，使自己能以最快的速度实现自己的目标。二是职业生涯规划应该是为个人量身定做的，适合个人的专长和兴趣。三是了解就业形势、就业政策和职业信息。及时把握最新的就业政策、职业需求信息，运用各种渠道获取职业信息。

3. 学习职业心理知识，培养健康的心理素质　在择业过程中，医学生难免会遇到不良刺激而出现情绪反应，出现不同程度的心理问题。为防止产生情绪障碍，必须学会控制情绪，只有通过有效的心理调适，才能保持心理平衡。

(1) 合理宣泄：当择业中处于焦虑、抑郁等消极情绪状态时，可以通过适当的方式进行适当地宣泄。比如向自己亲密的朋友诉说心中的烦恼、悲伤，求得安慰、支持和帮助。

(2) 情绪转移：当情绪低落时，可以采取缓冲的办法，把自己的注意力分散到自己感兴趣的活动中去，如运动、听音乐、看电影、唱歌、跳舞等，缓解或冲淡心中的郁闷，以求心理平衡。

(3) 自我安慰：有时也可以适当运用挫折合理化心理做情感转移，即一种“阿Q精神胜利法”，为自己没有达到目的做合理的解释，使心理达到一种平衡。比如择业中受挫于某单位，就想这家医院没用我，是他们的损失，还有更好的单位等着我呢，我还可以选择更好的单位。

(4) 松弛练习：是一种通过练习在心理和躯体上放松的方法。在生理上，焦虑和肌肉紧张是相关联的，常用肌肉松弛训练、意念放松训练等练习方法来达到减轻和消除人的各种不良身心反应，如焦虑、恐惧、紧张、失眠等症状，可在专业人员的指导下通过放松练习来解决在择业中遇到的心理问题。

(5) 合理情绪：合理情绪疗法认为，引起人们情绪困扰的并不是外界发生的事件，而是人们对事件的态度、看法、评价等认知内容，因此要改变情绪困扰不是致力于改变外界事件，而是应该改变认知，通过改变认知，进而改变情绪。例如，有的学生择业中受了挫折，便悲观失望或怨天尤人，其原因在于他认为“医学生就业应当是非常顺利的”。正是这些观念作怪，才导致或加剧了他的不良情绪。

医药卫生单位愿意接收性格开朗、具备良好心理素质的医学生，同时毕业生也认为良好的心理素质在面试和实际工作中占优势。大学生各种能力提高的过程实质是个人心理素质不断完善的过程，各种能力的进一步发展都要以心理素质为先导。医学生面对复杂的病情或危重病人的抢救时，只有具备坚定、果断的心理素质，才能达到抢救工作有条不紊、忙而不乱。

医学生要正确认识理想与现实、机遇与待遇之间的差距，保持自信心、竞争心和平常心；以自己较高的素质、良好的形象和独具魅力的人格征服用人单位；主动参与竞争，认真把握好每一次机会，要敢于挑战，正视风险，不怕困难；面对挫折和失败，不灰心丧气、一蹶不振，始终保持乐观向上、豁达开朗的心态；增强抵御挫折的心理能力，注重心理调适能力，增强择业主动性，从而增加其择业成功的机会。

做好就业前心理准备，帮助学生提高逆商

2017年5月，小张作为一名应届护理专业毕业生，在学校期间成绩偏上，综合测评优良，并担任班级学委。小张来自农村，父母在家以务农为生，经济状况一般，毕业时决定放弃专升本，选择找工作就业。他认为现在老龄化程度高，对老年护理很感兴趣，这样的专业人才需求量应该较大，毕业前夕曾与辅导员和其他同学谈到，以自己的实力可以到县级民政福利部门从事老年护理管理工作，其他单位也会去试试看。小张认真准备求职材料，多次找到就业指导教师修改。在应聘初期，先后参加了四家单位的笔试，只有一家单位进入面试外，其余均在笔试环节被淘汰，后因对这家单位工作性质不了解，准备不充分，最终也被淘汰了。在经历几次失败后，小张非常沮丧，一方面抱怨笔试题目太难太偏，面试时面试官刁难自己；另一方面又开始怀疑自己，是不是自己的能力不行，在犹豫与苦闷中又等来了一家企业招聘，在应聘中，小张显得十分紧张，出现了答非所问的情况，没有被录取，很感失望和痛苦，甚至产生了害怕求职、担心再次失败的心理。

案例讨论

二、毕业生就业形式与求职途径

随着我国高校毕业生就业制度改革的不断深化，毕业生的就业选择更加自主和宽泛，毕业生的就业途径及毕业流向呈现出多层次、多渠道、多方位、多元化的特点。

（一）就业主要形式

1. 协议就业　协议就业是正式就业的一种，毕业生先与用人单位正式签订《全国普通高等学校毕业生就业协议书》，协议期满后签订正式劳动合同书，这种就业形式较为正规，能够解决毕业生户籍、档案、保险、公积金等一系列相关问题。协议在毕业生到单位报到、用人单位正式接收后自行终止。就业协议一般由教育部或各省、市、自治区就业主管部门统一制表。就业协议作为学校、用人单位及毕业生之间三方的一份意向性协议，不仅能为毕业生解决工作问题，保障毕业生在寻找工作阶段的权利与义务，同时，也保障了用人单位能够从不同学校找到合适的、优秀的毕业生。

2. 劳动合同就业　毕业生与用人单位不签订就业协议而是直接签订劳动合同，或用人单位出具接收函到用人单位工作。只要签订各人事部门出具的正规的劳动合同，合同就业也可称为正式就业。随着“市场导向、政府调控、学校推荐、学生和用人单位双向选择”的就业机制的确立，劳动合同就业成为高职高专毕业生实现就业的一种主要形式。通过毕业生资源的市场化配置，使毕业生充实到社会需要并能够发挥其作用的岗位上去。目前，主要通过毕业生就业市场、人才市场、学校等举办的医学生医药卫生人才专场招聘会实现就业，通常是大学生就业的主渠道。另外，医学生可以主动到各级医疗卫生单位、药业集团、医药公司、生物制约等单位应聘。

3. 考试录用　考试录用是目前医院和医学院校招聘毕业生的一种重要方式，同时也是毕业生就业的一条重要途径。国家机关考录公务员、事业单位选用工作人员和专业人才，一般都采用考试录用的形式。考试包括面试和笔试。面试主要了解应试毕业生的素质特征、能力状况、形象气质等是否满足特定的岗位要求。笔试主要考核毕业生的专业知识掌握水平、理论功底和综合运用知识解决问题的能力，分为专业知识考试、命题写作、综合考试等类型。医学生也可选择参与各级医药卫生管理部门的公务员考试录用，或选择个人有优势的机关或事业单位参加考试。

4. 项目就业　目前党和政府对高校毕业生就业工作的重视程度前所未有，相继出台政策引导和鼓励大学生到农村基层、到城市社区、到西部、到农村、到经济建设最需要的地方建功立业。国家和地方政府都制订并实施了一系列高校毕业生农村基层服务项目，包括：“大学生志愿服务西部计划”“三支一扶计划”“农村义务教育阶段学校教师特设岗位计划”“选聘毕业生到村任职工作”“村村大学生行动计划”等。每年4~5月医学生可选择到西部或乡镇卫生院从事医疗、护理、检验等工作。

5. 自主创业　自主创业是近年来大学毕业生一种新的就业途径。大学生在毕业后不是向社会“寻求”工作，而是为体现自我价值，减轻社会就业负担，自主创业。自主创业不仅可以解决自身的就业问题，而且也可以为他人创造就业机会。国家和地方都在积极支持和鼓励大学生自主创业，现已出台了一系列的扶持政策，为毕业生的自主创业创造条件。医学生可以利用所学的临床医学、护理、康复治疗、医学信息管理与医学信息系统等知识，自己或与他人合作创办社区健康服务站、临终关怀医院、亚健康调理中心、全科医疗诊所和医学信息软件开发或医学信息系统维护站，等等。

6. 灵活就业　灵活就业是指在劳动时间、收入报酬、工作场地、保险福利、劳动关系等方面不同于建立在现代企业制度基础上的传统主流就业方式的各种就业形式的总称。随着社会发展和分工的细化，职业模式日益灵活多样，就业涵盖的领域日趋广泛，包括临时工、劳务工、小时工、产品直销员、保险推销员、个体经营和合伙经营、中介服务工作者等。这些职业特点是自由度大、限制少、专业水平要求低。若医学类毕业生在未取得职业准入资格证书之前，可适当选用。

7. 升学　报考专升本这种继续在学业上深造的做法，一方面提高了学历层次，提升了毕业生的就业竞争力；另一方面暂时缓解了就业压力和矛盾。一般来说，在高校里学习条件好，选择机会多，复习时间更为充裕，因而直接取得更高学历的可能性更大。因此，医学生可根据自身成绩和家庭条件，选择以就读代就业，是非常可行的方法之一。

8. 出国深造或到合资单位去工作　随着经济全球化进程的加速和中国加入WTO，一方面，众多的国外知名企业开始到中国创办企业，抢占市场份额；另一方面，发达国家各高等院校也出台相关招

生政策,吸引中国学生,人才的竞争日趋激烈并逐步呈现出国际化的新特点。医学生可以选择到香港或国外医学院校继续读书深造,也可选择参与国际医学人才竞争的岗位应聘,或到外资或合资医院及药业集团等单位工作。

(二) 求职途径

1. 学校推荐　经过多年的探索和实践,高等学校已经逐步建立了比较完备的毕业生就业服务体系,具有无可比拟的桥梁和纽带作用。高校通过与各用人单位的联系与沟通,熟悉用人单位对人才需求的标准,可以按照用人单位的需求标准择优推荐适合的毕业生。因而,学校推荐具有针对性强、成功率高、可信度高等特点。所以,学校推荐是毕业生求职的重要途径。

2. 参加招聘会　各地方、高校和有关部门组织的毕业生和人才招聘会是毕业生求职方式中应用最为普遍的形式,毕业生与用人单位直接接触,互相选择。人才招聘会具有招聘单位多、专业范围广、招聘相对集中的特点。人才招聘会的主要功能是为供求双方搭建一个接触的平台和提供信息交流的机会。医学生可根据职业目标选择性的地参加上海医药卫生人才、北京卫生人才、江苏省卫生人才、黑龙江省卫生人才等专场招聘会,或积极参加医学类院校的招聘会等。

3. 网络求职　随着计算机网络与通信技术的发展,网络凭借其方便、快捷、资源共享、数据处理迅速和信息量大等诸多特点,开始在高校毕业生就业过程中发挥巨大的作用。越来越多的用人单位开始通过网络实现对外发布招聘信息,收集求职简历,完成招聘过程。信息网络使人才交流从有形市场向无形市场延伸,很多专业化的人才招聘网站应运而生,如各类医药卫生人才网及医疗招聘网等,通过信息网络提供各种就业信息和就业服务。但是,在网络求职过程中,要警惕网络陷阱现象的发生。

4. 利用实习机会　实习是大学生完成学业的重要组成部分,也是走向工作岗位的重要阶段。用人单位通过毕业生实习表现了解毕业生知识和技能的掌握程度及毕业生的职业素质。毕业生在实习阶段可以较详细地了解用人单位的聘用要求和标准、管理模式及福利待遇等各方面情况,通过相互了解,建立联系,为双方供求、双向选择打下良好的基础。即使实习后不能被录用,但实习经历也将成为今后求职的重要砝码。医学生可利用假期到医药单位进行社会实践的机会,为自己寻找专业实习和就业实习岗位。

5. 他人推荐　这是一种比较常见的求职方式,可以扩大职业选择余地。最直接的办法是借助于朋辈关系、校友关系、学业导师、实习教师等。医学生在学校和单位实习中,应注重建立较好的人际关系,与学业导师和实习教师保持良好的互信的关系,因为他们都属于专家型人才,通过其自身学术影响可与用人单位的领导或业务骨干保持密切的关系,了解本行业不同地域和不同用人单位的就业岗位需求情况,收集的信息和推荐的就业岗位具有针对性、实效性和可靠性好的特点。

三、就业信息的收集与处理

就业信息是毕业生择业的基础。毕业生要想在求职择业中占据主动,必须及时获取一定数量、可信度高、有价值的就业信息。获取就业信息越广泛,求职的视野越宽阔;就业信息质量越高,求职的把握性越大;处理求职信息越强,择业的成功率就越高。机会在于寻找,等待机会送上门来,无异于等于失败,求职者必须利用各种渠道,采取多种手段,广泛、全面、准确地收集信息,寻找机会。

(一) 收集就业信息的渠道

毕业生就业信息纷繁复杂、多种多样,收集就业信息的渠道也各不相同,概括起来有如下几种:

1. 学校　学校每年都会举办针对本校毕业生的大型招聘会,招聘会将为毕业生提供大量的就业信息。同时,一些用人单位还将不定期到学校召开专场招聘会,学校将多渠道地收集就业信息,通过网站或信息平台等多种方式向学生传递就业信息。此外,学校还同国家和各省市人才交流中心、用人单位、科研合作单位等保持着长期、广泛、密切的联系,获得信息的针对性、准确性、可靠性均较强,并有一定的指导性,是毕业生收集就业信息的主渠道。

2. 通过电话咨询、登门拜访、邮寄求职材料或登录单位网站　当你对意向单位招聘情况不清楚,或从其他途径获得你感兴趣的单位信息时,不妨打个电话进行询问,或者亲自登门拜访获取就业信息。邮寄求职信和求职简历虽说效果难以预料,但毕竟是一种可行、易操作的获取就业信息的方法。

现在,很多用人单位将招聘信息通过本单位的门户网站发布,毕业生要及时登录自己感兴趣的单位网

站，获取有益信息，并将自己的求职材料按要求发到指定邮箱。

3. 人才市场及就业洽谈会　各地人才市场提供场地，组织本地区单位进场招聘毕业生。这类招聘会往往规模较大，但参会单位较为复杂，单位层次参差不齐，招聘对象不完全针对应届毕业生，会场现场签约率不高。一些经济类、管理类、文科类毕业生或往届毕业生应更多关注这类信息。

4. 新闻媒体　新闻媒体涉及面广，是毕业生不可忽视的一条重要的就业信息收集渠道。在大学毕业生择业之际，广播、电视、报纸、杂志上都会有大量关于毕业生就业的信息，包括就业政策、行业现状、人才需求等方面的报道和分析。其具有信誉度高、易于大众接受等特点，毕业生可以通过新闻媒介获得一定量的医学就业信息。

5. 社会实践和毕业实习　毕业生在校期间所从事的社会实践和毕业实习等活动，是实现毕业生和用人单位无缝对接的最好方法。毕业生直接了解用人单位的管理模式、未来发展状况及岗位人才需求状况等，用人单位通过实习表现和特殊岗位培训等可以直接选聘毕业生。因此，医学生参加社会实践和毕业实习时，应该力求做到与选择就业单位和确立就业意向相挂钩，因为实习表现优秀，有可能成为择业成功的难得机遇。

6. 各种朋辈关系　每个人都是纷繁社会关系网中的一个节点，人与人之间的交往常是各种信息交流的枢纽，要善于利用这种信息传播途径。这种朋辈关系包括自己的父母、亲戚、朋友、同学、校友、学业导师、实习老师。通常学业导师和实习老师比一般人更了解本专业毕业生适合就业的地域流向和范围，教师在与外单位的学术交流和科研协作过程中，对一些对口单位性质了解得多，而且保持了良好的合作关系，收集的信息具有真实、可靠、有效、适合等特点。

7. 网络　网络具有速度快、范围广、信息量大、便捷的特点，是一个取之不竭的信息宝库，可轻松、高效地获取就业信息。利用 Internet 网收集信息是获取求职信息的主要途径之一，医学生可根据自身的专业、意向的地域等搜索到哪些企业正在招聘，也可借助于各类医学人才网、医药网及卫生人才网等获取就业信息。但网络也是一把双刃剑，也有许多信息陷阱，毕业生在网上求职时要格外小心。

为获取真实有效的就业信息使用网络的应用技巧

分清主次：最好直接浏览医学类求职网站中的主要信息。

利用“搜索引擎”寻找网站：利用百度、新浪、搜狗等网站的搜索功能查找医学相关的网站。

及时分类与记录：上网查询到信息后，应立即归类整理有关信息，把网上求职信息和网站按首优、次优摘录下来。

建立个人主页：为让用人单位全面了解你的情况，最好办法是建立个人主页。

留意首页：一般每个网站都会在首页放上招聘信息和政策信息“最新消息”。

关注标记“New”的信息：在网站上，不少标题旁都标有“New”字样，表示最新更新过。

办理邮件订阅：订阅者可以只通过信息邮件订阅服务得到最新消息。

留意友情链接网站：求职网站上的“友情链接”栏目里都是有用的信息内容，一般都会有许多相关招聘站点，很值得一看。

以上列举了获取就业信息的渠道，毕业生在实际应用时，要结合自己的实际情况，采用一种或多种渠道同时收集信息。无论采取何种渠道，毕业生都要努力去发现、寻找信息，我们始终相信“一分耕耘一分收获”和“事在人为”的道理。

（二）收集信息的方法

收集信息的方法很多，概括起来有下面四种方法：

1. “全方位”收集法　毕业生将与自己所学专业关联的就业信息统统收集起来，再按一定的标准进行整理和筛选，这样获取的就业信息非常广泛，选择余地大但耗时耗力。

2. “专业优先”收集法　这种方法强调大学生依靠所学专业就业。毕业生主要围绕专业及与专业相关的行业现状及发展前景等收集相关信息。

3. “地域优先”收集法　这种方法强调选择地域就业。毕业生以自己所倾向就业的地域为主收集信息。在以地域为主要参考条件进行信息的搜索时，毕业生可以从以下三个层面入手：第一个层面，可以将择业地域粗略划分为“东北”“西北”“华北”“华中”“华南”等不同的区域；第二个层面，可以把择业区域具体到某城市，如北京、上海、哈尔滨、厦门等；第三个层面可以把择业区域具体到生源地，如黑龙江省、吉林省、福建省、浙江省等。

4. “兴趣优先”收集法　这种方法强调以毕业生兴趣爱好和能力特长为就业主要途径。在获取就业信息时，倾向于自己的兴趣、特长等。如有的毕业生希望自己将来自主创业或从事市场营销、外文翻译等，那么在收集就业信息时侧重于政府和企业的系列创业培训、市场营销等方面的培训活动。

上述四种方法各有利弊，采用后三种方法获取信息时，针对性强，可以利用有限的时间和精力获取到对自己有用的信息，但是存在信息量不足的缺点。采用第一种方法获取的信息广泛，但由于涉及面广，分检和甄别有用的信息浪费时间和精力。若能将这四种方法有机地结合起来，效果更好，毕业生可以根据自己的实际情况加以选用。

（三）就业信息的处理

收集就业信息是必要的，更重要的是对收集来的信息进行处理。就业信息的处理及应用过程实际是一个求职决策过程，也是择业的关键所在。求职者在广泛收集就业信息的基础上，要结合自己的实际情况，依据国家和地方的政策、法规，对通过各种渠道获取的就业信息进行一番有目的、有针对性地归纳、整理、分析和选择。

1. 信息的分析　求职者要对所获信息进行信度、效度和内涵分析，以判断信息的质量。只有高质量的信息，才会对求职者有更多的帮助。

(1) 信度分析：这里的信度是指就业信息的可信程度。一般学校、政府、新闻媒体、企业集团等单位和部门发布的就业信息可信度高。

(2) 效度分析：指信息使用的有效程度。分析信息是否过期，是否适合自己的实际情况。

(3) 内涵分析：主要分析求职信息中对应聘者的具体要求以及对单位、招聘岗位等方面的描述。

2. 处理信息的原则　求职者收集到的就业信息往往是纷繁复杂、多种多样，随着时间的推移，有的信息变得毫无价值。求职者应根据自己的实际情况，按照一定的原则对信息进行处理。

(1) 理论联系实际原则：把所有的信息对照自己衡量，找出适合自己的就业信息。

(2) 善于开拓原则：将那些有潜在价值的信息深入思考，加以论证，充分利用。正如人们常说的那样，信息的价值会用则有，不会用则无。

(3) 辩证分析原则：运用辩证唯物主义方法论来分析信息，用历史的、发展的、变化的眼光研究、处理信息的实际利用价值。

(4) 综合比较原则：把所有的信息进行汇总，从各个方面比较各自的利弊和优劣。

(5) 早做抉择原则：就业信息都有很强的时效性，及时用之是财富，过期便毫无价值。因为较好的就业信息总会吸引众多求职者，而招聘指标往往是有限的，如果延时抉择，不及时反馈信息，会痛失良机。

3. 处理信息的步骤　求职者对所获取的信息进行去粗取精、去伪存真、找准目标、科学分类的处理，使获取的信息更具准确性、针对性和有效性，使之更好地为自己的求职服务。具体处理步骤如下：

(1) 信息的鉴别：由于所获信息不一定都全面、准确，因此，求职者要对信息进行严格的鉴别和判断，澄清模糊的信息，剔除虚假无用的信息。鉴别信息，首先要确定信息的可靠度，对于一些疑惑的信息要通过信息渠道和知情人士核实；其次，要鉴别信息的内容是否齐全，发现信息不完整时，可采取实际考察、咨询或在应聘时向招聘人提出。总之，求职者要等所获信息基本准确后再做出决定。

(2) 信息的排序：在信息加工前，先确定一份职业选择提纲，确定职业意向和职业标准；再按照标准进行初选，即去粗取精、去伪存真；然后进行细选，把比较符合自己的信息挑选出来；最后进行精选，确定两个以上信息作为应用信息，并进行排序。

(3) 信息的反馈：对已排序的信息逐个向单位反馈，表示自己愿意应聘该单位的诚意。反馈信息可以顶一个，也可以是两个以上(在时间紧迫时这样做，当同时接到两个以上单位应聘信息时，对不去的单位必须及时反馈意见，说明理由并表示歉意)。信息一旦反馈后，要保持与单位的联系，随时听候答复。

第二节　求职信与简历

近几年来，我国大学毕业生数量增长迅猛，加大了就业的难度，在高手如云的求职大军中，如何脱颖而出，找到一条适合自己的职业道路，是每个毕业生思考的问题。准备好能充分展示自我的完整的求职信与简历，掌握求职的主动，抓住机遇，才能实现顺利就业。

一、撰写求职信

求职信亦称自荐信，它是求职者在求取职位时所写的一种介绍性的特殊信件。它通过表述求职意向和对自身能力的概述，引起用人单位的兴趣和重视。目前，用人单位在招聘人员时，大都要求求职者先寄送求职材料，以供筛选。一般来说，打开自荐材料，首先看到的便是求职信，一封好的求职信可以向招聘者展示你的实力和求职资本。由此可见，求职信无论在问题上还是在内容上都必须给阅读者留下好印象。撰写求职信时要求：书写规范、谦恭有礼、情真意切、言简意赅。

（一）求职信格式

求职信要简短清晰、富有个性，求职信的首要目的是力求吸引对方，引起对方的兴趣，核心部分是阐明自己能胜任工作所具备的条件。求职信一般包括：在校情况、求职意愿、具备的才能和资格、对求职工作的态度和兴趣等。

求职信的格式同一般书信类似，一般包括标题、称呼、正文、结尾、落款五个方面的内容。

1. 标题　标题写在正文的正中上方，一般直接写“求职信”或“自荐信”，也可根据自己的实际确定标题。

2. 称呼　求职信的称呼写明收信人的姓名和称谓，写法上往往比一般书信的称呼要正规一些，如：尊敬的 ×× 先生、尊敬的 ×× 董事长、尊敬的 ×× 厂长、尊敬的 ×× 经理等。有些求职信，也可以不写姓名，如尊敬的负责同志等，然后，应再写上一句问候性的话语“您好！”。称呼要在信笺第一行起首的位置书写，单独成行，以示尊重。另起一行书写正文。

3. 正文　正文是求职信的中心部分，一般要求说明本人基本情况和求职信息的来源；说明求职岗位；介绍自己的潜力；表示希望得到面试的机会。这部分内容应突出自己对从事此项工作感兴趣的原因，提出希望到该单位工作的愿望及自身具备的资格。正文部分可写的内容非常多，但一定要简明扼要，重点突出你就是最适合这个职位的人选，写明你对招聘单位的理解、你能胜任这个岗位的各种能力。简单来说，正文实际上就是要写明“我有什么 + 我能做什么 + 我要做什么”。

4. 结尾　求职信的结尾也很重要，切忌虎头蛇尾。应当写好结束语，表明自己的诚意，并对公司表示感谢。结尾一般书写两方面的内容，一是希望得到求职单位的回复或回电，表达希望有机会参加面试的心愿，如写上“盼望接到贵单位的答复”“盼回音”等；二是祝愿的话，如“祝贵公司兴旺发达”“祝工作顺利”等，也可以用“此致敬礼”之类的通用词。

5. 落款　包括署名和日期两部分。直接签上自己的姓名，或写成您的学生 ×××，日期一般写在署名右下方，最好用阿拉伯数字写，并写上年、月、日。

（二）求职信的主要内容

求职信的主要内容就是写明自己具有用人单位所需条件和才能，以及自己对工作的态度，具体包括：

1. 简单的自我介绍　包括姓名、毕业院校及所学专业等。

2. 说明信息来源和期望自己能在该单位供职的态度　比如“据悉贵公司正在拓展业务，招聘大学生，且昨天在‘应届生求职网’上看到贵公司的招聘信息，故冒昧写信，前来求职，希望能进入贵公司工作。”这样写，既师出有名，又让用人单位感到他们招聘广告费没有白花。如果你不知道该单位是否需要人时，可用求职信去投石问路，比如“久闻贵单位声誉卓著，发展迅速，故冒昧写信，热切希望早日加入贵单位。”

3. 详述自己对该单位热衷的原因，以及能胜任本岗位工作的各种能力　主要向对方说明自己有

着该工作所需的专业知识和基本技能，有此项工作要求的特长、兴趣、性格和能力。让对方觉得，无论从哪个角度看，你都能胜任这项工作，并能创造性地把工作做好。这是求职信的关键部分。

4. 介绍自己的潜力 向对方介绍自己在校期间做过的社会工作，并取得很好的成绩，这预示着自己的管理和组织才能，并有发挥和培养的前途。

5. 写明自己对工作的态度和热情 一般来说，用人单位招聘人才，都非常重视求职者的敬业精神和奉献精神，他们宁要学习成绩一般，踏实肯干的“稳定型”，也不要学习成绩优秀的“飞鸽型”。因此，书写求职信一定要表明自己对工作的专心和信心，以及善于学习、敢于竞争的心理。

（三）求职信的写作技巧

1. 态度诚恳，摆正位置 用语应委婉、恭敬、自信、诚恳礼貌，忌炫耀、懦弱。

2. 富于个性，言之有物 着眼现实，了解用人单位现状，有针对性地介绍自己特长和能力，尽量突出自己的优点。

3. 言简意赅，字迹工整 求职信文字整洁美观、内容简练完美很容易引起用人单位对求职者的好感。所以，最好用钢笔工工整整地书写，这样既给人以亲切之感，同时也向用人单位展示了自己文采和书法的特长。

（四）撰写求职信的误区

撰写求职信除了把握上述要领之外，要防止进入以下误区：

1. 字迹潦草，错误百出 撰写求职信要做到工整、清洁、美观，格式符合规范，文字通俗易懂，语句流畅通顺，切忌字迹潦草、书写脏乱、滥用词句，甚至错字连篇。

2. 措辞不当，招致反感 写求职信最忌措辞不当，招致对方反感。比如“敬请贵单位务必于 × 月 × 日前复信为盼”“现在有多家单位欲接收我，所以，贵公司必须尽快答复”。这些语言看似客气，实则非常让人讨厌。

3. 我字当头，旁若无人 招聘者大都喜欢待人处世比较客观和实际的人，因而求职者在信中尽量避免使用“我认为”“我觉得”“我看”“我想”等字句。

4. 篇幅太短，敷衍了事，篇幅太长，主题不明 求职信的篇幅要适中，不宜过长，也不宜过短，一般控制在一页纸以内。篇幅太短，甚至只写半页纸，给人一种做事不认真，敷衍了事的感觉；篇幅太长，啰哩啰嗦，重点不突出，也容易让招聘者产生视觉疲劳。

二、制作简历

简历是概括介绍毕业生个人基本情况，并对毕业生的学习情况、技能、教育程度和求职意向等作一个简单的总结，它表明求职者的经历和客观情况。写好简历的难处是要用极有限的文字和数字全面地展示自己的综合素质。简历的类型或格式有很多，不管哪一种形式，其目的都是希望把毕业生的基本情况和重要信息直接告诉用人单位。简历一般用表格形式制作，有时也书写成排列整齐的文采形式。

（一）简历基本要素

一份完整的简历由以下几个部分组成：

1. 标题 一般为“简历”、“个人简历”或“求职简历”。

2. 个人信息 简历的开始部分主要写个人的基本信息和联系方式，包括姓名、性别、出生年月、籍贯、健康状况、政治面貌、民族以及联系电话、通信地址、E-mail 等。这部分信息并非越全越好，要根据单位的性质和要求有针对性地填写。

3. 求职意向 求职意向用于表达求职者的愿望，写明想要申请的职位。求职意向应简明扼要、规范表达。如果已经了解单位提供的职位，按照单位要求填写，如果不了解，可以笼统地描述，比如“与临床医生有关的工作”。

4. 教育经历 用倒序的方式写明就读的学校、专业、学历以及与求职岗位相关的各种培训。初中阶段的经历一般不写，但如果初中阶段有与众不同的经历并与求职岗位相关的可以写上。

5. 实践经历 这部分内容是整份简历的主体部分。大学毕业生的实践经历是用人单位招聘人才的关注重点。成绩单可以看到毕业生的知识结构，实践经历考察毕业生的工作态度、组织能力、协调能力、领导能力、沟通能力、团队精神以及其他基本技能。在校期间相同专业的毕业生所学课程基本一致,但实践经历各有不同,这是简历中最具个性化的部分,求职者要认真总结。这部分内容包括工作起止时间、实践单位名称、岗位名称、工作内容、业绩和收获等,此外还有在学校所承担的社会工作、组织(参加)活动的情况、参与课题研究情况、假期社会实践活动或短期打工的工作经历,目的是让用人单位从中透视到你的组织能力、吃苦耐劳与团队协作精神等。

6. 获奖情况　奖励要写清楚获奖时间、评奖单位、获奖人数和比例。一般把重要的、级别高的奖项写在前面。大学期间公开发表的论文可写在此项,中学阶段奖励一般不写,但若是曾在中学获得与求职岗位相关的特别奖励一定要写上。

7. 所修课程及研究成果　专科生及本科生研究成果相对少,所以专科及本科同学可以把专业课程列出来,以说明自己的知识结构,研究生则主要表述研究课题及发表文章等,因为它是胜任求职职位的具体实力体现。

8. 兴趣爱好与特长　如有其他特殊兴趣、爱好与特长,且与你所求职务有很大的联系,应该在简历中体现,有助于用人单位对你进一步了解。

(二)制作简历的方法和技巧

在求职过程中,毕业生非常希望向用人单位呈现一份出类拔萃的简历,以获得下一步面试的机会。如何制作一份好的简历,下面介绍一些方法和技巧。

1. 美观醒目　毕业生在制作简历时要充分运用各种排版技巧,采用各种字体格式,使自己的简历既美观又醒目,简历内容一目了然。

2. 亮点突出　简历中要突出胜任工作的优势,淡化不足,突出与别的竞争者的不同,这样才会使你的简历富有特色而更加出众,引起招聘者的注意。

3. 力求精确　毕业生在简历中阐述自己的技巧、能力、经验时,要尽可能准确,多用具体数字、事实来表达,避免使用过度的形容词,如“擅长”“优秀”“最好”“显著提高”等。

4. 针对性强　不同单位对毕业生的要求不同,对毕业生经历的态度也不同,求职者制作简历时要根据求职单位和岗位的不同选择重点,注意简历内容要紧扣对方要求,投其所好。这就要求毕业生要根据不同的求职单位,制作内容不同的简历。

5. 最后测试　写完简历后,再检查一下你的简历是否回答了以下问题:招聘者能尽快知道你的能力吗?招聘者发现你的特长了吗?没有错字了吗?确实没有需要删除的吗?当所有回答都是肯定时,制作简历的工作才算完成。一份好的简历,往往能抓住招聘者的注意力,使其从简历的字里行间看到求职者的优秀成绩、强烈的事业心、责任心以及职业能力,从而为求职者创造面试的机会,增加就业的成功率。

(三)制作简历五忌

1. 冗长累赘　简历篇幅过长,内容不精炼、表达不准确、重点不突出,容易引起招聘者视觉疲劳。

2. 过于简单　简历内容太少或经历过于粗略,一是给人一种态度不端正、内涵不丰富的感觉,二是招聘者由于信息的缺乏,使得招聘者对你的认识不清楚。

3. 条理不清　简历布局不合理,逻辑关系不清楚,结构层次混乱,使招聘者阅读和理解困难。

4. 缺乏美感　设计不合理、个性不鲜明、重点不突出,甚至出现错别字、涂改、字迹潦草的现象,打印或复印质量差,纸张褶皱,污迹斑斑,这些都不能给招聘者留下良好印象。

5. 弄虚作假　通过编造事实、弄虚作假来提高身价、获得面试机会,这是对招聘单位的欺骗,也是对自己的欺骗。阅历丰富的招聘者对求职者的简历有敏锐的分析能力,虚假的东西终究要露出破绽,如果一时作假取得了面试的机会,被对方识破就会丧失信誉,求职失败,即使求职成功,但单位了解真相后,也会被辞退。

三、求职信和简历范本

【求职信范本】

尊敬的 ×× 院长:

您好!我是 ×× 医学高等专科学校的应届专科毕业生。步入医学殿堂,解除病人的痛苦一直是

我的梦想，三年来医学基础知识和临床知识的学习与实践为我实现梦想打下了坚实的基础，我坚定我的职业目标：做一名优秀的临床医生。

久闻贵院 ××× 手术闻名国内外，一流的服务态度和服务质量对促进病人顺利康复发挥了重要作用。对此，我十分仰慕。我一直关注贵单位的信息，今天从学校的招聘专栏中得知贵院的招聘计划，我很愿意到贵院从事临床医生工作，希望贵院能给我一个展示才华的机会，我将为贵院发展贡献自己的力量。

选择了医学院校，选择了临床专业，我将医学生誓言“健康所系，性命相托”铭刻于心。我抓紧每一天进行专业知识的学习和基本技能的训练，学习成绩优良，获一等奖学金 2 次。作为一名医学生，我在思想上积极要求进步，乐观向上，积极参加校内外各项活动，有信心、有责任感、吃苦耐劳，努力将自己做到最好。

大鹏展翅、骏马飞驰都需要有自己的天地。贵院先进的医疗技术和一流的服务质量使我坚信到贵院工作是我的明智选择，希望得到贵单位的回音，顺祝您工作顺利！

最后，祝贵院广纳贤才，再创佳绩！

您的学生：×××
×××× 年 ×× 月 ×× 日

【个人简历范本】

个人简历

<table>
<tr><td>姓名</td><td>××</td><td>性别</td><td>女</td><td>出生年月</td><td>1999. 12</td><td rowspan="2">照片</td></tr>
<tr><td>专业</td><td>临床医学</td><td>学历</td><td>专科</td><td>爱好与特长</td><td>演讲、篮球</td></tr>
<tr><td>毕业院校</td><td colspan="2">×× 医学高等专科学校</td><td>通信地址</td><td colspan="3">×× 市 ×× 区 ×× 路 ×× 号（××××××）</td></tr>
<tr><td>联系电话</td><td colspan="2">××××××××</td><td>E-mail</td><td colspan="3">××××××@163.com</td></tr>
<tr><td>本人求职意愿</td><td colspan="6">按单位提供的职位写；不清楚职位时可以笼统写，例如：本人乐意到与本专业相关的企事业单位、管理部门、医疗卫生部门及外资企业、三资企业，亦乐意到其他能发挥个人才能的企事业部门、医疗卫生部门就业。</td></tr>
<tr><td>教育经历</td><td colspan="6">×××× 年 ×× 月~×××× 年 ×× 月　×× 医学高等专科学校临床医学专业就读。
×××× 年 ×× 月~×××× 年 ×× 月　×× 市 ×× 高级中学就读。
学过的主要课程：3~5 门大学期间的主要专业课程。
大学期间担任班级学委职务，大二学年开始担任临床医学系学生会宣传部长。</td></tr>
<tr><td>获奖情况</td><td colspan="6">×××× 年 ×× 月　被评为校优秀学生
×××× 年 ×× 月　获校奖学金“三等奖”
×××× 年 ×× 月　《黑龙江护理杂志》发表论文一篇并获学校优秀毕业生论文一等奖。
×××× 年 ×× 月　获校春季运动会　女子 800 米比赛第一名
×××× 年 ×× 月　获第一届校园文化艺术节舞蹈比赛二等奖
各种获奖证书附后</td></tr>
<tr><td>社会实践</td><td colspan="6">××××年××月~××××年××月　×× 医院参加毕业实习工作；工作认真，吃苦耐劳，熟练地掌握了各项操作技术，能够独立值班，实习时间十个月。
×××× 年 ×× 月~×××× 年 ×× 月　×× 医院参加暑期社会实践。
×××× 年 ×× 月~×××× 年 ×× 月　担任团委（学生会）或者班级干部、宿舍舍长或者其他职位。</td></tr>
</table>

求职材料除求职信、简历外，还包括学校推荐表、大学英语证书、计算机等级证书、职业资格证书、各种荣誉证书等。求职材料是反映求职者总体情况和综合素质的材料，也是求职过程中的必备材料。它是毕业生自我推销的广告，是求职的第一块敲门砖。

第三节　面试种类与技巧

目前,大多数用人单位采取面试方式招聘人才,参加面试几乎成为大学毕业生求职择业必须经过的一关。对于大学毕业生来说,面试不仅仅是对自我的挑战,更重要的是通过面试赢得招聘人的青睐,顺利闯过面试关。因此,大学毕业生要了解面试的种类和内容、掌握面试的方法和技巧,讲究面试的礼仪,在面试过程中要充分展现自己,力争获得求职成功。

小雪是某医学专科学校涉外护理专业的学生,在校期间通过了国家英语6级的考试及雅思考试,因为家庭因素没有出国留学工作。2016年毕业实习的时候选择了一线城市的私企医院。在实习期间因为良好的实习表现留在了这家医院。2017年此城市涉外体检中心筹建开业,院方对护士招聘的要求必须是护理本科。小雪学历是专科,不符合医院的招聘要求,但在面试中,小雪凭借自己优秀的沟通能力和英语口语能力获得了院方的认可,成功应聘。

案例讨论

一、面试的含义及种类

面试与笔试相比较具有更大的灵活性和综合性,它能全方位考察应聘者的基本素质和基本能力,大学毕业生要学会面试,先了解面试的含义及种类。

(一) 面试的含义

面试即当面测试,是指招聘者通过观察、面对面交谈的形式对应聘者进行考核的一种测试方式,也是招聘者与应聘者双方相互了解的过程。面试是用人单位通过当面交流、问答对毕业生考核的一种方式。这种方式不仅能考核应聘者的形体相貌、行为举止、气质风度,而且通过交流还可以观察了解到应聘者的兴趣爱好、性格特点、思想素质、知识水平以及语言表达和思维应变等多种能力。面试是求职者全面展示自身素质、能力、品质的最好时机。面试发挥出色,可以弥补其他条件如学历、专业上的一些不足。尤其是对于应届毕业生来说,由于缺乏经验,面试常常成为一个难关。因此,要重视学习面试的基本知识。

(二) 面试种类

不同类型的组织者对面试有不同的划分,从不同的角度可以对面试进行不同的分类。

1. 从面试实施的方式上,可以分为个体面试、集体面试与小组面试。

(1)个体面试:用人单位对求职者单独进行的面试,求职者面对一个或多个主考官。

(2)集体面试:很多求职者在一起进行的面试。群体面试大多会提问到求职意向和求职动机。

(3)小组面试:由一位代表职位职能的部门主管加一位人事主管组成面试小组,是面试的最终阶段。

2. 从面试的进程上,可以分为一次性面试与分阶段面试。

(1)一次性面试:指用人单位对求职者的面试集中在一次进行。在一次性面试中,面试一般由用人单位的人事部门负责人、业务部门负责人以及人事测评专家构成。在一次性面试的情况下,应试能否通过面试这一关,就取决于这一次的表现。

(2)分阶段面试:指分为几次进行面试。一般先由人事部门对求职者进行面试,主要是考察一些一般性的问题,将明显不合适的人选剔除;然后再由用人部门的主管人员进行面试,这次面试主要考察的是求职者的专业知识和业务技能,衡量求职者对拟聘的工作岗位是否适合;最后人事咨询顾问会对求职者进行面试,这次面试的目的主要是对求职者与拟聘工作职位有关的心理方面的特质即心理测试,例如情绪的稳定性、进取心与成就动机、灵活性与独立性、自信心等进行测试。

3. 从面试的目的上,可以分为压力性面试和非压力性面试。

(1)压力性面试:主要考查求职者的逆商,是将求职者置于一种人为制造的紧张气氛中,让求职者接受诸如挑衅性的、非议性的、刁难性的刺激,以考察其应变能力、压力承受能力、情绪稳定性等。典型的压力性面试,是以主考官穷究不舍的方式连续就某事向求职者发问,且问题刁钻棘手,无法回答。主考官以此种"压力发问"方式逼迫求职者充分表现出对待难题的机智性、灵活性、应变性,以及思考判断能力、气质性格和修养等方面的素质。

(2)非压力性面试:是在没有压力的情景下考察求职者有关方面的素质。

4. 从面试题目的内容上,可以分为情境性面试和经验性面试。

(1)情境性面试:是指在面试中主要提问一些情境性的问题。通过给求职者设置一个情境,看看求职者在此种情境中可能会做出怎样的反应。例如,对一个管理职位的求职者,可以问他:"如果你的一个下属连续三天上班迟到,你将会怎样做?"

(2)经验性面试:主要是提出一些与求职者过去的工作经验有关的问题。现在通常所说的行为性面试,实际上是经验性面试的一种发展。情境性面试要求求职者描述的是他在现在或将来的情境中可能作出的表现,而行为性面试注重的是求职者在过去实际上做了些什么,具体是怎样做的,做的结果怎么样,以及判定求职者对工作能否胜任。

5. 从面试实施模式上,可分为口头面试和模拟操作面试。

(1)口头面试:是通过口头语言对求职者的基本素质进行考察的面试。口头语言面试还可以分为下面几种:交谈模式,即主考官与求职者以谈话方式进行;问答模式,即主考官逐个提出问题,让求职者逐一回答;辩论模式,即主考官与求职者或求职者之间就某个论题持相互对立的论点而进行辩论;答辩模式,即求职者就考官的提问进行解释;演讲模式,即求职者就某个题目向主考官发表演讲;讨论模式,即求职者对某个问题进行讨论,如会议讨论、案例分析等。

(2)模拟操作面试:是求职者扮演一定角色、完成一定的实际工作以表现自己的某项技能的面试模式。采用这种方法,首先要挑选相关职位中的关键任务,然后让求职者完成这种任务,同时由主考官对他们的表现进行监测并记录下任务执行情况,最后由主考官对求职者的表现和工作完成情况做出评价。

6. 从面试的形式上,可分为传统面试和视频面试。

(1)传统面试:就是用人单位招聘负责人与求职者在同一场合面对面进行的面试。

(2)视频面试:就是利用特定的计算机软件系统,通过视频、声音、文本等多种介质的网络传输而进行实时的面试。视频面试只需要使用普通的个人电脑、摄像头、耳机和麦克风,接入因特网,即可进行实时的可交互的视频、语音交流,文件共享等。视频面试简单方便、节省时间、费用不高,备受大学生的欢迎。

二、面试准备和面试礼仪

(一)面试准备

1. 充分了解应聘单位　在面试过程中,考官提出的问题往往与招聘单位有关。所以,毕业生在面试前要对将要应聘的单位作进一步了解,包括单位的性质、隶属、历史、员工构成、企业文化、经济效益、发展前景、福利待遇、培训机会、单位所在地基本情况、毕业生就业政策及单位需求毕业生的专业、数量、要求等各方面的情况。了解这些信息的途径有上网查询、向熟人询问、向学校就业部门询问等。

2. 模拟面试场景　熟悉并掌握常见面试题的回答要领,比如,面试开场白、自我介绍、自己的优缺点等有关问题的回答要领。根据应聘单位和个人的实际情况,将这些问题列出回答提纲,有的甚至要写出演讲稿,征求同学的意见,并加以修改完善。面试前,要将准备好的提纲或演讲稿面对同学或镜子反复练习,演讲时要注意掌握好语速语调及语气的感染力,切忌生硬背诵。

3. 面试材料准备　面试前要准备好推荐表、求职信、个人简历、成绩单、协议书以及获奖证书等完整求职材料原件和签字笔,并将这些材料装入一个文件袋,给单位招聘者留下办事认真、严谨的良好印象,也可防止丢失其中材料,因为面试时即使主考官手上拿着简历,也可能会再次向你要简历,主要原因是要看看你是否有备而来,做事是否细心和周到;另外假使主考官一时不慎找不到你的简历,而你及时把一份制作好的原版简历送到他面前,他必定会非常高兴,你的"面试印象分"也会直

线上升。

4. 面试心理准备　面试主要测试每个人的心理素质和临场表现力。因此，要成功面试，必须树立自信心，保持良好的状态、快乐的心情，不要过多地计较得失。寻找一份理想的工作需要时间和经验的积累，面试前只要保持自信心和健康的心理素质，面试时就能消除不必要的紧张与恐惧。

（二）面试礼仪

1. 女生面试前礼仪常识

(1) 画淡妆：面试前，女生略施淡妆能显示重视对方。面色红润、朝气蓬勃才更显得有亲和力、更加有活力，也更会受到患者和领导的信赖。切忌浓妆艳抹，那不是职业女性尤其是年轻女性应该有的精神面貌。作为医学生，带有朴素学生气质的淡妆既符合自己的身份，也与面试的要求相吻合。香水尽量不用。

(2) 头发：工作岗位需要我们提供的是爱岗敬业的精神和训练有素的职业素养而不是美丽的外貌，彩色头发是时尚的标志，大多数管理严格的医院及企业不允许员工染彩色头发，因此，建议医学生不要过分渲染头发的颜色。

对于刚毕业的学生来说，长发还是短发要根据个人的脸型、身材、气质和特点来综合考虑，没有过多的要求。如果你长发飘飘，那建议你在面试的时候一定要将头发进行技术处理，或编、或盘、或扎马尾，让头发服帖，恰到好处。在面试过程中秀发甩来甩去，会被人认为是"搔首弄姿""卖弄风情"。

(3) 指甲：医务人员的职业形象要求不能留长指甲。因为长指甲不但容易藏污纳垢，给人不卫生的印象，而且不符合医务人员身份，会影响正常的工作操作。应把你的双手洗得干干净净，指甲修剪得整整齐齐，同时去除指甲沟附近的"死皮"，它们是手指不够卫生的产物。也不要用有色指甲油把指甲涂得油光可鉴，作为求职的学生，最好不染指甲油，一切装扮都应当以专业化为原则。

(4) 裙子：女性的裙装不要太短、太暴露，长度以及膝为宜，宽度以容纳一套羊毛衫衣裤为宜。坐着的时候，切记双腿一定要并拢。在生活中要注意观察和尝试，找出适合自己体型和气质的服装样式。

(5) 鞋子：黑色的皮鞋最为传统，也最保险。鞋子上不要有太多的点缀，不要太花哨。鞋跟最好是半高跟，太高容易崴脚，小心翼翼的步态会影响你的自信；也不宜太低，平底皮鞋通常是休闲时穿的，正规场合不合适。如穿中、高统靴子，裙摆下沿应盖住靴口，以保持形体垂直线条的流畅。

(6) 饰物：作为在校的学生，自己没有经济来源，最好不要佩戴贵重的饰物，以免给人感觉不够朴实。如果要佩戴，最好全身的饰物不要超过三件，否则会使人觉得太沉重，珠光宝气压倒了你特有的青春气质。特别是在医疗行业里有些饰物是有碍业务的，不能佩戴，比如戒指。还有，彰显女性魅力的饰物佩戴要谨慎，比如胸针、脚链、耳环。当然，款式简洁大方的耳钉可以考虑。

2. 男生面试前礼仪常识

(1) 头发：男生的头发长度上应该做到前发不覆额，侧发不掩耳，后发不及领。要经常洗头，不能让头发散发出汗味和异味，更不能有头皮屑。目前市场上有很多的洗发水都具有去头皮屑的功能，可以多买来尝试。

(2) 胡须：除了具有特殊的宗教信仰与风俗习惯者之外，医学生和医务人员是不宜留胡须的，不留胡须既是为了清洁，也是对交往对象的一种尊重。绝对不可以胡子拉碴地去面试。

(3) 口腔：产生口臭的原因有很多，面试时可以带上口香糖或可令口气清新的喷雾。但是面试即将开始前，一定要将口香糖处理掉，不要嚼着口香糖进入面试现场，给人以高傲和不屑的感觉。还要注意别在面试前吃一些有刺激性异味的食物，如大蒜、大葱、韭菜等。干净、湿润的嘴唇讲出来的话也会显得自然、流畅，即便是男士，也不要干皱着嘴唇去面试，干巴巴的嘴唇会给主考官一种仓促匆忙的感觉。因此，在天气干燥的秋冬季节，可以使用润唇膏或婴儿油膏来缓解干裂的嘴唇，让它有一定的润泽感。

(4) 服装：面试时西装为首选，西装颜色的选择以深色、尤其是深蓝色为好，或是深色有条纹的。全身的色彩不超过三种即三色原则。鞋、腰带、公文包最好一个颜色即三一定律，首选黑色。

另外还有一点需要特别注意，就是不要等到面试的前一天才去买西装，因为西装是需要精细挑选才能选中合适的，匆忙之中挑选不出得体的西装。也要给自己一个适应的过程，以免显得很拘谨、不

自然。

(5)衬衣:如果说最保守的西装颜色是深色,最保守的衬衣颜色则是白色。在选衬衣的时候,应该注意领子不要太大,领口、袖口不要太宽,以刚好可以扣上并略有空隙为宜。质地以30%~40%的棉,60%~70%的化纤为好。衬衫的袖口要长于西装袖口,短袖衬衫在正式场合不合适。衬衫下摆要放入裤腰内,内衣、内裤都不能露出。衣扣要扣整齐,领带必须干净、平整,要打得坚实、端正。在配色方面要选择无图案或规则的几何图案,格子、条纹、点都可以。面料上首选毛的,尼龙和丝的也可以考虑。

(6)裤子:裤子除了要与上身西装保持色调一致以外,还应该注意不要太窄,要保留有一定的宽松度,也不要太短,以恰好可以盖住皮鞋的鞋面为好。同时记住不要穿背带裤。另外,运动裤、牛仔裤无论是什么品牌,都不是正装,不适宜在面试的时候穿着。

(7)鞋子:皮鞋的颜色要选黑色。这与白衬衣、深色西装一样属于最稳重、最保险的色调。皮鞋要保持清洁光亮。袜子的颜色应该与鞋或者裤子同色,感觉上浑然一体。男士不要选择尼龙袜子或花袜子。另外,不要把新皮鞋留到面试那天才穿,因为新皮鞋第一次穿会不很合脚,会影响你的走路姿势和状态,应该给鞋和脚一段磨合期,穿起来舒适、自然。

(8)饰物:男同学在面试的时候佩戴饰物会影响主考官对你的第一印象,也不符合你所面试岗位的要求。男生不要佩戴胸针、胸章,也不要佩戴自己学校的校徽,显得刻意张扬自己"师出名门"。眼镜是男生的饰物之一,记得要擦拭干净。如果不能保持清洁,再昂贵、高档的眼镜也会使你失分。手表也是男士的重要装饰,但不建议戴卡通表、电子表,显得有些幼稚。公文包款式应简单大方,不要用那种非常正式的公文包,那一般是老板、经理们经常使用的,面试的同学使用会显得过于"少年老成",不符合身份。

此外,西服兜里装太多的东西会使衣袋变形、西服走样。只挑选出必须随身携带的零钱和证件,其他的收据、发票、纸片和相片等都可以留在家里或放在公文包里。

3. 面试常用礼仪

(1)握手的礼仪:伸出右手,以手指稍用力握对方手掌,持续1~3秒,双目注视对方,面带微笑,上身微前倾,头要微低。

握手顺序:女士、上级、年长者先伸手,掌握握手的主动权。面试时,要等主考官伸出手时才可以迎上,如果主考官没有握手之意,可向主考官点头致意。

握手力度:应当轻微用力,以示热情友好。

(2)微笑的礼仪:微笑要自然流露、真诚友善,并要与表情相结合,眼角柔和地上扬、眼神亲切自然、嘴角微微上翘,要与语言相结合。如与主考官见面时微笑地说:"早上好""您好"等。

(3)说话的礼仪:说话要正视对方、真诚互动。

吐字清晰:发音清楚,咬字准确,简洁明了。

语调得体:自然亲切,抑扬顿挫,充满自信。

音量适中:不高不低,不卑不亢,听清为宜。

语速适宜:根据内容的重要性、难易度等进行调节,忌连珠炮式或慢条斯理的语速。

(4)聆听的礼仪:聆听要集中精力、准确领会;记住对方姓名、职务及相貌;目光真诚注视对方;身体微微倾向对方;理解对方所说内容;不要中途打断打岔;适当做出一些反应,如会意的点头、微笑,必要时提出一些相关的问题。

(5)站的礼仪:站姿要端庄稳重、典雅优美。头正目平,微收下颌,自然挺拔。两臂自然下垂,两腿自然靠拢。男生脚尖呈"V"字形,女生双脚可并拢。站立时做到挺胸、收腹、垂肩、坠肘、松腕。

(6)坐的礼仪:坐要自然放松、文明优雅。

入座:面试时要等主考官请你坐时再入座,要轻而缓,不要动静过大。女生若穿裙子,则应用手把裙子向前拢一下,用裙子遮盖住腿部。

坐姿:上身保持挺直,头部端正,面向考官,目光平视。两手掌心向下放在腿上,两腿自然弯曲,小腿则与地面基本垂直,两脚平放地面。两腿间的距离要求为:男生以一拳头为宜,女生则应并拢。切忌两腿交叉、不断摆动。

三、面试的应对和技巧

面试的过程不仅仅是招聘者对应聘者求职材料的验证，更重要的是对应聘者进一步的深入考察。面试包含两方面的内容，一是观察应聘者的行为举止，二是考察应聘者的语言谈吐。应聘者面试的目的就是通过自我表现，给招聘者留下良好印象，得到招聘者的认可和接纳。因此，一次成功的面试，应聘者要把握赢得别人好感的技巧、与人交谈的技巧以及善于聆听的方法。

1. 保持积极心态　要调整自己紧张的心情，在放松自己的同时要保持积极的态度，充满自信地面对主考官，始终面带微笑，有问必答，但是不要不懂装懂。

2. 掌握交谈技巧　对方谈话时要认真聆听，不要打断，回答问题时要热情、坦诚、谦虚，以对方感兴趣可以接受的方式表达。涉及多种观点时，要先肯定他人的观点，哪怕是部分的，然后再陈述自己的观点，这样易于被人接受。不要使用否定句，要多使用“是的……但是……”这样的句型来表达你的观点。要学会用资料和数字来说明，增强论述的说服力。涉及对学校、老师及同学的看法时，要多看他人的优点以及他人对你的帮助，这样能够表现出你的素质修养，给别人好印象。不要过分夸耀自己，描述自己时，少用评价性语句，结合具体事例会更有亲和力和说服力。

3. 抓住提问机会　很多求职者在面试中只是被动地回答主考官提出的问题，而不会主动提出问题。其实面试中，不提问题是一个致命的错误！提问可以让你更多地了解公司，同时切题的、有针对性和深度的提问可以让主考官看出你对公司及职位情况的了解及你所具备的能力和素质。没有问题可能会给考官留下对这份工作并不重视或是急于结束面试离开的印象。总之，要注意回应主考官提示给你的信息。

4. 规范体态语言　对任何人都要保持谦虚和礼貌，秘书或接待员也有可能影响到你面试的最终结果。落座后要保持良好的坐姿，不要左顾右盼，要保持与主考官的目光接触，证明你的自信，但又不能一直盯着看。

5. 设计适合的形象　面谈时，应穿着得体，如果能与应聘企业的文化保持一致，那是上佳的选择。它能体出你良好的职业形象，既表示对企业的尊重，又体现你的亲和力。一般来说，正规的医疗单位可能会比较传统，他们欣赏的是保守的正装，男士深色西服，女士深色套装套裙。但如果是广告公司招聘企划或设计，那么保守的正装可能不利于你的成功。

面试时服饰仪表注意事项

在面试的前一天洗个澡，保持身体和头发的干净清洁，没有异味。

面试之前不要饮酒，那会影响你的眼神、肤色和精神状态。

修剪一下指甲，不要太长，保持干净，女生不要用颜色夸张的指甲油，无色透明的即可。

女生如果穿长筒丝袜，可以在手提包里多准备一双，万一所穿袜子勾破后可以及时更换。

四、面试后注意问题

面试后的行动是整个面试的一部分，是面试的延续。求职者重视面试中的表现和发挥，也应当重视面试后的礼节和面试后的行动。一般来讲，下列三个问题在面试后应当注意：

（一）及时退出考场

面试结束一般是由面试考官宣布的，当主考官宣布面试结束后，求职者应当礼貌道谢，感谢主考官给予自己面试机会，而后及时退出考场并轻轻关上门，不要再说什么。如果你认为确有必要的话，可以事后写信说明或回访，不能在考试后拖泥带水，询问是否被录用，影响其他人面试。

（二）面试后写一封致谢函

求职者不要过早打听面试结果。在一般情况下，面试考官组每天面试结束后都要进行讨论和投票，然后送人力资源部门汇总，最后确定录用人选。这个过程可能要等几天甚至更长的时间，求职者

在这段时间一定要耐心等候消息，急于求成往往会适得其反。面试后给主考官写一封致谢函，一是礼节周全，二是有可能在用人单位难以下定取舍决心之际，致谢函也许会起到促进自己被录用的作用。

（三）面试后平和心态

参加面试后是求职者被用人单位考查的时期，要么被录取，要么被淘汰，因此要做好两手准备。在面试后几天，求职者通常能够收到用人单位寄来的通知或者由专门人员打电话告之，明确告诉求职者是否被录用。如果未被录用，不必生气，更不要恼怒而向主考官发泄怨气，应当从自身方面查找原因，分析不足，失败乃成功之母，准备迎接新的挑战。

本章小结

求职与面试是就业指导课程的核心内容。本章从求职前准备入手，主要介绍了医药卫生单位对毕业生需求的标准，毕业生就业途径与毕业生求职方式，就业信息的收集与处理，面试种类与技巧，重点要求学生熟练掌握求职信和简历的制作方法，掌握面试的基本程序和技巧，从而帮助学生顺利就业。

（李 昶）

扫一扫，测一测

思考题

1. 简述面试的应对和技巧。
2. 简述毕业生就业形式与求职途径。

第六章 临床医学生的求职与就业权益保护

学习目标

1. 掌握就业的相关程序以及手续的办理。
2. 熟悉医学生的几种常见就业渠道和毕业去向。
3. 了解国家或省市对医学生基层就业、应征入伍、自主创业和升学深造的政策扶持。
4. 对《中华人民共和国劳动合同法》和《中华人民共和国劳动法》的重要条文有一定的认知。
5. 能够树立保护自身就业权益的意识,对几种常见的就业陷阱有所了解。

第一节 医学生的主要毕业去向

为深入贯彻落实党的十九大精神和习近平新时代中国特色社会主义思想,促进高校毕业生多渠道就业创业,努力实现更高质量和更充分就业,教育部的工作要点提出了做好毕业生就业创业工作。该项工作主要包括:全面启动实施“高校毕业生就业创业促进计划”,大力开拓城乡基层就业空间,鼓励毕业生到中西部地区、艰苦行业和中小微企业就业;深入推进大学生自主创业,推动各地各高校完善细化创新创业各项优惠政策;做好大学生应征入伍工作;推送优秀毕业生到国际组织实习任职等。这些政策的推进,拓宽了医学生的就业渠道,为医学生毕业后工作,提供了更多的选择。

一、应聘医药卫生企事业单位

(一) 卫生行业

高职高专医学生毕业后的一个就业渠道,即为卫生行业。卫生行业包括了卫生行政组织和卫生服务组织。

卫生行政组织是指国家中具有卫生工作计划、组织、指挥、协调、监督和控制等管理职能的组织机构。比如:卫健委、各省设立的卫生厅(局),地市级、乡镇、区设立的卫生局。卫生局内设机构由包含医政处、政策法规处、应急办公室、农村卫生处、卫生监督处、妇幼与社区卫生处、疾病控制中心、药械处、保健委员会办公室、医改科、预防保健科、妇幼科等。

卫生服务组织,指取得《医疗机构执业许可证》的医院、疗养院、社区卫生服务中心、卫生院、门诊部、诊所(卫生所、医务室)、妇幼保健院、专科疾病防治院、急救中心和临床检验中心等。

卫生行业的招聘,往往要通过事业单位的统一招考。现今公务员和事业单位招考的条件越来越高,面向大专医学生的招考岗位不多,一般以乡镇单位居多。想报考事业单位和公务员的同学可以留意每年3月春季招考和8、9月秋季招考。可以登录当地的“人才服务中心网站”“人事考试网”“人

力资源社会保障网”查询相关的招考信息。

华图中国卫生人才网基本每两天更新“全国各省市医院医疗事业单位招聘公告汇总”。在此以2018年2月7日的招聘数据进行分析，以供参考。根据该网的数据采集，全国各省市医院医疗事业单位，截止2018年2月7日，招聘458人。招聘单位包含不同省市的医院、医疗急救中心、社区卫生服务中心、卫生室、计生服务站等。招聘的要求主要分成三类：首先是人才引进，招聘有工作经验的医师，要求要有执业医师资格、具体工作年限、具体职称（如副主任医师以上）；第二类，要求毕业生是本科学历以上才能报；第三类，是专科学历以上毕业生可以报考。我们毕业生可以着重关注第三类。在458个招聘计划中，接收专科以上学历报考的有60个，比例为18%。招收单位主要集中在县级卫生院、县级社区服务中心。医院招收专科以上见习人员，接收的岗位主要包括：男性护理、女性护理、妇科护理、放射科技师、磁共振科技师、核医学科技师、康复治疗师等。

现今很多的医疗卫生岗位，高职高专毕业生没有达到报考的门槛，仅有护理岗要求相对宽松。学生们可以多收集一些乡镇类医疗服务机构的招聘信息，可以多留心网页招聘信息的更新，查找符合报考条件的岗位，同时也应电话咨询对报考进行确认。医学类大专毕业生的信息收集，可以考虑医学方向，也可以考虑不限专业的岗位进行报考。报考时应注意报考职位是否在编。在此，也鼓励我们的学生，先就业，后择业。不同地方，每年招收的岗位不同，所需的专业不同，毕业生们可以先在编外的岗位就业，之后再择业，考取其他的编内职位。同时，也鼓励我们的学生在校学习时慎重考虑就业或是继续深造，在当前招考条件较高的情况下，考虑攻读专升本，提高自身的就业能力，扩大就业范围。

（二）医药企业

除了卫生行业，医学毕业生可以将医药企业等行业纳入求职范围。医药企业主要是指专门从事药品生产、经营活动以及提供相关服务的企业。根据生产流通领域的不同，医药企业可分为药品生产企业和药品经营企业。主要包括：化学原料药与制剂、中药材、中药饮片、中成药、抗生素、生物制品、生化药品、放射性药品、医疗器械、卫生材料、制药机械，并逐步向保健食品、器材、卫生用品、化妆品、环保产业、绿色农业等方面渗透。

毕业生可以通过多种渠道收集就业信息。当今的招聘网站服务相当便捷。如智联招聘，如果设置微信关注，并注册个人信息与求职意愿，当有对应类别的招聘信息更新时，就会有信息发送至个人微信平台，便于求职者了解就业信息，积极应聘。以“智联招聘”为例，医学毕业生可以选择以下多渠道应聘：医药／生物工程类，医疗设备／器械类，医疗／护理／美容／保健／卫生服务类。我们选择医药／生物工程类别，工作地点选择厦门，进行数据分析，数据采集日期为2017.12.30。

截至2017年12月30日的数据，最近发布的招聘信息有53条（不包含以往发布、正在招聘中的）。用人单位主要是医药公司、医疗器械公司或生物技术公司。招聘的岗位包含：医药代表、研发专员、客户经理、咨询医生、药店营业员、文员、护士等。工资待遇基本在每月4000~6000元上下浮动。有的公司限定仅招收医学专业毕业生，有的提出了医学专业和市场营销类学生优先考虑。学历方面的要求：53家招聘企业中，学历不限的12家，要求中专以上学历的7家，大专以上学历的18家，本科以上学历的14家，硕士以上学历的2家。大专学历的毕业生可以应聘约70%的药企。药品研发的岗位对学历要求较高，基本要求本科或硕士学历。从以上的数据分析，我们可以发现民营企业招聘对毕业生的学历要求较低。而事业单位与公务员的招考，对毕业生学历的要求门槛较高。医学大专毕业生在应聘时，可以综合考虑民营医药类公司，通过多家网站招聘信息的对比，了解你所应聘行业的应聘条件（如学历要求、技能要求）、工作内容以及所在地区普遍的工资待遇等。

医学毕业生就业也可以考虑非卫生和医药的相关行业。例如，医学院校及科研院所、保险公司、咨询公司等。医学院校及科研院所对从事专业技术岗的人员要求较高，大专毕业生可以考虑该单位的管理岗或是工勤技能岗。对于保险公司，医学毕业生较多从事的是人身保险、健康保险和人寿保险。

二、参加中央有关部门实施的基层就业项目

近年来，中央有关部门主要组织实施了5个引导高校毕业生到基层就业的专门项目。主要包括：“大学生自愿服务西部计划”，该项目于2003年起由团中央、教育部、财政部、人力资源和社会保障部

等四部门组织实施；“三支一扶”计划，该项目于2006年起由中组部、人力资源和社会保障部、教育部等八部门开始组织实施；“农村义务教育阶段学校教师特设岗位计划”，该项目于2006年起由教育部、财政部、人力资源和保障部、中央编办等四部门组织实施；“选聘高校毕业生到村任职工作”，该项目于2008年起由中组部、教育部、财政部、人力资源和社会保障部组织实施。“农业技术推广服务特设岗位计划”，该项目于2013年起由农业部、人社部、教育部等部门组织实施。

基层医疗服务行业人才紧缺。医学生发挥自身的专业特长，服务基层，服务西部，是时代主旋律的召唤，更能为基层经济社会发展添砖加瓦。高校应鼓励更多的毕业生投身基层工作，服务西部，在志愿服务中实现自我价值。

一些省份对于志愿服务基层的高校毕业生提出了一些政策上的优惠，如浙江省。在浙江省地区县及以下基层单位工作的高校毕业生，如果新录用为公务员的，试用期工资按正式工资确定，考核合格后的级别工资高定一档；如果招聘为事业单位正式工作人员的，可提前转正定级且薪级工资高定一级。现具体讲解“三支一扶计划”和“大学生志愿服务西部计划”。

（一）“三支一扶计划”

“三支一扶计划”主要是选送高校毕业生到乡镇从事两年的支教、支农、支医和扶贫等服务，为基层输送和培养一批青年人才，为促进教育、农业、卫生、水利和扶贫等社会事业的发展提供人才支撑，营造和鼓励高校毕业生到基层工作的良好氛围。医学生可以选择报考“三支一扶”的“支医”项目。

以2017年四川省“三支一扶”招募项目为例，该省4月份在省人事考试网上公布需求岗位，全省计划招募1607名高校毕业生，其中“支医”计划招募672人，计划招募人数远高于其他“支教”“支农”“扶贫”人数。报考条件：其他三项要求全日制普通高等院校2015~2017年毕业的专科及以上学历人员，而“支医”计划放宽到成人教育医学专业的大专及以上学历毕业生。可见，目前乡镇医护人员的缺口较大，报考要求较低。服务期间的待遇包含：工作生活补贴、安家费补贴、社会保险、职称评定、户档管理、休假等。服务期满优惠政策包含：定向考录公务员、推荐报考选调生、报考事业单位工作人员加分、聘用为事业单位人员、费用减免、报考硕士研究生加分、免试入学和保留学籍、助学贷款代偿、工龄计算等。

（二）“大学生志愿服务西部计划”

到西部去，到基层去，到祖国最需要的地方去。“大学生志愿服务西部计划”由共青团中央、教育部、财政部、人力资源和社会保障部共同组织实施，按照公开招募、自愿报名、组织选拔、集中派遣的方式，招募普通高等学校应届毕业生或在读研究生，到西部基层从事为期1~3年的教育、卫生、农技、扶贫等方面的志愿服务工作。志愿者服务期满后，鼓励其扎根基层，或者自主择业和流动就业。2017年西部计划全国项目共实施基础教育、农业科技、医疗卫生、基层青年工作、基层社会管理、服务新疆和服务西藏等7个专项行动。具体的招募信息、专项情况、地方项目、报名等可以具体查询“大学生志愿服务西部计划”官方网页 http://xibu.youth.cn/。具体的招募文件可参考中青联印发的《大学生志愿服务西部计划实施方案》。

2017年，中央财政支持的全国项目计划选派18300名志愿者，选拔对象为普通高等学校应届毕业生或在读研究生，到岗之前获得毕业证书或学位证书，本科比例控制在85%以上，有志愿服务经历、西部地区生源和担任过学生干部的优先录用。虽然要求的本科生的比例较大，机会较多，但是专科毕业生同样也可以进行申请。

2017年的专项计划，有医疗卫生专项，内容为在县乡基层卫生部门和医疗院所站点单位从事防疫、管理、诊治等医疗卫生工作。医学类专业学生优先考虑。服务地方计划包括24个省份。有意向的同学也可以考虑本省的服务项目，同等条件下可以优先考虑。例如河北省大学生志愿者健康行动计划。健康计划按照“公开招募、自愿报名、组织选拔、集中派遣”的方式，招募优秀志愿者，到河北省张家口、承德和保定市的部分乡镇从事为期1~3年的志愿服务工作，为提高当地医疗卫生人员整体素质、农民健康保健意识和农民就医率、促进当地卫生事业发展做贡献。

根据2017年《大学生志愿服务西部计划实施方案》，参加服务西部计划的志愿者可以享受如下的优惠政策。

1. 服务2年以上且考核合格的，服务期满后3年内报考硕士研究生的，初试总分加10分，同等条件下优先录取。

2. 参加西部计划项目前无工作经历的志愿者服务期满且考核合格后2年内，在参加机关事业单位考录（招聘）、各类企业吸纳就业、自主创业、落户、升学等方面可同等享受应届高校毕业生的相关政策。

3. 服务期满考核合格的，按规定符合相应条件的，可按规定享受相应的学费补偿和助学贷款代偿政策。

4. 服务期满考核合格的，依实际服务年限计算服务期及工龄，并在服务证书和服务鉴定表中体现。

5. 服务期满1年且考核合格后，可按规定参加职称评定。

6. 出省服务的和在本省服务的志愿者享受同等优惠政策。各地也积极出台志愿者扎根当地的政策措施。

（三）其他国家基层就业项目

“选聘高校毕业生到村任职（村官）”和“农村义务教育阶段学校教师特设岗位计划”，对于我们高职高专医学毕业生而言，要求的选拔条件较高。

2018年出台的福建省大学生村官选聘工作，要求选聘对象为省内外全日制普通高等院校的2018年应届本科、硕士毕业生。选拔要求较高，高职高专学生无法参加。但是如果高职高专学生继续专升本，攻读本科后，可以参加选拔。

“农村义务教育阶段学校教师特设岗位计划”不同省份的要求略有偏差，有意愿的同学可以根据各省教育厅的文件找到具体的选拔信息与要求。该项计划主要的选拔对象为全日制普通高校本科以上毕业生、师范类专业专科毕业生。有的省份，进一步要求选拔对象要取得教师资格证书。

“农业技术推广服务特设岗位计划”不同地区要求不一致，招考时往往有专业的限制，要求涉农专业。

三、参加助理全科医生培训项目

根据中共中央国务院印发的《“健康中国2030”规划纲要》第二十二章“加强健康人力资源建设”，提出了“加强健康人才培养培训”的具体措施，包含改革医学教育制度，加快建成适应行业特点的院校教育、毕业后教育、继续教育三阶段有机衔接的医学人才培养培训体系；以全科医生为重点，加强基层人才队伍建设；完善住院医师与专科医师培养培训制度，建立公共卫生与临床医学复合型高层次人才培养机制；强化面向全员的继续医学教育制度；加大基层和偏远地区扶持力度等。

为适应全面建成小康社会的新要求，加强以全科医生为重点的农村基层医疗卫生人才队伍建设，规范助理全科医生培训工作，国家卫生计生委、国家发展改革委、教育部、财政部、人力资源和社会保障部、国家中医药管理局组织制定了《助理全科医生培训实施意见（试行）》（国卫科教发〔2016〕14号）。助理全科医生是我国现阶段农村基层全科医生队伍的重要补充。

该实施意见的工作目标为2016年起，以经济欠发达的农村地区乡镇卫生院为重点开展助理全科医生培训工作，兼顾有需求的村卫生室等其他农村基层医疗机构；到2020年，原则上所有新进农村基层医疗机构全科医疗岗位的高职（专科）学历的临床医学毕业生均需接受助理全科医生培训；到2025年，初步形成以“5+3”全科医生为主体，以“3+2”助理全科医生为补充的全科医生队伍，全面提升农村基层全科医疗卫生服务水平。

助理全科医生培训项目主要针对临床医学、中医学类专业三年全日制高职（专科）毕业，拟在或已在乡镇卫生院、村卫生室等农村基层医疗机构从事全科医疗工作的人员，包括应届毕业生以及有培训需求的往届毕业生。“3+2”是助理全科医生培训的主要模式，即完成3年医学类专业高职（专科）教育的毕业生，在培训基地接受2年助理全科医生培训。培训内容需严格按照《助理全科医生培训标准（试行）》和《中医类别助理全科医生培训标准（试行）》开展培训。各地可结合实际，在此基础上适当增加

培训内容。培训基地由临床培养基地、基层实践基地和专业公共卫生机构组成。省级卫生计生行政部门应当参照《住院医师规范化培训基地标准(试行)》,并结合本地实际,制定助理全科医生培训基地认定标准,组织遴选认定本地助理全科医生培训基地。其中,临床培养基地原则上以县级综合性医院为主,中医临床培养基地原则上以县级中医院为主。省级卫生计生行政部门负责组织实施本地区的助理全科医生培训招收与考核工作。省级卫生计生行政部门对结业考核成绩合格者,颁发统一制式的《助理全科医生培训合格证书》。

助理全科医生培训期间的人员管理和待遇参照住院医师规范化培训有关原则并结合当地实际情况制订实施。培训结业考核合格并取得执业助理医师资格的,执业地点限定在乡镇卫生院和村卫生室等农村基层医疗机构,执业范围为全科专业。

四、应征入伍

应征入伍是部队每年从应届高校毕业生中征收义务兵。有意愿应征入伍的毕业生,可以在2月至6月31日间,登录全国征兵网(https://www.gfbzb.gov.cn/)了解信息,进行报名。高校毕业生也可以直接到本校征兵工作管理部门了解相关信息,填写《应届毕业生预征对象登记表》。有办理助学贷款的,可以填写《高校毕业生应征入伍学费补偿国家助学贷款代偿申请表》。而后选择在原户籍所在地或是学校所在地征兵办应征,完成体检及政治考核等各项工作。根据征兵办的政策,高校毕业生应征入伍,可以享有多项优待政策(注:不同省份,政策有差异,每年政策也会有一定的调整)。

享受的优惠政策主要有如下几个项目。享受招考录用优惠:有的省份每年拿出一定比例的公务员"专门职位",用于定向招录退役大学生士兵;享受学费补偿待遇,对服义务兵役的全日制高校应届毕业生实行学费补偿、贷款代偿、学费资助;享受供给制生活待遇和发放优待金,义务兵服役期间享受部队供给制生活待遇,并由地方政府发给年优待金;享受城乡一体的自主就业经济补偿金,自主就业的退役士兵,均可领取一次性退役金和自主就业地方经济补偿金,两者之和不低于当地上年度城镇居民人均可支配收入的120%;享有升学方面的优惠政策,具有高职(专科)学历的毕业生,退役后免试入读成人本科。退役大学生士兵专升本实行招生计划单列。高校学生应征入伍服义务兵役退役,达到报考条件后,3年内参加全国硕士研究生招生考试的考生,初试总分加10分,同等条件下优先录取,在部队荣立二等功以上,符合全国硕士研究生招生考试报考条件的,可申请免试(初试)攻读硕士研究生;享有优先报名应征、优先体检政审、优先审批定兵政策,服役期间还可优先选拔使用;在选取士官、考军校、提干、安排到技术岗位等方面优先,等等。

五、自主创业

根据国务院办公厅《关于深化高等学校创新创业教育改革的实施意见》,"大众创业、万众创新"已经成为新时代的主题。教育部强调要把创新创业教育改革作为高等教育综合改革的重要突破口,深化高校创新创业教育改革,着力培养学生的创新精神和创造能力。要落实创新创业优惠政策,为毕业生创新创业开辟"绿色通道"。要加快发展众创空间,提升创新创业服务保障能力,多种形式扶持大学生自主创业。

近几年来,每个省份也开展相应的创新创业大赛,并对高校学生的创新创业项目进行资助。2017年福建省为鼓励大学生积极投身创新创业实践活动,主推项目成果落地转化。福建省教育厅专门设立福建省大学生创新创业优秀项目扶持补助资金1476万元,采用高校申报、专家审核的方式,最终从535个大学生创新创业优秀项目中确定对398个创新创业项目进行资助。其中,包括对141个项目给予每项目5万元的资助,257个项目给予每项目3万元资助。在398个创新创业项目中,医学类的占了25项。补助资金主要用于优秀项目的辅导和孵化培育,帮助解决大学生创新创业项目实施和经营过程中的困难,促进项目孵化落地。医学生的创新创业,能够有效推进社会健康和医疗的发展。学生们做出的一点点医疗创新,一个个新的医疗创业项目,可能会让一大批的人收益,提升人们的生活质量、健康状况。表6-1是此次获得资助的25项医学方向的项目。

表 6-1　获得资助的 25 项医学方向的项目

	项目名称		项目名称
1	溯源:国内首创呼吸道病原拉曼检测仪	14	蕴含中 医药理论的中国味香水
2	医心为你 app—牙牙康口腔护理熏蒸仪	15	茶梗香精原料的制作及衍生产品的开发
3	DeepOmics:一种基于深度学习算法的多组学智能医疗分析平台	16	Car-T 技术下新型 T 细胞培养器专利研发及应用
4	E-Walk 智能导盲杖	17	载药微球:维 A 酸药物的中游产品
5	美她司酮:预防肿瘤扩散与转移	18	“用我的声音做你的眼”公益服务计划
6	智慧输液——基于医疗物联网的输液监控系统	19	交互式手术直播系统—多元场景直播整体解决方案
7	全自动病理组织 DNA 提取仪	20	白话大医
8	激光光镊拉曼光谱循环肿瘤细胞筛查	21	辣妈产后康复
9	医疗云:3D 可视化手术系统	22	汉医脑卒中风险预警服务平台
10	脊柱旁正中锁孔入路工作管道系统	23	满天星智能运动康复虚拟社区
11	信护—院后专科护理健康指导平台	24	承创堂河洛中医馆
12	盛国荣破壁饮片云药房	25	Walkman 智能爬楼轮椅
13	便携心电监护仪		

以上列出的创新创业项目,主要给我们的医学生一点创业启发。在今后的职业生涯中,有意愿创业的同学或是想要加入创业团队的同学,你们有许多的创业方向和切入点,你们可以选择传统的医疗行业,如中医养生馆、牙医诊所,药店等。同时也可以将现今的信息化手段与医疗相结合,借用信息化技术,提升医疗的服务水平。所有创新创业项目的产生,离不开医学生们对专业知识的深入掌握和对生活的观察与热爱。

对于大学毕业生创业,每个省份均有不同的扶持政策。毕业生自主创业优惠政策主要包含:税收优惠、小额担保贷款和贴息支持、免收有关行政事业性收费、创业场地房租补贴、享受培训补贴、免费创业服务、取消高校毕业生落户限制(允许高校毕业生在创业地办理落户手续,直辖市按有关规定执行)等优惠。例如,2017 年上海浦东区对一般创业者进行了创业扶持,毕业 5 年内本市大中专院校毕业生或持有《上海市居住证》的本科以上毕业生创业可以享受额外的创业优惠。其一,开办费补贴。正常开展经营且创业者本人和从业人员缴纳社会保险满 3 个月。补贴金额:给予创业组织每户一次性 5000 元的开办手续费补贴。其二,创业房租补贴。在创业园区、大学生创业基地或其他经浦东新区人力资源和社会保障部门认定的场所开展创业。房租补贴金额:按其吸纳浦东新区户籍劳动力的人数及稳定就业情况,给予每天每平方 2.5 元、人均最高 10 平方,总计补贴面积不超过 60 平方米,房租补贴最高不超过其实际支付的租金总额。期限:最长不超过 3 年。毕业生如果要查找相关的就业创业政策支持,可以前往本市的市人力资源与社会保障局了解,或是登录该局网站采集信息。

在此,祝愿所有有创业意愿的同学,都能找到合适的创业项目,了解创业政策,落实创业计划,走出一片属于自己的天地。创新创业更多的政策支持与咨询,详见本书第七章。

六、升学深造

(一) 报考专升本

专升本考试是大学专科层次学生进入本科层次阶段学习选拔考试的简称。专升本考试一般由省招委会和省教育厅领导,由省教育考试院牵头组织实施。具体的讯息可以在省教育厅和省教育考试院查询。

普通“专升本”学生编入本科三年级组织教学,原则上应对专升本学生单独编班教学,因人数少等原因确实无法单独编班的,安排插班教学。“专升本”学生进入本科专业学习后,不得转专业或转学。“专升本”学生毕业证书内容按照国家规定填写,毕业证书的学习起止时间按进入本科阶段的实际时

间填写。学生经过两年的学习深造，修完所需学分，毕业时授予普通高等教育本科学历证书。普通“专升本”学生达到学校学位授予条件的，可申请授予学士学位。

统招专升本考试的选拔工作各省份各有不同，现基本上由各省教育厅主持举办，统一考试。各省的政策、所有专业与招生计划都有所不同。现以2017年福建省和湖北省专升本情况进行简单地对比介绍。

2017年福建省专升本考试报名对象为省内院校全日制普通高职（专科）层次2017年应届毕业生。报考类别，医学方向的仅有四个：临床医学类、医学检验类、护理学类、药学类。考生只能选择1个类别报考，所填报的类别须与本人高职（专科）所学专业（类别）相同或相近。其中，报考临床医学类的考生必须是临床医学专业应届毕业生；报考医学检验类、护理学类的考生必须是相关医学类专业应届毕业生。2017年2月9日开始报名，3月18日开考。全省1.33万人参加考试，招生计划不多，竞争压力非常之大。学生如果准备考取专升本，应在大一大二就要提前做好准备，研读政策，加强考试科目的学习。此外，2017年福建省专升本考试，除了上面阐述的普通类专升本考试，还包括退役士兵专升本考试以及单独考试专升本（职业院校技能大赛、“互联网+”大学生创新创业大赛获奖的考生进行单独考试）。退役士兵和单独考试专升本，分数线切线较低，且英语不设控制线，考生有很大的优势。以下，主要介绍的是2017福建省普通类专升本考试的情况。让我们再来看下具体的数据分析见表6-2。

表6-2　2017福建省普通类专升本考试情况

招生类别	考试科目（公共基础课）	考试科目（专业基础课）	招生计划	录取分数线	英语控制线
临床医学类	1. 大学英语 2. 人体解剖、生理学	含①内科学 ②外科学两部分内容	27人 （莆田学院）	442分	60分
医学检验类	1. 大学英语 2. 人体解剖、生理学	内科学或生化检验 任选一门	63人 （福建医科大学）	320分	60分
护理学类	1. 大学英语 2. 人体解剖、生理学	内科学或内科护理学任选一门	40人 （莆田学院）	363分	60分
药学类	1. 大学英语 2. 人体解剖、生理学	内科学或药剂学 任选一门	中药学（59人，福建中医药大学） 药学（49人，莆田学院）	385分	60分

2017年湖北省普通高等学校“专升本”选拔对象为：2017年湖北省普通高校全日制高职高专应届毕业生。2017年湖北有参与专升本招收的本科院校，共计划招收医学方向810人，其中计划招收最多生源的专业是临床医学（计划招收200人），护理学（计划招收207人）。招收专业除临床医学、护理学外，还包括医学检验技术（计划招收77人）、医学影像技术（5人）、中医学（50人）、针灸推拿学（50人）、药学（80人）、康复治疗学（43人）、口腔医学（95人）、中药学（3人）。相比福建省只有3所高校医学专业有招生计划，湖北省有10所高校面向医学应届毕业生进行招生，招生人数较多，招收专业面也较广，满足不同专业医学生专升本的需求。

根据以上两个省份专升本政策的数据分析，专升本的招收对象主要是本省全日制普招应届毕业生，所以考生跨省报考本科院校比较困难。因为每个省份的专升本政策不同，导致有些专业的医学应届毕业生报考专升本会受到专业的限制。比如，福建省口腔医学专业的毕业生，如果报考2017年福建省专升本考试，并没有直接对口的专业可以接收。同时他们也不能选择临床医学专业，因为临床医学类考生仅限临床医学类专业毕业生报考。如果他们想继续深造，可以选择跨专业报考医学检验类、护理类或是药学类。但是，湖北省的口腔专业医学生可以直接报考口腔医学专升本。

有打算专升本的医学生，一定要提早对本省的专升本政策进行研读，了解当年的招收专业分类、招收条件、考试科目等方面，提早做足准备。也可以报名市面上比较知名的培训机构，进行一定的强化训练，提升考试通过率。

（二）报考硕士研究生

很多同学一提到报考硕士研究生，可能觉得自己是专科起点的学生，报考硕士研究生至少应该是

获得本科学历或学位的学生才可以报考,觉得考取研究生离自己的规划很远,或是根本没有考虑过。然而,随着国家政策的转变,高职高专毕业的学生是有机会攻读硕士研究生的,而且越来越多的同学被录取了。前提是做好相关的准备工作,机会总是留给有准备的人。

硕士研究生的报考细则考生们可以留意教育部每年印发的《全国硕士研究生招生工作管理规定》或是登录“中国研究生招生信息网”(官网网址:http://yz.chsi.com.cn,或是教育网址:http://yz.chsi.cn)浏览报考须知,并按教育部、省级教育招生考试机构、报考点以及报考招生单位的网上公告要求报名。也可以登录中国考研网 http://www.chinakaoyan.com/,对相关资讯进行了解。

按照教育部文件,教学[2017]9号文,全国硕士研究生招生考试分初试和复试两个阶段进行。初试和复试都是硕士研究生招生考试的重要组成部分。初试由国家统一组织,复试由招生单位自行组织。

1. 报考条件 文件报考条件第三条:“获得国家承认的高职高专毕业学历后满2年或2年以上的,以及国家承认学历的本科结业生,符合招生单位根据本单位的培养目标对考生提出的具体学业要求的人员,按本科毕业生同等学力身份报考。”

根据以上的报考条件,高职高专的学生,可以在毕业后选择攻读两年专升本后,以本科学历报考硕士研究生,也可以毕业工作两年后,按本科毕业生同等学力身份报考硕士研究生。

2. 医学高职高专学生报考硕士研究生注意事项(以2017年报考研究生为例)

(1)考试时间:全国硕士研究生招生考试初试时间为:2017年12月23日至12月24日。

(2)考试科目:医学门类(含药学、中药学、临床医学、口腔医学、中医、公共卫生、护理等专业)初试设置三个单元考试科目,即思想政治理论、外国语、专业基础综合,满分分别为100分、100分、300分。统考科目:临床医学综合能力(中医)、临床医学综合能力(西医)。口腔医学专业学位既可选用统一命题的临床医学综合能力,也可由招生单位自主命题。医学学术学位硕士研究生初试业务课科目由招生单位按一级学科自主命题。

(3)复试成绩:相关招生单位自主确定并公布报考本单位临床医学、口腔医学和中医专业学位硕士研究生进入复试的初试成绩要求。

(4)复试加试:以同等学力参加复试的考生,在复试中须加试至少两门与报考专业相关的本科主干课程。加试科目不得与初试科目相同。这一条款是教育部文件的硬性要求,高职高专毕业的学生,没有取得本科学历,均是以同等学力参加复试的,所以相对于本科学历报考的学生,在复试环节还须加试两门笔试。

此外,考生还应关注文件中的加分政策与专业调剂要求。

专科学历报考硕士研究生,可谓是二连跳,也是一项重要的转折。除了国家规定的一些条件外,部分招生单位往往结合实际情况,制订了严于国家的基本要求,例如要求同等学力的专科毕业生不能跨专业报考,或是必须英语通过四级,或是在省级以上刊物以第一或第二作者身份发表专业内论文等。有的院校甚至拒绝同等学力专科毕业生的报考。在报考前,考生一定要仔细研读招生单位的报考要求。

第二节 毕业生就业程序和手续办理

一、就业协议书

(一)就业协议书简介

就业协议书的全称是“全国普通高等学校毕业生就业协议书”,一般是国家教育部或各省、市、自治区就业主管部门统一制表。它是普通高等学校毕业生和用人单位在正式确立劳动人事关系前,经双向选择,在规定期限内确立就业关系、明确双方权利和义务而达成的书面协议,是用人单位确认毕业生相关信息真实可靠以及接收毕业生的重要凭据,也是高校进行毕业生就业管理、编制就业方案以及毕业生办理就业落户手续等有关事项的重要依据。

就业协议书的基本内容包含高校毕业生和用人单位的基本情况,以及双方所约定的有关内容,如:工作地点及工作岗位、户口迁入地、违约责任、协议自动失效条款、协议终止条款、双方约定的其他

事宜、补充协议等。

就业协议书一经毕业生、用人单位签署即具有法律效力，任何一方不得擅自解除。从目前看，由于毕业生的跳槽，就业协议违约方多是毕业生。该种做法，毕业生不仅要承担违约责任，同时也影响了用人单位的招聘工作，影响了学校的信誉。如果就业协议书中，有约定违约金。当毕业生出现违约情况时，用人单位往往要求毕业生上交违约金。如果没有交违约金，原用人单位往往不给毕业生开具书面同意的解约函，档案不予办理转移等，直接影响毕业生与新单位签订新的就业协议书，以及户口、档案的转移。毕业生在签订就业协议书前，应该对用人单位有所考察，双方达成一致意愿后，慎重签约，不能为了急着就业，草率地与一家企业签约。因为就业协议书除了作为学校转递毕业生人事关系的依据外，对毕业生和用人单位也具有一定的约束力。

案例导学

小李大三找工作时，与一家单位签订了就业协议。后来工作没有多长时间，觉得这个单位不太合适，没有办任何手续，就自行离开原公司，直接到新的公司上班了。请问，小李这么做存在什么问题？

（二）就业协议与劳动合同的区别

劳动合同，是指劳动者与用人单位之间确定劳动关系，明确双方权利和义务的协议。毕业生在用人单位工作后，应签署劳动合同，保护自身权益。

就业协议与劳动合同是用人单位聘用毕业生所订立的两种书面协议，二者分处两个相互联系的不同的阶段，并发挥不同的作用。就业协议和劳动合同的区别主要有如下几点：

1. 主体不同　劳动合同是双方主体——劳动者和用人单位。劳动者与用人单位之间在遵循平等自愿的原则下依法签订劳动合同；就业协议是三方主体——毕业生、用人单位和学校。学校作为一个主体，主要是维护毕业生就业工作的良好秩序，保障毕业生和用人单位的合法权益，并兼有证明学生毕业信息的真实性。

2. 依据不同　就业协议依据的是教育部颁发的部门规章，劳动合同依据的是《中华人民共和国劳动法》和《中华人民共和国合同法》。

3. 内容差异　就业协议可规定毕业生自身情况、就业意向、用人单位同意接收、学校派遣等，而在劳动合同中，依法必须明确劳动合同期限、工作内容、劳动保护和劳动条件、劳动报酬和劳动纪律、合同终止条件，以及违反合同的责任等必备条款。除此之外，双方还可以协商约定其他内容，在具体涉及某项时还可以优先适用本地地方法规和规章。

4. 签订时期不同　就业协议一般在学生毕业前签订，正式签订劳动合同只有等到毕业后方可。

5. 效力不同　就业协议只是毕业生在择业过程中签订的协议，其效力始于签订之日，终于毕业生与用人单位签订劳动合同之时。劳动合同的有效期，是劳动者与用人单位以合同方式确定的，除法律规定的情形外，双方不得随意变更、中止。毕业生到用人单位报到，双方签订劳动合同之后，原就业协议随之失效。

就业协议是大学生和用人单位在签订劳动合同前，双方确定就业意向和权益的依据。劳动合同是劳动者与用人单位确立劳动关系、明确双方权利和义务的协议。

案例导学

小林在校园招聘会上与一家民营医院签订了就业协议。协议规定了 1 年的见习期和 3 年的服务期，同时还约定了违约金 3 万元。毕业后小张到单位报到，与医院签订了为期四年、并有 3 个月试用期的劳动合同。工作了 1 个月后，小林由于自身职业的发展规划改变，提出辞职。这时，医院拿出小张签署的就业协议书要求小张赔偿违约金。在这种情况下，小张应该交付违约金吗？

二、报到证

报到证全称为“全国普通高等学校本专科毕业生就业报到证”。它是应届普通高等学校毕业生到就业单位报到的凭证，也是毕业生参加工作时间的初始记载和凭证。毕业生到就业单位报到时，须持“报到证”。报到证由教育部统一印制，省级高校毕业生就业主管部门签发。学校根据签订好的《就业协议书》上报就业方案，经批准后由主管部门下发报到证。用人单位根据报到证，接收安排毕业生工作。毕业生拿到报到证必须仔细核查毕业生的姓名是否与身份证一致，接收单位的名称也必须准确。

很多毕业生拿到报到证后，不知其重要性。报到证的作用主要体现在以下几点：

1. 报到证是毕业生到单位报到的证明。毕业生到工作单位就业时，须持报到证。用人单位凭就业报到证为毕业生办理手续。

2. 当地公安部门凭报到证为毕业生办理落户手续。

3. 学校相关部门依据“报到证”为毕业生办理档案投递、组织关系转移和户籍迁移等手续。

4. 报到证的记录是毕业生参加工作时间的初始记载和凭证，上面的日期是工龄的开始年限，与退休年龄和养老保险交纳年数都有关。

5. 报到证可以证明该毕业生是纳入国家统一招生方案的学生。自考生或是成教生是没有报到证的。

毕业离校之日起 2 年内，有以下情况者可以提出报到证的调整改派申请。已变更就业单位，现就业单位要求持报到证报到者；原属待就业现已就业，且单位要求持报到证报到者；报到证有错者。申请者一般需要提供(不同地区要求略有差异)：原报到证、原单位的解约函(原为待就业回原籍的毕业生不需要)、新单位的就业证明材料(例：就业协议书、劳动合同、用人单位证明)等前往学校就业办公室登记，并在省(市)就业服务指导中心办理调整改派事宜。如果报到证不慎遗失，应办理相关的补办手续。

三、毕业生档案管理

档案是记录一个人的主要经历、政治面貌、品德作风、学习和工作表现等个人情况的书面材料，起着凭证、依据和参考的作用。一些毕业生因为不了解档案，或是因为其就业的单位是私企，不接收档案和落户，因而忽略了档案的重要性。

档案其实是相当重要的，对于毕业生个人来说，考研、考公务员、出国、升学、结婚、生育等，都要用到档案，否则，将无法办理相关证明。毕业生进入国家机关、事业或企业单位工作，在职业生涯中定级、调资、任免、晋升、奖惩等方面的呈报、审批材料都要记入本人档案，作为评价依据。另外，工龄、待遇、社保受保时间等也是以个人档案的记录为依据的。退休时需要依据档案认定个人出生时间，从而确定退休时间，也要从档案记录中确定个人参加工作时间，从而确定开始缴费或视同缴费的时间，以计算养老金金额等。除了养老金外，其他社会保险，如领取失业金等，也与个人档案相关。现今，毕业生流动性强，跳槽频繁，工作的调整经常跨越不同城市，而这种城市之间的流动就往往需要提供档案。2015 年 1 月起，取消收取人事关系及档案保管费、查阅费、证明费、档案转递费等名目的费用。

那么毕业生的档案应如何转递呢？毕业生档案的转出凭证主要是参照报到证和升学录取通知书。

1. 毕业生继续升学的，将档案转至录取的学校。

2. 被录用为公务员、事业编制、部队等，直接转至用人单位人事部门，一般有专门的档案室，专人负责。

3. 到各类企业就业的，按照协议要求，一般转至用人单位或是用人单位所在地的人才服务机构。

4. 未就业的学生，档案将转至生源地地市人事部门或暂留在学校，学校代为保管不超过两年。

毕业生档案管理，要避免两种误区。其一，一些高校毕业生在将档案存放至人才服务中心后，以为这样做就可以了，之后无需过问。其二，部分毕业生工作不稳定，将档案留在自己或亲朋好友的手上，准备需要的时候再拿出来。这样会造成档案的信息一直停留在毕业的状态，直接影响了毕业生重

新择业后的转正定级以及工龄的计算。如果这种“弃档”或是“忘档”情况发生了，毕业生要及时和人才服务中心联系，补办手续。

四、户口迁移

毕业生的户籍管理工作关系到毕业生的切身利益，关系到社会稳定。毕业生一般按当地政府要求，持报到证、户口迁移证、工作单位及有关部门证明到公安部门办理落户手续。户口的迁移一般由学校的保卫处负责，毕业生对于户口的迁移问题，可以向学校保卫处咨询。户口的迁移主要有以下几种情况：

1. 已找到工作单位的，要问清单位是否解决户口。如果有解决户口，最好要在协议书中直接标明。原户口在学校的毕业生，可将户口由学校迁移到工作单位所在地。户口不在学校的，已经找到工作的毕业生，可将户口由原籍直接迁移到工作单位所在地。工作单位所在地公安机关以毕业生的报到证和用人单位主管部门的接收证明及学校所在地公安机关签发的户口迁移证办理入户手续。若用人单位没有办法解决户口问题，毕业生可以把户口迁到生源地。

2. 未就业的毕业生，最多暂时保留户籍在学校两年。毕业生毕业后两年内，必须迁移户口。满两年后，将不再给予办理相关户籍证明等业务。建议毕业生离校时应及时办理户口迁移手续，工作单位未确定的，可先迁回原籍。

3. 专升本继续深造的毕业生，可持本人身份证复印件、毕业证复印件、学校录取通知书、常住人口登记表等，将户口迁往新的就读学校。

五、党组织关系转移

除留在学校本院系继续深造或工作外，应届毕业生中的所有党员（含预备党员）都需要办理党员组织关系转移。党组织关系的转移主要找毕业生所在党支部或校党委组织部门办理。党组织关系的转移主要有如下几个方向：

1. 毕业生就业单位有党组织　毕业生根据学校党组织开具的介绍信，按规定时间到就业单位有权接收组织关系的部门（党委）办理组织关系转移。毕业生党员应和用人单位取得联系，认真核实接收党员组织关系的党组织的正确名称，不能凭自身理解填写转档，以免造成不必要的麻烦。

2. 毕业生党员的就业单位没有党组织（如外资、合资或民营企业等）　毕业生党员组织关系可转到单位所在地或本人居住地的街道、社区党组织，行业主管部门党组织。也可随同档案转移到县以上政府所属公共就业和人才服务机构党组织。

3. 毕业生党员没有落实工作单位的或毕业后拟出国留学　对于尚未落实工作单位的毕业生党员和毕业后拟出国留学的毕业生党员，其党员组织关系一般应放在户口所在地的街道党组织，即将党员组织关系转至本人或父母居住地的街道、乡镇党组织或父母工作单位，也可将组织关系暂挂靠在省、市、县（市）区人才交流中心或省高校毕业生就业指导中心。

经本人申请、学院党委（总支）审批同意，未就业的学生也可将组织关系保留在学校，但时间不超过2年，拟出国留学的学生也可将组织关系保留在学校，但时间不超过5年，均需报校党委组织部登记备案。

必须注意的是，由原党组织开具的介绍信会标明有效期，毕业生党员应在有效期内完成党组织关系的转移，不得延误。如果毕业时，你还是预备党员，一定要尽快办理党组织关系转移，在预备期满后及时向党组织提出转正申请。

第三节　医学生的就业权益保护

毕业生就业后，一定要签订劳动合同，以保障自身权益。《中华人民共和国劳动合同法》（以下简称《劳动合同法》）和《中华人民共和国劳动法》（以下简称《劳动法》）等法律条文的学习，利于毕业生在签订合同前规避风险，避免日后的纠纷。除了这两部法规以外，毕业生也可以了解其他的法

律条文,例如:《劳动争议调解仲裁法》《中华人民共和国个人所得税法》《女职工劳动保护特别规定》《社会保险行政争议处理办法》《职业病防治法》《工伤保险条例》等,学会拿起法律的武器,保护自己。

一、《劳动合同法》和《劳动法》相关条例解读

修改后现行的《中华人民共和国劳动合同法》是由 2013 年 7 月 1 日开始施行。用人单位自用工之日起超过一个月不满一年未与劳动者订立书面劳动合同的,应当向劳动者每月支付二倍的工资。

(一) 合同必备条款

《劳动合同法》第十七条,列出了劳动合同应当具备以下条款:

1. 用人单位的名称、住所和法定代表人或者主要负责人;
2. 劳动者的姓名、住址和居民身份证或者其他有效身份证件号码;
3. 劳动合同期限;
4. 工作内容和工作地点;
5. 工作时间和休息休假;
6. 劳动报酬;
7. 社会保险;
8. 劳动保护、劳动条件和职业危害防护;
9. 法律、法规规定应当纳入劳动合同的其他事项。

劳动合同除规定的必备条款外,用人单位与劳动者可以约定试用期、培训、保守秘密、补充保险和福利待遇等其他事项。针对保险这一块,大家平时听到用人单位给职工办理的"五险一金"主要包含哪些呢? "五险"主要是指社会保险中的工伤险、养老保险、医疗保险、失业险、生育险。"一金"指的是住房公积金。2016 年 12 月 19 日,全国人大常委会审议相关决定草案,拟将邯郸、郑州等 12 地作为试点,实施生育保险基金并入职工基本医疗保险基金征缴和管理。现今,部分试点地区已经实行"四险一金"。针对工伤险,如果用人单位与劳动者之前约定,不缴纳工伤险,万一出现工伤,由劳动者自行承担,该做法违法了《劳动合同法》和《工伤保险条例》,即使之前与劳动者有所约定,也属于无效条款。

案例讨论

针灸推拿专业毕业的小王毕业后,去了一家以艾灸为主的养生机构,并与之签订了劳动合同。后来发现,用人单位在劳动合同上没有加盖单位的公章,仅是用人单位的法人代表签字了。小王很担心这份劳动合同没有法律保障,是无效的。

案例讨论

(二) 试用期条款

根据《劳动合同法》,劳动合同期限三个月以上不满一年的,试用期不得超过一个月;劳动合同期限一年以上不满三年的,试用期不得超过二个月;三年以上固定期限和无固定期限的劳动合同,试用期不得超过六个月。同一用人单位与同一劳动者只能约定一次试用期。

劳动者在试用期的工资不得低于本单位相同岗位最低档工资或者劳动合同约定工资的百分之八十,并不得低于用人单位所在地的最低工资标准。

劳动者如果在试用期内离职,是不用交违约金的。

用人单位违反本法规定与劳动者约定试用期的,由劳动行政部门责令改正;违法约定的试用期已经履行的,由用人单位以劳动者试用期满的月工资为标准,按已经履行的超过法定试用期的时间向劳动者支付赔偿金。

同学们就业后,关于试用期可以参照以上《劳动合同法》关于试用期的规定,主要是注意试用期的时间长短,试用期用人单位给你的报酬是否过低,同时要提防个别用人单位只试用不录用的做法。个别用人单位为了榨取较为廉价的劳动力,在试用期满后,寻找各种理由,不给劳动者转正,解雇劳

动者。

(三) 加班

用人单位应当严格执行劳动定额标准,不得强迫或者变相强迫劳动者加班。用人单位安排加班的,应当按照国家有关规定向劳动者支付加班费。《中华人民共和国劳动法》的具体条文如下:安排劳动者延长工作时间的,支付不低于工资百分之一百五十的工资报酬;休息日安排劳动者工作又不能安排补休的,支付不低于工资百分之二百的工资报酬;法定休假日安排劳动者工作的,支付不低于工资百分之三百的工资报酬。

婚产假放假时间

除了加班的问题,大家比较关心的问题,应该还有婚假、产假的时间。尤其是现在允许生二胎的情况下,一般产假是多长时间呢?

大家可以上网查阅当地的《人口与计划生育条例》进行了解。例如,《福建省人口与计划生育条例》(2017 年修订)第四十一条"依法办理结婚登记的夫妻享受婚假十五日;符合本条例生育子女的夫妻,女方产假延长为一百五十八日至一百八十日,男方照顾假为十五日。婚假、产假、照顾假期间,工资照发,不影响晋升"。

《广东省人口与计划生育条例》(2018 年 5 月实施)适用于居住在广东省行政区域内的中国公民和户籍在本省而居住在省外的公民,以及本省行政区域内的一切国家机关、社会团体、企业事业单位和群众自治组织。按条例规定,产假,不论胎次,增至 178 天。

(四) 抵押

《劳动合同法》第九条　用人单位招用劳动者,不得扣押劳动者的居民身份证和其他证件,不得要求劳动者提供担保或者以其他名义向劳动者收取财物。

第八十四条　用人单位违反本法规定,扣押劳动者居民身份证等证件的,由劳动行政部门责令限期退还劳动者本人,并依照有关法律规定给予处罚。

用人单位违反本法规定,以担保或者其他名义向劳动者收取财物的,由劳动行政部门责令限期退还劳动者本人,并以每人五百元以上二千元以下的标准处以罚款;给劳动者造成损害的,应当承担赔偿责任。

劳动者依法解除或者终止劳动合同,用人单位扣押劳动者档案或者其他物品的,依照前款规定处罚。

在实际的工作中,有的用人单位会采取扣押劳动者相关证件的做法,防止劳动者跳槽。此外,如果劳动者提出辞职,该用人单位往往要求劳动者赔偿违约金后才归还证件。该种做法是违反《劳动合同法》的,毕业生工作后,注意不要随意向用人单位上交自身相关证件的原件。如果用人单位一开始,就要求求职者交一定的押金,或是抵押一些证件,不管他们是以什么理由提出这些要求,求职者均应提高警惕,切勿上当受骗。

(五) 违约金

《劳动合同法》中关于违约金的阐述,主要有如下几条:

第二十二条　用人单位为劳动者提供专项培训费用,对其进行专业技术培训的,可以与该劳动者订立协议,约定服务期。

劳动者违反服务期约定的,应当按照约定向用人单位支付违约金。违约金的数额不得超过用人单位提供的培训费用。用人单位要求劳动者支付的违约金不得超过服务期尚未履行部分所应分摊的培训费用。

用人单位与劳动者约定服务期的,不影响按照正常的工资调整机制提高劳动者在服务期期间的劳动报酬。

第二十三条　用人单位与劳动者可以在劳动合同中约定保守用人单位的商业秘密和与知识产权

相关的保密事项。

对负有保密义务的劳动者，用人单位可以在劳动合同或者保密协议中与劳动者约定竞业限制条款，并约定在解除或者终止劳动合同后，在竞业限制期限内按月给予劳动者经济补偿。劳动者违反竞业限制约定的，应当按照约定向用人单位支付违约金。

第二十五条　除本法第二十二条和第二十三条规定的情形外，用人单位不得与劳动者约定由劳动者承担违约金。

第九十条　劳动者违反本法规定解除劳动合同，或者违反劳动合同中约定的保密义务或者竞业限制，给用人单位造成损失的，应当承担赔偿责任。

违约金的多少，一般是签订合同的双方共同约定，但是有没有一个参考的标准呢？违约金一般等于违约所造成的实际经济损失，最高不超过实际损失的120%~130%为宜。如果违约金过高或是过低，可以向相关仲裁机构请求调整。如果劳动者违反竞业限制约定的，应当向用人单位支付违约金，其数额不得超过用人单位向劳动者支付的竞业限制经济补偿的三倍。

毕业生一般会签订就业协议或是劳动合同。不管是就业协议还是劳动合同，经常明确如果违约应该支付的违约金。很多毕业生在签订协议或合同的时候，没有详细地阅读所有条款。有的毕业生则是认为自己没有修改合同的权利，怕自己提出对合同的修改意见后，用人单位会不与之签约，所以匆匆地签下了协议。等到自己想要辞职的时候，用人单位拿出之前所签订的协议或合同，要求毕业生履行合同，支付违约金，双方也将因为违约金问题而产生纠纷。

案例导学

1. 小王与一家单位签订了劳动合同，劳动合同上标明违约金5000元。小王在该单位工作了6个月，现想辞职，请问小王是否要交违约金5000元。

2. 小王与一家单位签订了为期三年的劳动合同，劳动合同上面标明违约金20000元。之后公司对所有新签合同的员工组织了专项技能的培训，培训费用每人15000元。在工作了一年以后，小王提出了辞职，请问小王需要付给公司违约金吗？

（六）劳动合同的解除和终止

根据《劳动合同法》第四章的条文：劳动者提前三十日以书面形式通知用人单位，可以解除劳动合同。劳动者在试用期内提前三日通知用人单位，可以解除劳动合同。

用人单位有下列情形之一的，劳动者可以解除劳动合同：

1. 未按照劳动合同约定提供劳动保护或者劳动条件的；
2. 未及时足额支付劳动报酬的；
3. 未依法为劳动者缴纳社会保险费的；
4. 用人单位的规章制度违反法律、法规的规定，损害劳动者权益的；
5. 以欺诈、胁迫的手段或者乘人之危，使对方在违背真实意思的情况下订立或者变更劳动合同的；
6. 法律、行政法规规定劳动者可以解除劳动合同的其他情形。

用人单位以暴力、威胁或者非法限制人身自由的手段强迫劳动者劳动的，或者用人单位违章指挥、强令冒险作业危及劳动者人身安全的，劳动者可以立即解除劳动合同，不需事先告知用人单位。

案例导学

小明报考了专升本考试，当时成绩尚未出来。由于自己信心不足，担心没法考上，小明就先找了一份工作，也好给自己多留一条路。后来成绩出来，小明顺利考上了。他打算与用人单位解除协议。请问小明的做法对吗？

（七）劳动争议

根据《劳动法》，劳动争议发生后，当事人可以向本单位劳动争议调解委员会申请调解；调解不成，当事人一方要求仲裁的，可以向劳动争议仲裁委员会申请仲裁。当事人一方也可以直接向劳动争议仲裁委员会申请仲裁。对仲裁裁决不服的，可以向人民法院提起诉讼。

二、毕业生常见问题解析

（一）人事代理和事业编制

小陈通过招考到医院应聘，他考的岗位是人事代理的。应聘的时候，人事部门的负责人对他说，他们医院人事代理和事业单位在编人员，待遇各方面是没有任何差别的。小陈还是很疑惑，到底人事代理和事业编制有区别吗？

答：人事代理制是指政府人事行政部门所属的人才流动服务机构，按照国家人事政策的要求，接受用人单位或个人的委托，代理其相关的人事、人才业务。用人单位与被聘用人员只受双方签订的聘用合同的约束。用人单位有充分的用人自主权，而劳动者则享有充分的择业自主权和流动的权利。按照各地人事部门有关人事档案管理的规定，当地企事业单位、社会团体等用人单位和个人可委托人才服务中心办理人事代理立户登记。定岗为人事代理，单位会给你交纳社保和养老保险，但是单位可以随时解聘你，而不用担心承担法律风险。而事业编制的人员，除非犯重大错误，单位不能随意解聘。小陈报考的这个医院承诺人事代理和事业编制在福利各方面没有差别，但实际上是否有差别，还是要看用人单位本身。有的用人单位，人事代理和事业编制，同工不同酬，有的单位晋升会差别对待，人事代理晋升比较困难。如果该单位有裁员的风险，人事代理的职员，被裁员的风险更高。毕业生上岗后，想从人事代理转成事业编制，也是非常困难的。毕业生在应聘时，应该对该用人单位所有考察，了解该单位人事代理和事业编制的差异，综合考量。

（二）见习期和试用期

毕业生在签订劳动合同时，有的写的是"见习期"，有的写的是"试用期"。到底这两者有什么区别？

答：见习期制度是我国早期的一种用工制度，一般国家机关与事业单位沿用见习制度，是用人单位招收毕业生后，对应届毕业生进行业务适应及考核的一种制度，不是现行劳动法的概念，而是人事制度中的做法。根据早期的国家教委、计委、劳动人事部门的相关规定，一般用人单位可安排见习期，大专本科见习期为一年，研究生六个月，博士生三个月。见习期的待遇及劳动关系按照国家人事行政部门及高等院校有关见习期的规定执行。见习期满，职业如果表现合格，用人单位可对职工办理转正手续。反之，经批准后，予以辞退。

试用期是指用人单位和劳动者相互了解、选择而约定的考察期。一般民营企业采用试用期。按劳动法律规定，劳动合同双方当事人可以约定不超过六个月的试用期。按《劳动合同法》规定，劳动者在试用期的工资不得低于本单位相同岗位最低档工资或者劳动合同约定工资的百分之八十，并不得低于用人单位所在地的最低工资标准。目前司法实践中，试用期存在于一般用人单位与劳动者的约定中，适用《劳动法》及《劳动合同法》等相关劳动法律之规定，某些民营企业可能通过约定较长的见习期，混淆见习期与试用期的概念，来规避《劳动法》对适用期的期限规定，该行为是违法的，应当承担相应法律责任。

（三）医疗单位的合法性

现今，医学生的就业渠道更加宽广，除了事业单位，更多的同学选择了民营企业。部分高职医学生由于专业的特殊性，选择民营企业的也不在少数。例如，口腔专业，很多学生选择口腔私人诊所；针灸推拿专业，由于医院的招聘要求较高，一大部分学生选择中医理疗馆。医学生就业选择民营企业，一定要排查用人单位是否合法。若是医疗机构，要查看是否具备《医疗机构执业许可证》。

案例导学

顾某某在未取得医生执业资格及医疗机构执业许可证的情况下，擅自开办医疗美容机构，后发生医学事故。纪某某虽取得医生执业资格，但明知顾开办的美容机构无合法证件，而与其谋取共同的非法利益，在该机构进行医疗美容手术，导致事故。两人分别被判有期徒刑。

因此，学生在就业时，一定要核查企业的资质，避免自身上当受骗。当发现用人单位没有申办医疗机构执业许可证，私开诊所、医学美容机构等，一定要积极向有关部门举报，避免更多的人受害。

（四）隐私权

首先，毕业生求职时，应维护自身的隐私权。随着网络的发展，越来越多的毕业生选择网上投递简历，并在网上填写个人应聘信息。有时个人的信息被公布，被泄露，甚至被出售，自己的隐私权被侵犯。毕业生网络投递简历时，一定要核查用人单位的真实性，多渠道确认。如果遇到需要填写个人身份证号码，或是银行卡号等信息的应聘网页，要提高警惕。以防个人信息被泄露，不法分子可能会以你的名义申请信用卡，进而刷卡或透支，而你本人需偿还信用卡债务。

其次，我们也要维护病人的隐私。医学生就业后，用人单位会安排一定的见习期。见习期间，医学生有很多的观摩和学习机会，主治医生等也会经常拿案例与医学生进行讨论分析，有时甚至是当着病人的面进行讨论。常常见到这样的情形，病人照一次 B 超，结果一大群实习医生在导师的指导下进行讨论。这时，是否有关注病人的感受？是否有注重病人的隐私权？国外的某些医院，在保护病人隐私方面，做得很好，有很多值得我们借鉴的地方。

案例讨论

案例讨论

陈某，停经 7 周到某市医院做人工流产。手术中，医院未经本人同意，组织近 10 名医学生见习观摩整个过程，给陈某造成了很大的心理负担，向法院起诉。法院终审裁定“医院侵犯患者隐私权，应向患者赔礼道歉，并补偿患者精神抚恤金 1 万元。

（五）中介机构

小童在网络上看到一则招聘信息，对用人单位列出的岗位、薪资等各方面条件都比较满意。当她进一步电话咨询时，发现该信息是一家职业介绍机构发布的。职介机构要求收取 200 元的推荐费，若推荐成功再收取该月工资的 50%。请问，找工作时可以依托职介机构吗？该项收费合理吗？

答：毕业生在找工作时，可以依托职介机构。但是一定要鉴别该职介机构是否合法。主要看它是否具备企业法人营业执照、人力资源服务许可证、税务登记证等相关法定资质。求职者可以要求其出示用人单位委托其代为招聘的委托书。非法中介往往设立名目繁多的收费内容，例如报名费、资料费、推荐费、注册费等，甚至与用人单位一起坑骗求职者。正规的职介机构一般开始收取数额不多的建档费，推荐成功后，收取的费用一般不超过当月工资的 10%。小童所说的中介机构，收费偏高，是否合法还有待查证。求职者可以咨询当地的物价局，因为对于职介的收费，没有明确的规定，求职者与职介单位可以就推荐费用进行双方协商，工作推荐成功后，再交费。

（六）传销陷阱

山东女大学生魏某，大四，在哈尔滨找工作的时候，被以前的同学骗到传销组织，并被限制了人身自由。她趁着上洗手间的机会给哈尔滨师范大学的同校朋友发了求救短信，该校师生连同派出所民警将其解救。新闻媒体曾报道，找工作时一定要防止被骗，不要进入传销组织。到底传销组织是什么样的？怎样防止被骗呢？

答：传销是指经营者通过直接或是间接发展的人员数量或者销售业绩为依据，计算和给付报酬，或者要求被发展人员以缴纳一定费用为条件取得加入资格等方式，牟取非法利益。有三个特征可以帮助大家判断是不是传销组织。首先，收取入门费。一开始传销组织往往要求你认购产品或是缴纳

费用，方有资格加入组织，以此牟利。认购的产品，价格虚高，主要以营养类、药品、谎称的“高科技产品”为主。其次，要求你发展下线。根据你直接发展或是间接滚动发展的人数给予报酬。第三，培训极富煽动性和欺骗性，以洗脑式培训控制你自发地发展下线。限制你的人身自由，没收财产，隔绝你与外界的联系，被迫接受洗脑式培训。

毕业生一定要注意求职安全。在面试前一定要通过网络、114 电话咨询、工商登记、税务登记等多方途径对招聘单位进行核查确认，落实单位的资质和信誉。毕业生在前往面试前应该要告知亲友面试的企业名称、面试时间地点和企业联系方式，最好是有亲友陪同前往面试地点。如面试时间是夜间，面试地点地处偏僻，面试时要求缴纳费用，则应该要谨慎处理，以防受骗。面试时，如果要签署合同或是契约，一定要详细审阅，不可盲目签订。如遇危险，及时报警。

本章小结

医学生毕业后有多种毕业去向，如：应聘医药卫生企事业单位、参加助理全科医生培训项目、参加中央有关部门实施的基层就业项目、应征入伍、自主创业、升学深造等。医学毕业生应了解国家的各项扶持政策，结合自身的情况理性选择。

在确定毕业去向后，医学毕业生应按要求完成各项就业程序的办理，含就业协议书的签订、报到证的办理、档案的转递、户口的迁移、党组织关系的转移等。

如果学生选择就业，则应着重学习本章中列出的《劳动合同法》及《劳动法》重要条文，用法律的武器保护自己，避免求职陷阱。

（萧君虹）

扫一扫，测一测

思考题

1. 请问合同的必备条款有哪些？
2. 如果你就职于一家民营医院，医院强制要求你加班，请问是否合法？如果医院要付给你加班费，应该按照什么样的标准支付加班费？

第七章 临床医学生的创业教育

学习目标

1. 理解何为创业及现阶段创业的意义。
2. 了解现阶段关于创业的各项措施及部分地方优惠政策。
3. 培养创业意识,熟悉企业家精神及内涵特征。
4. 分析创业环境,列举实例对创业机会进行评估和识别,最终形成完整的创业计划书,进而组织实施创业项目。

第一节 医学生创业的概述

创业是就业的延伸和扩展,是把握机遇、迎接挑战的理智选择,这是新时代对人们谋求就业提出的新观念和新要求。

高校毕业生往往具有较高的文化素质和技能水平,有较强的自主意识,蕴含着巨大的创业潜力,是社会上最具有活力和创造力的一个群体,最有可能成为创业型人才。因此,创业有利于大学生寻求更加广阔的就业途径。

一、创业的概念及意义

(一) 创业的概念

创业是指创设、创造、创新职业或企业。它是创业者个人的行为,是创业者按照国家的有关法规和政策,结合自身的条件和意愿,通过对市场前景进行综合性分析做出的就业选择。

创业有广义和狭义之分。广义的创业统指开创事业,包括在各种不同领域中通过努力干出一番事业。狭义的创业主要是指在经济领域中,创业者通过发现和识别商业机会,利用各种资源,为社会提供产品或服务,创造财富,实现自身价值及社会价值的过程。大学生的自主创业主要是指狭义的创业。

"创业"包括两个环节:一是"创",二是"立"。"创"是指一个企业从无到有或从旧到新的过程,并未涉及企业的长远生存和发展;"立"是指新建立起来的企业经历的一个由小到大、从弱到强的过程。

《周易》中说的"生生之谓易""富有之谓大业",就是说要通过生生不息的变革达到富有,达到为社会为个人创造财富,这就是大业,就是创业。创业是择业的一种特殊的选择形式,也是就业中的一种特殊形式。创业者和一般的就业者相比,承担的责任和风险更大。

（二）创业的意义

创业主要是指利用自己所具备的知识、才能和技术，通过自筹资金、技术入股、寻求合作等方式创立新的就业岗位，或者说毕业生退出现有就业岗位的竞争，转而自谋职业，为社会创造更多的就业机会。毕业生与社会力量合作，与他人合作，创造属于自己的产业已成为一种可能，时下国家特别重视并鼓励高等院校毕业生创业。

1. 创业是社会发展的需要

(1) 有利于推动社会生产力的发展：一些科技型创新企业的建立，往往伴随着技术或应用工艺的创新与发展，能够有力促进我国科技实力的整体提高。可以说创新企业的成功能够为社会经济发展注入新鲜的活力，有利于社会生产力的发展。

(2) 有利于知识向资本转化：创新企业往往都是由具有较高知识水平的创业者创办的知识密集型企业。这些企业为社会带来相对较高的附加值，同时创造了较多的社会财富。

(3) 有利于缓解大学生就业压力：大学生的创业有利于解决大学生就业问题。一个创业能力很强的大学生，不但不会成为社会的就业压力，相反还能通过自主创业来增加就业岗位，以缓解社会的就业压力。

2. 创业是个人成长的内在要求

(1) 可以提高实践能力：企业招聘大学生，既要看毕业学校，还要看大学生实践经验，大学生可以通过自主创业这一平台提高实践能力，积累更多实践经验以及社会经验，为择业打好基础。

(2) 可以实现自我价值：大学毕业生通过自主创业，可以把自己的兴趣与职业紧密结合，做自己最感兴趣、最愿意做和自己认为最值得做的事情，在五彩缤纷的社会舞台中大显身手，最大限度地发挥自己的才能，并获得合理的报酬。

(3) 可以培养创新精神：近年来，就业压力越来越大，只有具有创新意识和创新思想才能在激烈的竞争中脱颖而出。在创业过程中，学会逻辑分析，全方位思考，面对问题不断改进，不断创新，可以提高创新能力。

二、创业的基本模式

1. 自主创业　指从创业的决策、申办、资金准备到经营和管理等方面均由个人负责，自己一手包办。

2. 合伙创办　指出资或以自己的某项技术或知识成果或某项专利作为资产或资本，与他人合伙创办企业的模式。在这种模式下，承担的是无限连带责任。

3. 连锁加盟　指有偿利用他人的知名品牌进行品牌经营，以实现自主经营的创业模式。这种创业模式需要明确该连锁品牌的价值或股份以及连锁经营的管理模式等。

4. 产品代理　通过代理的形式推广和买卖产品，是产品的一种交易和流通方式。一般认为，只要是通过第三方进行产品的交易和服务都可以称之为产品代理。

5. 收购　指一个公司通过产权交易取得其他公司一定程度的控制权，以实现一定经济目标的经济行为。收购是企业资本经营的一种形式，既有经济意义，又有法律意义。

三、大学生创业途径

1. 曲线创业　先就业、再创业是时下很多学生的选择。毕业后，由于自己各方面阅历和经验都不够，需要到实体单位锻炼几年，积累了一定的知识和经验再创业。

2. 创业实践　间接的创业实践学习可借助学校举办的某些课程的角色性、情景性模拟参与来完成。直接的创业实践学习可通过课余、假期在外的兼职打工、试办公司等事项来完成，也可通过举办创意项目活动、创建电子商务网站、谋划书刊出版事宜等多种方式进行实践。

3. 校园代理　大学生由于经验、能力、资本等方面都存在不足，直接创业存在很大困难，成功率较低。而校园代理对经验、资金等方面一般没有太高要求，可以利用课余时间代理校园畅销产品，积累市场经验、锻炼创业能力。做校园代理一般风险较小，对于大学生来说多多益善。如果做得较好，还可以积累一定的资金。

第二节　医学生创业的准备

一、创业的相关政策法规

政策保障是大学生创业环境的重要组成部分。为了鼓励大学生创业，我国政府及相关部门积极出台了一系列措施，扶持大学生创业，以创业促进就业，形成了良好的大学生创业政策法律环境。

为支持大学生创业，国家和各级政府出台了许多优惠政策，涉及融资、开业、税收、创业培训、创业指导等诸多方面。对打算创业的大学生来说，了解这些政策，才能走好创业的每一步。

(一) 大学生创业政策相关知识——国务院办公厅发布《关于发展众创空间推进大众创新创业的指导意见》国办发[2015]9号

1. 大学毕业生在毕业后两年内自主创业，到创业实体所在地的工商部门办理营业执照，注册资金(本)在50万元以下的，允许分期到位，首期到位资金不低于注册资本的10%(出资额不低于3万元)，1年内实缴注册资本追加到50%以上，余款可在3年内分期到位。

2. 大学毕业生新办咨询业、信息业、技术服务业的企业或经营单位，经税务部门批准，免征企业所得税两年；新办从事交通运输、邮电通信的企业或经营单位，经税务部门批准，第一年免征企业所得税，第二年减半征收企业所得税；新办从事公用事业、商业、物资业、对外贸易业、旅游业、物流业、仓储业、居民服务业、饮食业、教育文化事业、卫生事业的企业或经营单位，经税务部门批准，免征企业所得税一年。

3. 各国有商业银行、股份制银行、城市商业银行和有条件的城市信用社要为自主创业的毕业生提供小额贷款，并简化程序，提供开户和结算便利，贷款额度在2万元左右。贷款期限最长为两年，到期确定需延长的，可申请延期一次。贷款利息按照中国人民银行公布的贷款利率确定，担保最高限额为担保基金的5倍，期限与贷款期限相同。

4. 政府人事行政部门所属的人才中介服务机构，免费为自主创业毕业生保管人事档案(包括代办社保、职称、档案工资等有关手续)2年；提供免费查询人才、劳动力供求信息，免费发布招聘广告等服务；适当减免参加人才集市或人才劳务交流活动收费；优惠为创办企业的员工提供一次培训、测评服务。

(二) 大学生创业相关法律

1. 相关法律法规

《合同法》：规范合同关系，约束合同双方，保证合同的遵守，维护双方利益，保障合同关系的稳定。

《劳动法》：规范企业的劳动制度，保障企业员工的权益，保证劳资关系的和谐。

《企业劳动争议处理条例》：解决企业和员工就劳动关系发生的争议，维护企业的稳定。

《反不正当竞争法》：规范企业之间的市场竞争，保护企业的合法权益，惩治竞争中的不正当手段。

《消费者权益保护法》：保护消费者的合法权益，规范企业的经营生产，保证企业的产品质量。

《民法通则》《公司法》《合伙企业法》《外商独资企业法》《中外合资企业法》等法律规定，企业的组织形式可以是股份有限公司、有限责任公司、合伙企业、个人独资企业，其中以有限责任公司最为常见。设立企业还需了解《企业登记管理条例》《公司登记管理条例》等工商管理法规、规章。设立特定待业的企业，需了解有关开发区、高科技园区、软件园区(基地)等方面的法规、规章、有关地方规定，这样有助于选择创业地点，以享受税收等优惠政策。

2. 各地政府扶持大学生创业出台的相关政策法规

黑龙江：大学生可以优先转入相关专业学习，允许保留学籍休学创业创新，和毕业生一样享受国家的自主创业扶持政策。到2020年，将有1/10的应届高校毕业生参加创业培训。哈尔滨对大学生创业项目给予补贴。凡大学生在哈尔滨市创业的、在城镇创业的对其创业项目给予2000元的一次性创业项目补贴；为鼓励大学生返乡创新创业，对返乡到农村(乡镇及以下)创业的大学生给予3000元的一次性创业项目补贴；对科技含量高、市场潜力大、能在短时间内形成经济增长点的优秀和重点科技

创业项目，经评审给予 20 万元至 30 万元的经费资助；开展大学生创业大赛与大学生创业典型评选活动，大力扶持网络创业。——黑龙江省《关于促进大学生创新创业的若干意见》(黑政发[2015]16 号)

江西：高校学生休学创业最多可保留 7 年学籍，财政每年注入 1000 万元资金充实青年创业就业基金，每年重点支持 1000 名大学生返乡创业。——江西省人民政府办公厅印发《关于促进青年创业若干措施的通知》(赣府厅发[2015]71 号)

天津：对高校毕业生、留学回国人员注册资本 50 万元以下的公司可零首付注册，开辟"绿色通道"支持自主创业。——《天津市人民政府办公厅关于进一步做好新形势下就业创业工作的实施意见》(津政办发〔2015〕73 号)、《天津市人民政府关于做好当前和今后一段时期就业创业工作的实施意见》(津政发〔2017〕28 号)、《市人力社保局市财政局关于印发促进大学生就业创业扶持政策的通知》(津人社规字〔2018〕12 号)

浙江杭州：大学生创业项目申请无偿创业资助的，资助金额的额度从原来的最高 10 万元提高到 20 万元；"实行房租补贴机制" ——大学生创业园所在城区政府为入园企业提供两年 50 平方米的免费用房，对在创业园外租房用于创业的，由纳税地财政在两年内按标准给予房租补贴，补贴标准为第一年补贴 1 元 /(平方米·天)、第二年补贴 0.5 元 /(平方米·天)；房租补贴超过实际租房费用的，按实际租房费用补贴。——《浙江省人民政府关于进一步做好普通高等学校毕业生就业工作的意见》(浙政发〔2011〕61 号)

重庆：半年以上未就业有固定户口的大学毕业生可在其户口所在地居委会登记，申请 3000~4000 元人民币的银行抵押和担保贷款；自谋职业的毕业生，根据本人意愿，可将户口和人事档案暂存就读学校 2 年或由市大中专毕业生就业指导中心存管 2 年，存管期间免收档案管理费。——《重庆市人民政府办公厅关于促进大学生自主创业的意见》(渝办发〔2009〕72 号)

福建：2014~2017 年，引领 3 万名大学生实现创业，在全省各地和高校扶持建设 50 个创业孵化基地(创业园)。每年为 1000 名创业大学生提供孵化服务，评选资助一批优质大学生创业项目。——福建省政府办公厅《关于进一步扶持高校毕业生自主创业的意见》(闽政〔2018〕16 号)

山西：对在当地公共就业服务机构登记事业的自主创业高校毕业生，自筹资金不足的，可申请不超过 5 万元的小额担保贷款；对合伙经营的，可按规定适当扩大贷款规模；劳动密集型小企业招用登记失业的高校毕业生等城镇登记失业人员达到规定比例的，可按规定享受最高为 200 万元的小额担保贷款扶持。——《山西省人民政府关于进一步做好新形势下就业创业工作的实施意见》(晋政发[2015]34 号)

山东：扩大省级大学生创业孵化基地、创业园区支持范围，通过财政奖补支持，鼓励政府、高校和企业建设一批孵化条件好、承载能力强、融创业指导服务为一体的创业孵化基地和创业园区，为大学生提供优良的创业平台。——《人力资源和社会保障部关于实施大学生创业引领计划的通知》(人社部发〔2010〕31 号)、《山东省人民政府办公厅关于促进以创业带动就业工作的意见》(鲁政办发〔2009〕1 号)、《山东省人民政府关于贯彻国发〔2011〕16 号文件进一步做好普通高等学校毕业生就业工作的通知》(鲁政发〔2011〕41 号)

新疆乌鲁木齐：在天山区建创业孵化基地，既为创业者提供场地、给予政策帮扶，还让在校大学生进行创业实习，为他们今后的创业积累经验。——新疆维吾尔自治区出台《自治区级创业孵化示范基地认定办法(试行)》的通知，《新疆维吾尔自治区党委　自治区人民政府关于进一步促进就业创业工作的意见》(新党发[2015]3 号)

3. 其他需要注意的事项

(1)出资相关方面：我国实行法定注册资本制，如果不是以货币资金出资，而是以实物、知识产权等无形资产或股权、债权等出资，还需了解有关出资、资产评估等法规规定。

(2)会计财务税收方面：企业设立后，需要税务登记、会计人员处理财务，这其中涉及税法和财务制度，需要了解企业缴纳哪些税，如营业税、增值税、所得税等，还需要了解哪些支出可以进成本，开办费、固定资产怎么摊销，等等。

(3)劳动人事方面：开办企业聘用员工，这其中涉及劳动法和社会保险问题，需了解劳动合同、试用期、服务期、商业秘密、竞业禁止、工伤、养老金、住房公积金、医疗保险、失业保险等诸多规定。

(4) 知识产权方面：需处理知识产权问题，既不能侵犯别人的知识产权，又要建立自己的知识产权保护体系，需了解著作权、商标、域名、商号、专利、技术秘密等各自的保护方法。

二、创业意识及其培养

创业的成功是思想上长期准备的结果，如果没有强烈的创业意识，就不容易克服创业道路上的艰难险阻。事业的成功总是属于在思想上有所准备的人，创业成功也属于有创业意识的人。

(一) 大学生创业意识

创业意识是指在创业实践活动中对人起动力作用的个体倾向，包括需要、动机、兴趣、思想、信念、人生观、价值观和世界观等心理成分。

创业意识支配着创业者对创业活动的态度和行为，规定着创业者的态度及行为的方向和力度，具有较强的选择性和能动性，是创业基本素质的重要组成部分。

1. 自主意识　任何一个创业者，必须有自主观念，都应该坚信不是命运主宰自己，而是自己主宰命运，都能够自己选择自己的道路，自己对自己的行为负责。

创业者首先要走出依附于他人的生活圈子，走上独立的生活道路。没有独立性就免谈创业。只有在学习和实践中逐渐走出模仿他人的圈子，形成自己独有的思维模式，才有可能形成自己独立的特色，成为自主的人，具有创造性的人。

自主意识主要体现在：①自主抉择，即在选择创业目标时有自己的见解和主张；②自主行为，即在行动上很少受他人影响和支配，能按自己的主张将决策贯彻到底；③行为独创，即能够开拓创新，不因循守旧。

2. 创新意识　创业的基础和核心是创新。创新能为企业带来活力。创业之初，项目要有特色，才能使企业在激烈的竞争中站住脚；创业成功之后，要根据自己的经验和实力，敢于引进创新型的新项目。

观念的创新是基础，思想观念的创新应渗透于工作、学习、生活和一切社会事务中，使创新成为我们的自觉行动和永恒主题；方法的创新是关键，明确了目标，找准了方向，我们就要下大力不折不扣地一以贯之。因此要全力推行求真务实、注重实效的工作方法，要大力提倡工作方式、工作手段的创新；制度的创新是灵魂，创新的种子要发芽生长，需要适宜的气候和环境。发展创新文化、培育创新精神，需要观念的支撑和方法的执行，更呼唤制度的保障。

3. 合作意识　合作意识是指个体对共同行动及其行为规则的认知与情感，是合作行为产生的一个基本前提和重要基础。它指的是能设身处地地为他人着想，善于理解对方，体谅对方，善于与他人合作共事的心理品质。善于合作，不仅能从工作中找到乐趣，而且也能从生活中找到乐趣。

在创业过程中，合作包含两个方面：一是与外部单位的合作，创业者需要与客户打交道，与媒体打交道，与销售商打交道，这要求创业者在创业活动中要有长远打算；二是与内部员工的合作，创业者在利益分配上要公平、合理，学会与员工及合作伙伴交流。这些交往、沟通可以排除创业过程中的障碍，化解矛盾，增加信任感，加强团体内部情感上的沟通，有助于创业的成功。

成功的创业者大多数是善于与各种人打交道的社会活动家，他们积极主动地与人交流、合作、通过合作取长补短，通过交流获得信息。合作意识是随着人整个心理和行为活动能力的增强而逐渐发展的，但并不一定随着年龄的增长而提高。

4. 竞争意识　创业诞生于竞争之中，没有竞争，也就没有创业的活力。创业者只有具备竞争意识，才能在现代社会的竞争中捷足先登。

竞争包括外在竞争和内在竞争两方面。外在竞争即同他人的竞争，内在竞争即同自己的竞争。超越他人首先须超越自己，战胜自我才是真正意义上的竞争意识。

5. 风险意识　所谓风险就是指由于投资和生产经营者掌握的信息往往不够充分，或存在着不确定因素的影响，致使其投资和生产经营的收益具有不确定性。在市场经济大潮中，机会与风险共存。只要从事创业活动，就必然会有某种风险伴随，且事业的范围和规模越大，伴随的风险也越大，需要承受风险的心理负担也就越大。高风险主要来自三个方面：技术风险、市场风险与管理风险。但在许多情况下，风险中也蕴藏着潜在机会和利润。

成功的创业者总是事先对成功的可能性和失败的风险性进行分析比较，选择那些成功可能性大而

失败可能性小的目标而采取行动。因此,作为创业者在创业过程中必须有风险意识和防范风险的意识。

6. 信誉意识 信誉是指信用和名声。创业者的信誉意识直接体现为其企业的信誉意识。企业的信誉意识主要是由创业者主导。所谓信誉意识是指企业在其活动中认真争取和维护公众信任的自觉信念。

在市场经济竞争十分激烈的今天,创业者不仅在商品品种、质量、价格等方面有竞争力,而且还要在信誉方面体现竞争力。从某种意义上说,信誉是经营者的商标,是经营者的生命。忽视了信誉,事业将很难有较大的拓展。

7. 法律意识 法律意识表现为人们对法律规范和法律行为的把握、评价和态度。市场经济本身也是法治经济,其正常运转需要一整套科学并能严格执行的法律法规。创业者增强法律意识可使自己的企业依据市场经济规律合法经营,减少不必要的权益纠纷,同时可以运用法律意识及相关法律知识,使自己企业的合法权益得到法律保护。

8. 敬业意识 中华民族历来有"敬业乐群""忠于职守"的传统,敬业是中国人民的传统美德。敬业精神是人们基于对一件事情、一种职业的热爱而产生的一种全身心投入的精神,是社会对人们工作态度的一种道德要求。它的核心是无私奉献意识。低层次的即功利目的的敬业,由外在压力产生;高层次的即发自内心的敬业,把职业当作事业来对待。

敬业精神需要创业者有巩固的专业思想,热爱本职工作,忠于职守,持之以恒;有强烈的事业心,尽职尽责,全心全意为人民服务;有勤勉的工作态度,脚踏实地,无怨无悔;有旺盛的进取意识,不断创新,精益求精;有无私的奉献精神,公而忘私,忘我工作。

(二) 创业意识的培养

培养创业意识,需要个人、学校、社会三方共同努力。

1. 个人方面 大学生必须要有崇高的理想和志向,在学习过程中不怕困难和挫折,严于律己,同时积极参加各种实践活动,在确立目的、制订计划、选择方法、执行决定和开始行动的整个实践活动中,实现意志、目的,锻炼意志、品质,通过在创业过程中的竞争和锻炼,增长才能,以求得综合能力的提高。

2. 学校方面 构建合理的创业教育体系,将创业教育与大学生思想品德教育有效结合起来,使学生不断建立科学实际的创业理念。具体来说,就是充分利用各种实践科目,锻炼和提高学生的实践能力,开展模拟活动,优化创业教育环境,提供实践平台,培养学生的组织能力与协作能力,丰富创业经历,理论联系实际,引导大学生找到适合自己的创业道路。

3. 社会方面 以围绕素质教育和创新人才培养为着力点,积极支持和帮助高校开展创业教育,提供大学生到企业学习实践的平台和机会,帮助大学生掌握更多的创业技能,形成以地方资源推进学校创新创业教育的良性互动。

三、创业环境与条件分析

创业应具备的条件可以分为内部条件与外部条件。外部条件是指与社会、文化、环境、政府等外部条件相关的创业条件,又可分为宏观条件与微观条件;内部条件是指创立一个企业所应具备的基本条件。

(一) 创业的宏观环境

无论从事个体经营,还是创办私营企业,都必然处于国家的一个大环境中进行经营。因此,创业主体必须对社会大环境有一个整体的把握,如政法环境、经济环境、文化环境、自然环境、技术环境等。

1. 政法环境 政法环境是由影响和制约企业营销活动的政治和法律因素所构成,通常包括党和政府制定的有关方针、政策、法律、法令、条例以及社会政治局势。

(1) 政治环境因素:主要指国家的政治形势、管理体制的变化因素,它对创业活动往往产生巨大影响。政局稳定会促进经济繁荣,反之则阻碍经济发展。政策研究是政法环境的重要内容。党和国家在不同的历史时期制定了不同的经济政策,这些经济政策常常直接对企业的经济行为发挥作用,产生市场机会和导向。而宏观调控政策、资金紧缩政策等也可能给创业者带来一定风险。所以对于与创业有关的国家政策要给予足够的重视。

(2)法律环境因素:即国家有关经济、环保、广告、消费者保护、食品卫生、产品质量、商标、专利、劳动保障等法律保障因素。世界各国都通过颁布法令法规来制约企业的经营活动,从而形成法律环境。国家的有关法律、法令、法规、条例,特别是经济法规,调节着企业与社会方方面面的经济关系,保证了企业间的公平交易和平等竞争,规范了企业的市场经营活动。

2. 经济环境　即国家或地区经济发展总体水平、收入分布状况、生活水平、人员状况、经济结构、产业结构、利率、汇率、原料供应和能源供应状况等因素。

例如,随着国民经济的发展、人们购买力水平的不断提高,从20世纪80年代末期逐步出现了从卖方市场向买方市场转化的趋向。再如,经过几十年的改革开放,我国正逐步由计划经济体制向社会主义市场经济体制过渡,各企业逐步建立现代企业制度。这些变化要求创业者必须改变经营思想和经营方式,适当调整商品生产和销售的时机、地点、价格,在信息传递、目标市场、售后服务等方面都要与经济环境相适应,否则会影响企业的发展及收益。

国家宏观经济状况和发展趋势常常是创业主体在创业过程中的重要依据。对这一因素进行认真分析可以准确地预测将来的发展趋势,以便调整创业战略。

3. 文化环境　即社会的文化风貌,如价值观、价值标准、风俗习惯、生活方式、消费心理等因素,这些因素对创业活动会产生很大影响。

文化环境体现在社会文化教育的总水平,如人们的价值观念、审美观念、风俗习惯、道德观念及精神境界等方面。文化环境影响着消费者的购买心理,潜移默化地规划着人们的社会生活方式和行为准则。因此,企业必须了解目标市场的文化环境,以便采取相应的经营策略,开发适销对路的产品或服务。

4. 自然环境　企业经营不但需要一定的社会经济条件,更重要的还要有一定的自然条件。自然环境与自然资源有着密切的关系。人类长期的生产实践证明,自然资源的丰富程度和分布状况是政府制定经济发展战略的重要依据,同样,也是一个企业制定其市场经营战略的方向。

5. 技术环境　即技术发展动态、本人的专业特长、竞争对手应用技术的情况、国家的技术投资重点和倾斜政策、专利保护、技术转移及商品化速度、技术创新带来的经济效益等因素。

科学技术是第一生产力。通过技术创新和技术进步来推动经济的发展已经成为一种世界性的潮流。在市场竞争日趋激烈的今天,谁能首先拥有和利用新的技术,并迅速将其转化为商品满足市场的新需求,谁就能在市场中立于不败之地。所以,作为创业者必须特别注意国内外科技发展的新变化及新趋势。

6. 社会环境　社会环境包括人口状况、社会阶层、相关群体等因素,它是企业目标市场定位的重要依据。

(1)人口状况:人口的年龄结构、分布、人口密度、流动性等状况,会对市场需求格局产生深刻影响。因为,市场是由那些想购买产品同时又具有购买力的人构成的。所以,创业者应当密切注意企业所处社会环境下的人口特征及其发展动向,不失时机地辨明和利用人口状况带来的市场机会,及时、果断地调整市场经营活动。

(2)社会阶层:是指将社会成员按照收入、财产、文化水平、职业和社会名望等社会标准,划分成的若干社会等级。同一阶层通常有相同的价值观念、生活方式和相似的购买行为。将自己的目标市场准确地定位于某一社会阶层,往往是创业者的成功之道。

(3)相关群体:是指与购买者有社会联系的个人或团体。相关群体由于存在攀比、仿效等消费倾向,往往制约着某一消费者群体对产品品种、商标和使用方式的选择,引起该群体购买方式的趋同性。所以,相关群体的分析也有助于经营者扩大市场,从而增加企业的收益。

(二) 创业的微观环境

微观环境,即创业主体在创业活动中所面临的企业竞争环境、市场需求状况和产品价格及其生命周期的状况。

1. 竞争环境　研究竞争环境主要是为了分析竞争对手的数量、经营情况、竞争能力、企业规模、技术水平、技术装备、在市场中的口碑及其经营策略等方面。

通过对竞争对手的上述分析,创业者可以发现自己的创业机会,从而制定切实可行的创业战略。

2. 市场需求环境　随着购买力的提高，人们的需求层次将由注重食品的消费，转向注重穿、住、用等方面的消费。因此，对市场需求环境的分析，主要是研究创办企业所处的市场条件以及目标消费群在需求上的特点，从现有的市场需求信息中归纳出发展趋势，以便为创业做出决策。

3. 产品价格及生命周期　任何产品从开始试制、投入市场，到被市场淘汰，都有一个产生、发展、消亡的过程，这个过程称为产品的生命周期。创业者应该注重对产品生命周期的分析，否则就跟不上时代的步伐，过时的服务或产品会迅速被市场淘汰，所以忽视这方面的分析，有时会给自主创业带来致命的打击。

4. 创业机会　创业机会分析是指要通过预测创业风险有多大、风险来自哪个方面，并根据风险性质制订不同的实施方案，从而确定自己的目标市场并为之量身打造专门的服务或商品。自主创业是在商业机会中产生的，创业者只有具备了敏锐的观察力才能在激烈的市场竞争中发现创业机会并形成创意构想。

那么如何发现创业机会呢？根据一些大学生成功创业的经验，发掘创业机会的方法大致可以归纳为：分析环境的变化、发现新知识的产生与应用、抓住消费心理及习惯的变化等。

此外，通过分析矛盾现象、产业与市场结构变迁的趋势、新知识的产生，也能够发掘创业机会。例如，在国营事业民营化与公共部门产业开放市场自由竞争的趋势中，创业者可以在交通、通信、能源产业中发掘极多的创业机会。

阻碍大学生创业的因素很多，除了资金的要求外，还有创业风险大、回报周期长、可选择行业少、经营管理经验缺乏等问题。所以，大学毕业生创业一般选择与所学专业相关、风险小、投资少、创业门槛比较低的项目。

（三）创业的内部条件

创办企业的内部条件包括资金条件、人员条件、物资条件以及其他条件，这些内部条件相互关联、互相制约。创办一个企业实际上是在完成一项系统工程，需要设立专门的筹建班子，制订周密的计划，有步骤、有秩序地逐步构建这项系统工程。

1. 资金条件　企业开始运作后，需要有大量的流动资金维持其日常开支，否则企业正常的经营活动就会受到影响。创业者必须考虑需要多少资金，在什么时候需要这些资金。一般来讲，至少要准备公司营运 3 个月所需的资金，能够让公司在遭遇淡季或者大客户延迟付款时安然度过。

资金不足往往是大学毕业生创业的最大困难之一。筹措资金的渠道主要有银行贷款、与他人合伙以及寻找投资公司进行投资三种方式。对于大学毕业生来说，更提倡通过一段时间的打工自己积累资金，因为这样不但能同时获得熟悉本行业经营管理、建立人际关系网络的机会，而且也会更加慎重地考虑创业投入，防止大手大脚，白白浪费资金。创业的首要条件就是资金条件，能否筹措到足够的资金，往往是制约企业创办成功与否的重要因素。

2. 人员条件　人员条件包括对创业者自身条件的分析，也包括对创业团队的条件分析。

(1) 创业者个人条件分析：个人条件主要体现在创业者的专业知识能力与创业能力以及创业者的性格要素。性格可以主导人生，人也可以改变性格。调查显示，具有较强的自信心和创造精神，善于克制和忍耐、情绪稳定、有责任感和积极面对人生、喜欢挑战、勇于承担风险、公道正派的人更适合自主创业。相反，缺少职业意识、优越感过强、僵化死板、感情用事、固执己见等性格会阻碍自主创业。

(2) 创业团队条件分析：人是生产力中最活跃的要素，创办任何事业，都离不开人这一生产要素。在企业创办伊始，不仅要解决人员的来源问题，还要运筹好骨干力量的配备，并且要对各类骨干人员、技术工人进行培训，以达到上岗要求。团队条件主要是指能否团结合作和优劣互补。

组建创业团队是为了在市场竞争中能有效地进行技术创新与经济管理的互补，保证创业团队形成最大的合力，一旦确定创业目标，则应该根据自己的优点、劣势，寻找和自己有共同意向，同时能互补的合作伙伴。

寻找合作伙伴应注意以下几点：①家庭内的合伙并不意味着家族内的每个成员都可能成为事业上的搭档，朋友间的合伙也不是说所有的朋友都是理想的合伙人。选择合伙人，先要选定经营目标，再根据经营目标选择能跟自己互补的人作为搭档。②重承诺、守信用的人，志同道合者、能补己之短者，有德有才者，可以成为一个好的合伙人。③只说不做的人，眼高手低的人，没远见的人，害怕挫折、

知难而退的人，千万不能选做搭档，不管是亲戚还是朋友，决不能讲情面。

3. 物资条件　创办企业所需的物资主要是指企业进行生产的对象和工具，包括基本建设的土建材料、机械设备、安装机器设备的工具，以及投入生产后所需的原材料、燃料、协作件、配件等。创业能否取得成功，也在于企业所需的物资能否得到源源不断地供应。

4. 其他条件　其他条件主要指企业应该创造良好的生产环境，防止废气、废渣、废水等排泄物污染环境。如果“三废”的排放不符合规定的标准，就应该建立“三废”处理站。还要防止噪音干扰附近居民的正常生活。总之，创办的企业要合法，要争取社会和政府部门的支持。

四、创业机会的识别与评估

创业机会即商业机会或市场机会，是指有吸引力的、较为持久和适时的一种商务活动的空间，并最终体现在能够为顾客创造价值或增加价值的产品或服务中。好的创业机会，必然具有特定的市场定位，专注于满足顾客需求，同时能为顾客带来增值的效果。创业需要机会，机会要靠发现。创业难，发掘创业机会更难。

（一）创业机会的识别

要想寻找到合适的创业机会，创业者应识别或辨别以下创业机会：

1. 现有市场机会和潜在市场机会　市场机会中那些明显未被满足的市场需求称为现有市场机会，那些隐藏在现有需求背后的、未被满足的市场需求称为潜在市场机会。现有市场机会表现明显，往往发现者多，进入者也多，竞争势必激烈。潜在市场机会则不易被发现，识别难度大，往往蕴藏着极大的商机。

2. 行业市场机会与边缘市场机会　行业市场机会是指某一个行业内的市场机会，而在不同行业之间的交叉结合部分出现的市场机会被称为边缘市场机会。一般而言，人们对行业市场机会比较重视，因为发现、寻找和识别的难度系数较小，但往往竞争激烈，成功的概率也低。而在行业与行业之间出现“夹缝”的真空地带，往往无人涉足或难以发现，需要有丰富的想象力和大胆的开拓精神，一旦开发，成功的概率也较高。比如，人们对于饮食需求认知的改变，创造了美食、健康食品等新兴行业。

3. 目前市场机会与未来市场机会　那些在目前环境变化中出现的市场机会称为目前市场机会，而通过市场研究和预测分析它将在未来某一时期内实现的市场机会称为未来市场机会。如果创业者提前预测到某种机会会出现，就可以在这种市场机会到来前早做准备，从而获得领先优势。

4. 全面市场机会与局部市场机会　全面市场机会是指在大范围市场出现的未满足的需求，如国际市场或全国市场出现的市场机会，着重于拓展市场的宽度和广度。而局部市场机会则是在一个局部范围或细分市场出现的未满足的需求。在大市场中寻找和发掘局部或细分市场机会，见缝插针，拾遗补阙，创业者就可以集中优势资源投入目标市场，有利于增强主动性，减少盲目性，增加成功的可能。

（二）把握创业机会

创业者不仅要善于发现机会，更需要正确把握并果敢行动，将机会变成现实的结果。

1. 着眼解决问题把握机会　机会并不意味着无需代价就能获得，许多成功的企业都是从解决问题起步的。所谓问题，就是现实与理想的差距。比如，顾客需求在没有满足之前就是问题，而设法满足这一需求，就抓住了市场机会。

2. 利用环境变化把握机会　变化中常常蕴藏着无限商机，许多创业机会产生于不断变化的市场环境。环境变化将带来产业结构的调整、消费结构的升级、思想观念的转变、政府政策的变化、居民收入水平的提高等，人们透过这些变化，就会发现新的机会。比如，国家对中医药的立法，使得广大中医学子在毕业时开办个人诊所变为可能。任何变化都能激发新的创业机会，需要创业者凭着自己敏锐的嗅觉去发现和创造。

3. 跟踪技术创新把握机会　世界产业发展的历史告诉我们，几乎每一个新兴产业的形成和发展，都是技术创新的结果。产业的变更或产品的替代，既满足了顾客需求，同时也带来了前所未有的创业机会。比如，电脑诞生后，软件开发、电脑维修、图文制作、信息服务和网上开店等创业机会随之而来。任何产品的市场都有其生命周期，产品会不断趋于饱和达到成熟直至走向衰退，最终被新产品所替

代，创业者如果能够跟紧产业发展和产品替代的步伐，通过技术创新则能够不断寻求新的发展机会。

4. 寻找客户需要把握机会 创业机会存在于为顾客创造有价值的产品或服务中，而顾客的需求是有差异的。创业者要善于找出顾客的特殊需要，盯住顾客的个性需要并认真研究其需求特征，这样才可能发现和把握商机。所以，创业者要克服从众心理和传统习惯思维的束缚，寻找市场空白点或市场缝隙，从行业或市场在矛盾发展中形成的空白地带把握机会。

5. 捕捉政策变化把握机会 中国市场受政策影响很大，新政策出台往往引发新商机，如果创业者善于研究和利用政策，就能抓住商机站在潮头。事实上，从政策中寻找商机并不仅仅表现在政策条文所规定的表面，随着社会分工的不断细化和专业化，政策变化所提供的商机还可以延伸，创业者可以从产业链在上下游的延伸中寻找商机。

6. 弥补对手缺陷把握机会 很多创业机会是缘于竞争对手的失误而“意外”获得的，如果能及时抓住竞争对手策略中的漏洞而大做文章，或者能比竞争对手更快、更可靠、更便宜地提供产品或服务，也许就找到了机会。为此，创业者应追踪、分析和评价竞争对手的产品和服务，找出现有产品存在的缺陷，有针对性地提出改进方法，形成创意，并开发具有潜力的新产品或新功能，就能够出其不意，成功创业。

（三）创业机会评估

针对创业机会的市场与效益面，提出一套评估准则，并说明各准则因素的内涵，目的是为创业者投入创业开发时的决策作参考。

1. 市场评估准则

(1) 市场定位：一个好的创业机会，必然具有特定的市场定位，专注于满足顾客需求，同时能为顾客带来增值的效果。因此评估创业机会的时候，可由市场定位是否明确、顾客需求分析是否清晰、顾客接触通道是否流畅、产品是否持续衍生等，来判断创业机会可能创造的市场价值。创业带给顾客的价值越高，创业成功的机会也会越大。

(2) 市场结构：针对创业机会的市场结构进行分析，包括进入障碍，供货商、顾客、经销商的谈判力量，替代性竞争产品的威胁，以及市场内部竞争的激烈程度。由市场结构分析可以得知新企业未来在市场中的地位，以及可能遭遇竞争对手反击的程度。

(3) 市场规模：市场规模大小与成长速度，也是影响新企业成败的重要因素。一般而言，市场规模大者，进入障碍相对较低，市场竞争激烈程度也会略为下降。如果要进入的是一个十分成熟的市场，那么纵然市场规模很大，由于已经不再成长，利润空间必然很小，因此这项新企业恐怕就不值得再投入。反之，一个正在成长中的市场，通常也会是一个充满商机的市场，所谓水涨船高，只要进入时机正确，必然会有获利的空间。

(4) 市场渗透力：对于一个具有巨大市场潜力的创业机会，市场渗透力（市场机会实现的过程）评估将会是一项非常重要的影响因素。聪明的创业者知道选择最佳时机进入市场，也就是市场需求正要大幅成长之际，已经做好准备，等着接单。

(5) 市场占有率：从创业机会预期可取得的市场占有率目标，可以显示新创公司未来的市场竞争力。一般而言，要成为市场的领导者，最少需要拥有 20% 以上的市场占有率。但如果低于 5% 的市场占有率，则这个新企业的市场竞争力自然不高，也会影响未来企业上市的价值。尤其是高科技产业，新企业必须拥有成为市场前几名的能力，才具有投资价值。

(6) 产品的成本结构：产品的成本结构，也可以反应新企业的前景是否广阔。例如，从物料与人工成本所占比重之高低、变动成本与固定成本的比重，以及经济规模产量大小，可以判断该企业创造附加价值的幅度及未来可能的获利空间。

2. 效益评估准则

(1)合理的税后净利：一般而言，具有吸引力的创业机会，至少需要能够创造 15% 以上的税后净利。如果创业预期的税后净利在 5% 以下，那么这就不是一个好的投资机会。

(2)达到损益平衡所需的时间：合理的损益平衡时间应该能在 2 年以内达到，但如果 3 年还达不到，恐怕就不是一个值得投入的创业机会。不过有的创业机会确实需要经过比较长的耕耘时间，通过这些前期投入，克服进入障碍，保证后期的持续获利。在这种情况下，可以将前期投入视为一种投资，才

能容忍较长的损益平衡时间。

(3)投资回报率：考虑到创业可能面临的各项风险，合理的投资回报率应该在25%以上。一般而言。15%以下的投资回报率，是不值得考虑的创业机会。

(4)资本需求：资金需求量较低的创业机会，投资者一般会比较欢迎。事实上，许多个案显示，资本额过高其实并不利于创业成功，有时还会带来稀释投资回报率的负面效果。通常，知识越密集的创业机会，对资金的需求量越低，投资回报反而会越高。因此在创业开始的时候，不要募集太多资金，最好通过盈余积累的方式来创造资金。而比较低的资本额，将有利于提高每股盈余，并且还可以进一步提高未来上市的价格。

(5)毛利率：毛利率高的创业机会，相对风险较低，也比较容易取得损益平衡。反之，毛利率低的创业机会，风险则较高，遇到决策失误或市场产生较大变化的时候，企业很容易遭受损失。一般而言，理想的毛利率是40%。当毛利率低于20%的时候，这个创业机会就不值得再予以考虑。软件业的毛利率通常都很高，所以只要能找到足够的业务量，从事软件创业在财务上遭受严重损失的风险相对较低。

(6)策略性价值：能否创造新企业在市场上的策略性价值，也是一项重要的评价指标。一般而言，策略性价值与产业网络规模、利益机制、竞争程度密切相关，而创业机会对于产业价值链所能创造的价值效果，也与它所采取的经营策略与经营模式密切相关。

(7)资本市场活力：当新企业处于一个具有高度活力的资本市场时，它的获利回收机会相对也比较高。不过资本市场的变化幅度极大，在市场高点时投入，资金成本较低，筹资相对容易。但在资本市场低点时，投资新企业开发的诱因则较低，好的创业机会也相对较少。不过，对投资者而言，市场低点的成本较低，有的时候反而投资回报会更高。一般而言，新创企业的活跃的资本市场比较容易创造增值效果，因此资本市场活力也是一项可以被用来评价创业机会的外部环境指标。

(8)退出机制与策略：所有投资的目的都在于回收，因此退出机制与策略就成为一项评估创业机会的重要指标。企业的价值一般也要由具有客观评价能力的交易市场来决定，而这种交易机制的完善程度也会影响新企业退出机制的弹性。由于退出的难度普遍要高于进入，所以一个具有吸引力的创业机会，应该要为所有投资者考虑退出机制，以及推出的策略规划。

第三节　医学生创业的实施

就大学生个人而言，创业是人生中的一件大事，存在着相当程度的风险。所以，创业不能冒然行事，在创业前应该做好创业的准备工作。

创业准备是创业者进入创业实践前所经历的物质力量和精神力量的聚集过程，它为日后的创业实践奠定了物质基础和思想基础。因此，创业准备应包括精神准备和物质准备。创业的物质准备，主要包括创业信息的收集、创业项目的选定、创业计划的策划、创业融资的组织、创业团队的组合、创业风险的规避等内容，需要指出的是，不同类型的创业项目，准备阶段也各不相同。

一、信息收集与处理

信息收集是创业的重要环节。在明确了创业构思，确定了创业方向后，创业者就应该有目的地收集相关行业的信息。如果打算开一家网络公司，那么网络公司方面的新闻、政策或者技术发展方向就应该成为关注的目标。这些信息可以从互联网、电视或者报纸等媒体获得。需要注意的是，即使仅仅针对一个创业方向，也会有无数的信息。要想从这些海量的信息中获取有价值的信息，在信息收集过程中应该遵循以下原则：

1. 在采集信息前制定一定的标准，不可抱着“宁多勿缺”的原则，毫无标准地收集大量信息，这会给后期的信息整理带来许多麻烦。

2. 信息采集要有目的性，不能所有的信息都采集；收集过程中也要讲求“轻重缓急”，先收集重要的信息，有时间的话再收集其他信息。

3. 信息收集要全面、真实、可靠。

4. 收集的信息应该含量大、价值高。

5. 收集的信息要保持系统性和连续性。

信息收集后，要本着准确、及时、系统、经济、浓缩的原则对其进行处理，首先要将这些杂乱无章的、处于原始状态的信息按内容、时间、目的、要求等进行分类，接着通过比较或者其他方法发现其中的规律，比如经济活动的变化趋势等，最后就是依据这些特点形成新的概念和结论，用于指导创业工作。

二、选择创业项目

大学生确定创业方向要根据自身的特点，找准落脚点。只有选择了合适的创业项目，创业才有了目标和方向，才有创业成功的可能。不同的行业对创业者知识、能力的要求不同，有的创业者可能在某一行业有出色的表现，在另一行业则难以成功。因此，创业者一定要根据自身的特点和行业的特点来合理定位。

(一) 创业项目选择的原则

从创业项目选择来看，通常需要遵循以下原则：

1. 知己知彼原则　创业活动，从某种意义上讲好比一场惊心动魄的战斗，创业者本人不但是这场战斗的战斗员，也是指挥员。为取得战斗的胜利，必须做到知己知彼。

所谓知己，就是创业者在选择项目之前，应该首先对自己的状况有一个清楚的认识和判断。例如自己可以提供多少创业资金，有哪些从业经验和技能专长，自己的兴趣和爱好是什么，社会关系状况如何，自己在性格上有哪些优势和弱点，家庭成员是否支持等。从创业者本人的角度看，“知己”越深入，越详尽，就越容易找到适合自己的项目，越能提高创业成功率。

所谓知彼，就是要了解创业所在地的社会经济环境，当地市场的竞争强度，包括拟选择项目所在行业的竞争者数量、规模、实力水平等。同时，要认真分析当地的发展政策，包括产业结构政策、金融政策、税收政策、就业政策等；当地的消费环境，例如居民的购买力水平、购买力投向、购买习惯等。例如，若选择销售保健品作为创业项目，首先就必须分析这一行业的竞争者数量、规模和实力水平，以及消费者对保健品的消费水平、接受程度等。

深入考察创业环境能够帮助创业者开阔视野，敏锐捕捉到市场机会，增强项目选择的合理性。

2. 自有资源优先原则　创业者在研究了创业环境之后，应该从中选出重点利用和开发的资源，选择应贯彻自有资源优先原则。

所谓自有资源，就是创业者本人拥有的或自己可以直接控制的资源，包括专有技术、行业从业经验、经营管理能力、个人社会关系、私有物质资产等。俗话说，“隔行如隔山”，因此创业者应尽量选择与自己的专业、学识、经验、兴趣、特长、性格相吻合的项目，选择自己的经济能力可以承受的项目。

作为医学生来说，医学专业的资源、医学健康领域的人际关系等都是较有优势的资源，若依托专业优势资源进入医药卫生、健康行业，将具有较大的优势。

3. 量入为出原则　财务问题，是创业成功与否的重要问题，所以量入为出是创业者必须切实遵循的一个原则。主要涉及项目启动资金量是否可以承受，后续资金投入能否跟上，还要考虑项目投入中固定资产和流动资产的合理比例，必须做到统筹协调，不能顾此失彼。

选择项目时应该根据自己的技术、经济能力选择适合发展的项目，切不可贪大求全。

4. 短平快原则　由于大学生创业先天条件不足，创业者在创业之前普遍缺乏资金、客户等资源，因此为尽快脱离创业“初始危险期”，使项目进入良性循环，在同等条件下，应优先考虑那些“短平快”项目。这样，一方面可以迅速收回投资，降低投资风险；另一方面，即便项目后期成长性不好，创业者也可以选择维持经营或后期主动退出，利用掘到的“第一桶金”另寻出路。

对于医学生来说，依托所拥有的技术等进行创业，比如进行医疗器械、药品等的经营和销售，相对比较“短”和“快”。

此外，创业者应详细了解所选项目的发展前景，要考察所选项目是否适合市场，是否有发展前景，切不可盲目行事。虽说创业市场商机无限，各种创业信息随处可见，但创业者在选择创业项目的时候，

切不可不作深入考察就盲目投资。选准项目后最好在合适的时机介入，不可在行业已经达到饱和状态时再介入。

(二) 创业项目来源

对于医学生创业项目的选择和来源，可分为医学类创业项目来源和其他创业项目来源。

1. 医学类创业项目来源　如今创业市场商机无限，但对资金、能力、经验都有限的大学生创业者来说，在创业项目的选择上，相对来说具有一定的困难。在这种情况下，大学生创业只有根据自身特点，找准"切入口"，才能闯出一片真正适合自己的新天地。根据创业项目选择原则，医学类大学生可以从以下几个方面考虑创业项目来源。

(1)通过医学类实验及研究成果选择创业项目：实验及研究成果是指高校或各大研究机构自主研究开发的成果。医学生可以跟学校或者所属成果的老师洽谈合作，选择这些成果作为创业项目。这样在一定程度上将大大推进研究、教学和企业生产的衔接，加快实验及研究成果的转化进程，同时，减少了对于研究阶段的投入及其风险，只需投入生产，即可盈利。

(2)通过大学生创业构思及创业计划大赛成果选择创业项目：大学生的创业构思是创业项目的重要来源。现阶段许多机构都在举行大学生创业计划大赛，医学院校也积极地参与其中，也有很多医学类大学生参与大赛，这不但有利于激发大学生们的创业意识，培养他们的创新能力，而且促进了一些创业项目的诞生，有利于大学生创业计划的实施。在大学生创业计划大赛中获奖的项目，从某种程度上来说，是通过专家认真评审和筛选的，更具有可行性，同时，更容易获得风险投资等机构的支持。当前，有一些医学类大学生创业公司其前身便是大学生创业计划大赛的项目。

(3)通过各种医学发明和专利选择创业项目：发明和专利也是创业项目的重要来源。发明和专利都是具有创新的设想。发明创造一般是针对特有问题而提出的创新性解决方案或措施，在一定程度上给人们的生产、生活带来方便的思维成果；专利是受法律规范保护的发明创造。现在各个国家为了激励发明创造，制定了《专利法》来保护发明者，取得了较好的成效。发明创造成果如果被开发出来进行产业化生产，将会带来巨大的社会财富。个人发明专利的产业转化一般有两个途径：一个是等待企业来对专利项目进行考察，然后对专利使用权进行购买，从而利用新技术进行生产；另外一种就是专利持有人利用专利技术自己投资创业。因此，利用现有的发明专利进行创业是一个较为理想的选择。

(4)通过所学专业选择创业项目：医学类学生，尤其是医药类学生可以根据自身专业优势，结合医疗卫生保健市场需求，进行医学类专业创业活动。随着新医改的推进和人们预防保健意识的不断增强，医学类毕业生创业领域还是比较广阔的。①医学方面：可以开设保健咨询类网络服务、中医门诊部，甚至创立民营医院、健康咨询公司等。②护理学方面：可以开设老年护理院、护理专业培训机构和进行护理相关产品的开发等。③针灸推拿学方面：可以开设各类康复机构、保健推拿按摩院、足疗养生馆和进行产后保健服务等。④医疗美容专业方面：可以开设养生会所、美容店、化妆服务公司及进行美容化妆产品和护肤产品的开发服务等。⑤药学方面：可以创立药品代理商、小药店、进行营养配餐服务、药物研发技术服务公司，甚至利用自己的技术优势建立药厂等。

2. 其他创业项目来源　除了基于专业创业外、医学类大学生同样也可以尝试其他创业项目的选择。

(1)通过个人兴趣与特长选择创业项目：一个人只有选择了他喜欢做又有能力做的事情，他才会自觉地、全身心地投入到工作中去，并忘我地工作，才有可能在遇到困难和挫折时百折不挠，勇往直前，千方百计克服困难，实现创业目标。所以，选择自己感兴趣、有特长的项目是创业成功的基础。

(2)通过自身比较熟悉的行业选择创业：一般来说，创业者可以在自己熟悉的行业里选择创业项目，这样可以提高创业成功的把握度。大量的经验证明，许多工作需要的是熟悉，譬如校园小超市、数码小店和家教中心等，要深入地了解和熟悉行业的规律，加上勤奋和信心就能够在一定程度上取得创业的成功。

(3)选择连锁加盟企业进行创业：比如创办一个小餐厅、校园小型超市或者数码速印站等。连锁加盟企业的门槛相对低些，成功的概率大些。一般来说，大学生创业者资金实力较弱，适合选择启动资金不多、人手配备要求不高的加盟项目，从小本经营开始为宜。

(4)选择在校内或周边创业：例如开餐厅、咖啡屋、美发屋、书店等。大学生开店可以充分利用高校的学生顾客资源，且又熟悉同龄人的消费习惯，因此经营起来相对容易。

创业成功者的经验证明，创业项目选择的合适与否在很大程度上决定着创业的成败。选择创业项目，不仅要对自身的兴趣、特长、实力进行全方位的客观分析，而且要善于发现市场机会、把握未来发展趋势。选择创业项目是解决创业"干什么"的问题，通常要考虑的因素有对项目所属行业的熟悉程度、个人兴趣与特长、市场机会与把握能力、能够承担的风险、项目市场准入的政策法规等。

三、组建创业团队

创业团队，就是由少数具有技能互补的创业者组成，他们为了实现共同的创业目标和一个能使他们彼此担负责任的程序，共同为达成高品质的结果而努力的共同体。

因此，在组建创业团队时，需要具备五个重要的团队组成要素，称为"5P"。

1. 目标(purpose)　创业团队应该有一个既定的共同目标，为团队成员导航，知道要向何处去，没有目标这个团队就没有存在的价值。目标在创业企业的管理中以创业企业的愿景、战略的形式体现。

2. 人(people)　人是构成创业团队最核心的力量。三个及三个以上的人就形成一个群体，当群体有共同奋斗的目标就形成了团队。在一个创业团队中，人力资源是所有创业资源中最活跃、最重要的资源。应充分调动创业者的各种资源和能力，将人力资源进一步转化为人力资本。

目标是通过人员来实现的，所以人员的选择是创业团队中非常重要的一个部分。在一个团队中可能需要有人出主意，有人订计划，有人实施，有人协调不同的人一起去工作，还有人监督创业团队工作的进展，评价创业团队最终的贡献，不同的人通过分工来共同完成创业团队的目标。在人员选择方面要考虑人员的能力如何，技能是否互补，人员的经验如何。

3. 定位(place)　创业团队的定位包含两层意思：

第一，团队的定位。创业团队在企业中处于什么位置，由谁选择和决定团队的成员，创业团队最终应对谁负责，创业团队采取什么方式激励下属。

第二，个体(创业者)的定位。作为成员在创业团队中扮演什么角色，是制订计划还是具体实施或评估；是大家共同出资，委派某个人参与管理还是大家共同出资，共同参与管理，或是共同出资，聘请第三方(职业经理人)管理。这体现在创业实体的组织形式上，是合伙企业或是公司制企业等。

4. 权限(power)　创业团队中领导者的权力与其团队的发展阶段和创业实体所在行业相关。一般来说，创业团队越成熟，领导者所拥有的权力相应越小。在创业团队发展的初期领导权相对比较集中，创业成熟期多数是实行民主的管理方式。

5. 计划(plan)　计划有两层含义：首先，目标最终的实现需要一系列具体的行动方案来保证，可以把计划理解成达到目标的具体工作程序。其次，按计划进行可以保证创业实施的进度。只有在计划的操作下，创业团队才会一步一步地贴近目标，从而最终实现目标。

自主创业要处理的事情面广、量大，靠一个人的力量很难有效地应对。组建创业团队则能实现优势互补，有时还能解决资金短缺的问题，如大学生提供技术，合伙人提供资金等。在组建创业团队时，应注意创业团队成员的性格搭配、角色分工以及股权分配等问题。一个好的团队可以形成强大的合力，增强企业的市场竞争力。

四、编制创业计划书

(一) 创业计划书的概念

创业计划书又叫商业计划书，是对所选创业项目的调查和论证，是为说服合作伙伴、潜在投资者、风险投资公司以取得合作支持或风险投资而提供的可行性商业报告。依据市场提供的信息，创业者要详细描述所选项目存在的机会，阐述创立公司把握这一机会的进程，说明所需要的资源，揭示风险和预期回报，并提出行动建议。由于创业计划书是面向可能的投资人、供应商、合作伙伴、政策机构等，因此创业计划书的编写应该清晰易读，即便没有技术背景的人也能读懂。

(二) 创业计划书的作用

创业计划书是整个创业过程的灵魂，记载了有关创业的多方面的内容，包括事业描述、产品服务、

市场分析、竞争分析、市场营销、风险分析、管理、投资回报与经营预测、财务分析等。应该说创业计划书在创业过程中担当着重要的角色，起着至关重要的作用。

首先，一份好的创业计划书可以帮助创业者理清思路、准确定位。著名投资家克雷那说："如果你想踏踏实实地做一份工作的话，写一份创业计划，它能迫使你系统地思考。有些创业可能听起来很棒，但是当你把所有的细节和数据写下来的时候，你自己就崩溃了。"一个酝酿中的项目往往很模糊，通过制订创业计划书，把创业过程中可能面临的问题写下来，之后再逐条推敲，这样创业者就能对这一项目有更清晰地认识。由于创业计划书涉及多个方面，创业者在编写的过程中更容易发现哪里存在问题，哪里还需要加强等。

其次，一份好的创业计划书可以更好地向投资者展示创业者的想法，以获得投资支持。编写创业计划书的目的不仅仅是使创业者对自己选择的创业项目有更深层次的认识，更重要的是向可能的潜在的投资者或融资对象很好地展示项目的可行性与良好的预期收益，从而获得投资支持。创业计划书的好坏，往往决定了投资交易的成败。对初创的风险企业来说，创业计划书的作用尤为重要，成功的创业计划书可以把计划中的风险企业推销给风险投资家，从而筹集到创建企业所需的资金。

第三，一份好的创业计划书可以为未来的行动作指导。由于创业计划书包含多方面的内容，因此在日后的经营管理中，创业者可以以此来引导企业发展，避免走上不科学的发展途径，减少失误，增加创业成功的概率。

（三）创业计划书的编写及内容

创业计划书的编写一般按照相对标准的文本格式进行，可以在互联网上找到许多创业计划书的模板。

通常来说，创业计划书都应遵从"6C"规范。所谓6C规范就是Concept（概念）、Customers（顾客）、Competitors（竞争者）、Capabilities（能力）、Capital（资本）、Continuation（持续经营）。Concept（概念）就是要告诉别人你卖的产品、你提供的服务是什么；Customers（顾客）就是要明确你的潜在顾客是哪些，是儿童还是女性或者其他，是年轻女性还是高级白领等；Competitors（竞争者）就是要知道你的竞争者是哪些，你提供的产品和服务与竞争者相比存在哪些竞争优势；Capabilities（能力）就是对自己的能力有清醒的认识，对选择的项目自己有没有能力经营好；Capital（资本）就是对项目需要的资金有清楚的认识，通过什么途径可以更好地获得资金等；Continuation（持续经营）就是项目在启动后如何更好地、持续地经营下去。

创业计划书一般包括摘要、综述、附录三部分。摘要是创业计划的概括，包括两至三页内容，附录部分主要是诸如营业执照影印本、专业术语说明、主要产品目录等一些附件。综述部分是企业计划书的核心部分，是对项目的详细论证，主要包括事业描述、产品服务、市场分析、竞争分析、市场营销、风险分析、管理、投资回报与经营预测、财务分析等几个方面。

（1）事业描述：主要是对要进入的行业、卖的产品（或提供的服务）、目标顾客、产业的生命周期、企业的组织形式、开业时间、营业时间等进行描述。

（2）产品服务：需要描述产品和服务是什么、具有什么样的特性、与竞争者的差异、产品的生产过程等。

（3）市场分析：主要包括市场规模、市场结构与划分、目标市场设定、产品消费群体、消费方式、消费习惯及影响市场的主要因素分析、市场趋势预测、行业政策等几个方面。

（4）竞争分析：主要分析有无行业垄断、竞争者的市场份额、主要竞争对手的情况（包括公司实力和产品情况等）、潜在竞争对手的情况和市场变化分析、公司产品或服务的竞争优势等。

（5）市场营销：主要包括营销计划（区域、方式、渠道）、销售渠道、售后服务、销售队伍情况及销售福利分配政策、促销、市场渗透方式、产品价格方案等。

（6）风险分析：主要包括资源（原材料 / 供应商）风险、市场不确定性风险、研发风险、生产不确定性风险、成本控制风险、竞争风险、政策风险、财务风险（应收账款 / 坏账）、管理风险、破产风险等。

（7）管理：主要包括公司组织结构、管理制度及劳动合同、人事计划、薪资与福利方案等。

（8）投资回报与经营预测：主要包括投资回报及公司未来几年的销售数量、销售金额、毛利率、投资报酬率预估及计算依据等。

(9)财务分析：主要包括财务分析说明、各项财务数据预测等。

切实可行的创业计划，可以减少失误，提高创业成功率。编制创业计划书是解决创业“怎么干”的问题。创业计划书是创业者的创业行动纲领，编制的过程就是把创业设想进一步系统化、条理化、理性化的过程，也是进一步分析判断项目可行性的过程。

五、创业实施

(一) 筹措资金

资金是创业的首要因素。常言说，“巧妇难为无米之炊。”要保障创业活动的正常开展，就必须筹集充足的创业启动资金。如果有充足的资金，自然会更有利于创业。但是对于刚刚步入社会、经济基础薄弱的大学毕业生而言，资金常常是一个比较大的问题。大学生可以通过向朋友或亲戚借钱、从银行或其他金融机构借款、寻找合伙人投资、利用风险投资、租赁筹资、代理权筹资等途径筹集资金。值得一提的是，目前我国大学生创业，在一定程度上也吸引了风险投资的眼光，在创业初期，风险投资资金成为重要的创业资金来源。

对创业者来说，能否快速、高效地筹集到资金是创业成功至关重要的因素，筹集资金并非易事，很多时候，创业启动资金往往需要从多个渠道才能筹措到。选择何种融资方式，应结合投资的性质、企业的资金需求、融资的成本和财务风险以及投资回收期、投资收益率、举债能力等综合因素。

(二) 选择地点

虽然现在创业对地点的要求并不严格，甚至可以在网上开店，但是对于某些创业项目而言，地点的选择还是非常重要的。比如，开一个餐馆，地点的选择对于创业成功就起着关键作用。选择地点时要依据创办企业的要求，尽量选择适合企业发展的地段，如咖啡馆可以开在高校或者公司密集的地方，餐馆可以开在社区或者写字楼附近。

(三) 注册开业

1. 创业者应该依据自己创业的性质，依法办理企业法人登记或者营业登记，以取得经营权利。

依据《中华人民共和国企业法人登记管理条例》申请企业法人登记，须经企业法人登记主管机关审核，准予登记注册的，方可领取《企业法人营业执照》(简称《营业执照》)，取得法人资格。未经企业法人登记主管机关核准登记注册的，不得从事经营活动。企业法人登记注册主要包括以下几项内容：企业法人名称、住所、经营场所、法定代表人、经济性质、经营范围、经营方式、注册资金、从业人数、经营期限、分支机构等。申请企业法人登记的单位应当具备下列条件：①名称、组织机构和章程。②固定的经营场所和必要的设施。③符合国家规定并与其生产经营和服务规模相适应的资金数额和从业人员。④能够独立承担民事责任。⑤符合国家法律、法规和政策规定的经营范围。

营业登记是指登记主管机关对从事经营活动又不具备法人条件的经营单位进行审查核准并颁发《营业执照》，确认其合法经营权的登记行为。办理营业登记的对象是：①联营企业。不具备法人条件的联营企业，不能独立承担民事责任，因此只能申请营业登记。②企业法人所属分支机构。指企业法人设立的不能独立承担民事责任的分支机构，如分厂、分店、门市部等。③其他从事经营活动的单位。经营单位申请营业登记应具备以下条件：有符合规定的名称；有固定的经营场所和设施；有相应的管理机构和负责人；有经营活动所需要的资金和从业人员；有符合规定的经营范围；有相应的财务核算制度。不具备法人条件的联营企业还应有联合签署的协议。

2. 在取得经营权之后，还需要办理银行账户和税务登记等法定手续，承担国家法律规定的权利和义务。

税务登记又称纳税登记，它是税务机关对纳税人实施税收管理的首要环节和基础工作，是征纳双方法律关系成立的依据和证明，也是纳税人必须依法履行的义务。各类企业、企业在外地设立的分支机构和从事生产、经营的场所，个体工商户，从事生产、经营的事业单位，应当自领取营业执照之日起30日内向所在地地方税务机关申请办理税务登记。其他纳税人应当自依照税收法律、行政法规的规定成为纳税义务人之日起30日内向所在地地方税务机关办理税务登记。

3. 其他机构需要办理的特定的许可证或是特殊需要注意的事项。例如美容院开办，除了基本的经营许可和税务许可证外，还需要提供准入人员的《健康证》和店面的《卫生许可证》；个体门诊开办，需要非在职医务人员必须有执业医师资格且经注册后在医疗机构中执业满 5 年，才能获批《医疗机构执业许可证》，所聘用卫生技术人员从事医疗卫生技术工作，必须报其执业登记的卫生行政部门同意；单独药店开办，除需要《药品经营许可证》、GSP 和营业执照外，如果在城区开办零售药店，则必须配有 2 名药师职称以上的药学技术人员，其中 1 人担任质量负责人，在镇、村设置零售药店必须配有 1 人及以上的药学技术人员；按摩店开办，需要特别提醒应该办由区、县级市以上公安消防部门核发的《消防安全检查意见书》，若经营盲人按摩项目的场所，则须提供残疾人联合会的相关批准文件。具体开设各种机构门店，应当遵照所在地区的相关法律条文，完善相关手续，做一个遵法、守法的合格公民。

创业项目的实施和组织，是创业活动的重点，也是创业活动的难点。创业项目的实施和组织不仅要求创业者要有吃苦耐劳、不屈不挠的精神，更要求创业者讲究工作方法，合理组织调配人、财、物等资源，以实现创业目标。

第四节　医学生创业过程中的常见问题及对策

创业实践是大学生积累创业知识、锻炼创业能力、提升创业素质的最好途径。不但要积极参加社会活动，不断丰富知识、经验，还需脚踏实地，务实心态，明确目标。

一、知识限制

知识匮乏是制约大学生创业成功的一个重要因素。有些大学生一味地追赶潮流，在知识和思想还没有准备好的情况下盲目创业。在创业计划大赛中，评委也从某些方面发现了创业者知识匮乏的现象，许多创业者无法把自己的创意准确而清晰地表达出来，缺少个性化的信息传递，对目标市场和竞争对手的情况缺乏了解，分析时采用的数据经不起推敲、没有说服力等。

建议：深入学习专业知识，提高专业技能；多读一些创业、经济、管理方面的书籍或者新闻。创业实践是大学生积累创业知识、锻炼创业能力、提升创业素质的最好途径。比如，你打算毕业后开一家书店，那么最好的实践活动就是利用课余时间去书店帮工，看看书店的运作模式。

二、缺乏经验

大学毕业生创业普遍存在经验缺乏的问题，有些大学生缺乏承担风险的心理素质、商业创新能力和市场能力，其决策能力、领导能力和对市场的分析、预测能力都比较弱，管理模式也过于程序化。经验的缺乏以及一味地纸上谈兵往往会造成内部管理空有制度而不能贯彻执行，外部合作举步维艰而不知所措，导致创业失败。

建议：多读一些经营管理与创业实践方面的书籍，加快经验和知识的积累；多参加创业实践活动，提高自身的能力。

三、缺乏务实精神

缺乏务实精神是创业大学生存在的另一个问题。有些大学生看到别人创业就去创业，对自己的能力和水平是否达到创业的条件缺乏认识，也没有做好承受各种风险的心理准备；经营管理模式照搬书本或者克隆国外的；市场意识淡薄，在向投资人推广自己的创业项目时，一味空谈自己的产品和服务，而没有对该产品的市场定位、有多大的空间作深入地调查。

建议：深思熟虑、全方位评价后再创业，创业过程中要脚踏实地、深入调研与分析。

四、心理定位问题

有些大学生在创业之初是以“锻炼自己”为目的的。复旦大学对 500 名大学生从事创业活动的主要目的的调查显示：近半数的大学生认为是“锻炼才干”，其次才是“盈利”。“锻炼自己”无可厚非，但是不应该成为创业的主要目的，试想有几个企业是为锻炼自己而创办的，如果投资人知道创业者创办企业是为了锻炼自己，又有谁愿意投资呢？学生本着"锻炼自己"的目的去创业也容易在遇到困难的时候退缩，从而无法创业成功。在市场经济条件下，创办企业应该是以合法的盈利为目标的。

建议：重新审视并明晰自己的创业定位。

五、资金问题

资金对创业至关重要，对于刚刚步入社会、经济基础薄弱的大学生来说更是如此。虽然大学生自主创业可以申请小额担保贷款，但在实际办理过程中却有诸多门槛，即便是得到了部分初期资金，后续资金也无法保证。资金的匮乏往往使一些想创业的大学生止步于创业门口之外，或者最终无法成功。

建议：多方位寻求资金支持。可以向亲朋好友借，向银行申请贷款，也可以寻求风险投资商的资金支持，或者由团队成员共同出资。学生创业者应更多地具有"有多少实力做什么事"的观念，如果没有非常成型的项目，建议尽量选择小资金创业，做综合的积累。

本章小结

人生价值实现的途径是多种多样的，许多人致力于创业，把个人价值的实现同社会的物质进步、人类的精神文明发展联系起来。本章节从医学生创业的概述以及创业的准备、实施到创业过程中的常见问题及对策做了具体的阐述。党的十九大明确提出"实施健康中国战略"，这是新时代党的卫生与健康工作的总方针，不仅为医学生的就业提供了良好的社会机遇，同时也为医学生创业提供了现实的可能性。大学生不仅要努力追求理想就业，也要树立创新创业意识，顺应"大众创业、万众创新"的历史潮流，积极开展创业探索。

案例讨论

又到了一年一度的毕业季，同学们纷纷向单位投递自己的简历之际，某高等职业院校针灸推拿专业毕业生小李，听了"没有全民健康，就没有全面小康"，想凭借自己大学三年来所学习的专业知识，自主创业开一家推拿按摩店。在大学期间做过多种兼职的他，认为自己已经积累了一定的市场经验和创业能力，于是便心潮澎湃地鼓捣起了他的"生意经"。但在实施创业计划的过程中，小李遇到了想象不到的困难，一度决定放弃自己的计划。

案例讨论

（王 旭）

扫一扫，测一测

思考题

1. 在市场经济条件下，医学生创业的主要目的是什么？
2. 简述大学生创业途径。

第八章 职业导航——临床医学生职业适应与职业发展

1. 掌握职业角色转换、职业角色适应、继续医学教育,促进职业发展。
2. 熟悉职业礼仪修养的方法。
3. 了解终身学习的方法。
4. 具备职业角色适应的能力、继续医学教育的能力、终身学习的能力。
5. 能利用所学知识励志终身学习,适应职业角色要求和促进职业发展要求,培养献身祖国医疗卫生事业和全心全意为人民服务的精神。

案例导学

“我为什么不要应届毕业生”

一家用人单位(医院)的老板声称“坚决不用刚毕业的大学生”。在他看来,刚毕业的大学生身上“毛病”太多,几乎不可用。以下是这位老板从应届毕业生身上挑出的主要问题。老板说:“现在好像很多大学毕业生都觉得工作不好找,常常怨天尤人。大学生就业难,已经成为普遍的社会问题。但是打心眼里说,我自己是坚决不用刚毕业的大学生。用过一些大学毕业生,他们都让我心寒了。一是不会做;二是心理、工作不稳定;三是不愿踏实做事,只要求待遇;四是不懂礼仪,不会处事,影响公司团结;五是不能遵守职业道德、职业规范,工作时间煲电话粥;六是职业规划不明确,不愿继续学习,好高骛远,不切实际。”这样的看法未免偏激,但正在求职或已经求职成功的大学生,不妨对照一下自身,有则改之,无则加勉。

据专家分析,大学生就业面临着严峻的考验,大学生就业市场寒流暗涌,就业形势不容乐观。近年来,在各类人才招聘会上,以及各网站上挂着的招聘信息里,近80%的职位要求有经验者,求职者中却有60%~80%是应届大学毕业生。有的用人单位旗帜鲜明地打出“应届毕业生免谈!”应届大学毕业生多数不理解。不识庐山真面目,只缘身在此山中。

问题:1. 用人单位(医院)为什么不要应届大学毕业生?请结合案例分析其深层原因。

2. 大学生角色到职业角色转换,要注意哪些问题?如何适应职业角色?

3. 医务工作者怎样加强职业道德修养、职业礼仪修养?如何加强继续医学教育,促进职业发展?

第一节　角色认知与角色转换

一、角色认知

1. 角色概念　角色原本指演员扮演的剧中人物。1934年米德(G.H.Mead)运用角色的概念来说明个体在社会上的身份及其行为规范,角色的概念被广泛应用于社会学研究中。社会学中,角色是指个人在特定的社会环境中相应的社会身份和地位。角色规定一个人活动的特定范围、一定的责任、权利义务和行为规范,体现着个人的素质、形象,以及与他人和社会的关系,也是社会对一个处于特定地位的人的行为期待。

2. 职业角色概念　职业角色是指社会和职业规范对从事相应职业活动的人所形成的一种期望行为模式。简而言之就是人们在一定的工作单位和工作活动中所扮演的角色。

随着社会的发展,职业角色作为一个最重要的社会角色,越来越受到人们的关注。职业角色是以广泛的社会分工为基础而形成的一整套权利和义务的规范模式。由于社会地位是社会角色的内在本质,因此社会地位的多样性,也就决定了社会角色的多样性。例如临床医生角色,就是医疗卫生行业中的职业角色之一。职业角色作为社会角色的一种类型,除具有社会角色的一般特征外,还具有专门性、盈利性、相对稳定性、合法性和社会性等特征。

二、角色转换

(一) 角色转换

角色的变化,便构成角色转换。角色转换,就是两种不同角色的变化。这里指从医学生角色到职业人角色的转换。

医学生从毕业求职到成功就业,成为职业人,就是从大学生角色到职业角色的转换。这是大学生到职业人的重要转折,将翻开新的人生篇章。这时开始新的职场角色,就要考虑实施职业角色定位,在职业这个大舞台上,把自己的职业角色演绎得专业和完美。这个阶段会遇到很多问题和困难。

只有明确两种角色的定位,才能实现两者的顺利转换。只有正确处理好医学生角色和职业人角色转换的问题,才能为以后的工作和生活打下坚实的基础。医学生角色到职业人的职场角色转换,就是从“索取”到“贡献”的转换,从“随意”到“规范”的转换。

1. “索取”与“贡献”的转换　医学生角色到职业角色,从“索要”到“给予”,从“索取”到“贡献”的观念、身份、地位的角色转换。

医学生因为父母的付出,可以从家里“要”到宠爱与照顾;因为老师的付出,在学校里“要”到知识与技能;因为社会的付出、国家的付出,可在社会中“要”到社会的资助与培养。

医学生要转换成职业人,必须先“给予”,否则什么也“要”不到;将“索取”的心态,变成“贡献”的意志,是成为职业人的关键。从医院(企业)的角度来说,用人的判断有两个要求,一个是潜力,看你未来成长的空间;一个是贡献,你加入后,对这个团队、对社会能够产生什么样的价值,带来什么样的效益、贡献。只有既能为我们的医院(企业)或老板带来实际的贡献,又有可持续的发展,这样的员工才最受欢迎。作为职业人,应考虑能为医院(企业)单位带来什么,能为医院(企业)创造什么,而不应首先去想医院(企业)单位或老板应该“给”我什么样的回报。这些问题需要用行动回答。

2. “随意”与“规范”的转换　医学生角色到职业角色,从“随心所欲”到“不再可以随便犯错”的规范角色转换。

医学生在校可以“随心所欲”出现点小错误,如考试成绩不好不会给班级和学院造成经济损失,会有补考的机会;如果和同学不能相处融洽,仍然可以保持自己的个性,孤芳自赏;如果你不喜欢哪个老师,你可以期盼着下学期换另一个老师;如果你迟到、旷课,只是耽误自己的学习,与其他同学没有多

大的关系。

医院(企业)里有规范的规章制度要求。医学毕业生从校园走上社会成为职业人,如果工作失误,可能会造成重大的经济损失,甚至没有挽回的机会;如果与同事关系不好,会被组织认为没有团队合作精神,将成为出局的人;如果迟到、旷工,耽误的是整个团队的业绩,你随时有被开除的可能;作为职业人,在医院(企业)里你“不再可以随便犯错”,而必须成为社会或老板财富的创造者、贡献者。

(二) 角色差异

医学生角色到职业人的职场角色转换,两种角色有许多不同之处,主要是社会责任不同、面对环境不同、人际关系不同、文化氛围不同等。

1. 社会责任不同 医学生是以学习、探索为主要任务和责任,在校园里什么事情都可以去尝试。为了学习去尝试,哪怕是错了,学校也是会原谅的。要是给大学生一个简单的角色定位,那就是可以犯错误,做错了不用承担过多的社会责任,大学生似乎有天然的豁免权。其次,大学生最快乐的事情,就是有依靠,在学习方面可以依靠老师,有什么问题都可以向老师请教;在生活上有什么困难,可以依靠父母。总之,大学生在学校里基本没有负担。

大学生成为一个职业人以后,应尽快地适应社会。职业人必须有社会责任和社会担当,必须学会服从领导和管理,迅速适应上级的管理风格;职业人如果在工作中犯了错误,个人是要承担成本和责任风险,承担相应的社会责任的。

2. 面对环境不同 医学生在校园里,基本是寝室—教室—图书馆—食堂四点一线的简单而安静的生活方式,是相对简单而单纯的校园学习环境。

成为职业人,面对的是职场和社会的复杂、多样的环境。在紧张的职场上,面临的社会环境是快速的生活节奏、规范的岗位制度和要求。紧张的工作和加班,没有了寒暑假,自由支配的时间少,还要接受不同地域的生活、工作环境和习惯。由于缺乏实际工作经验,开始工作时往往不能得心应手,感觉工作压力显著增加,会给心理造成很大的负担。

3. 人际关系不同 人际关系不同,主要体现在简单与复杂的不同。医学生人际关系,主要是亲属关系、师生关系和同学关系。学会正确对待和处理好人际关系,是每一个大学毕业生走上社会后必须要学会的课题。初出茅庐的职业人,人际交往比较单纯。职场和社会上的人际关系,相对于学校中的人际关系要复杂得多,可能一时感觉不适应。不同的环境、社会关系,对人的影响和要求也不同。

4. 文化氛围不同 大学是以教育和培养人才为重心的文化环境。医学生在大学里,学习时间可弹性安排,有较长的节假休息日;教学大纲提供清晰的学习任务;学术上多鼓励师生讨论甚至争论;布置作业或工作按规定时间完成;公平对待学生;以知识为导向,学习为主;学习的过程,以抽象性与理论性为主要原则;适应教书育人的文化环境等。

职场文化,主要体现的是以服务或追求经济和社会效益为主体的文化意识和文化氛围。如医院(企业)是以服务或效益为主体的文化。作为职业人,在医院(企业)里,有明确的规章制度,规定上下班时间,不能迟到早退;需要经常加班加点,节假日很少;工作任务又急又重;老板通常对讨论不感兴趣,多数老板比较独断;对待职工不一定很公平;一切以服务和经济利益为导向;要完成上司或老板交给的一件件具体的工作任务。

(三) 角色转换过程

医学生角色到职业人的职场角色转换,有一个发展、渐进和适应的过程。

1. 毕业前的“半职业化”角色 医学生完成毕业实习期的角色转换,一方面为完成毕业论文做准备;另一方面,在实习单位积累工作经验。第一是努力向单位同事学习,争取尽快适应工作;第二是力争把所学专业知识应用到实际工作中去;第三是将实际工作中的经验提炼上升到理论,为完成毕业论文打好基础;第四是从实际工作中反复积累经验,提高工作能力,为今后就业、创业做好职业人打好基础。

2. 校内外实训(实习)与岗前培训(见习)角色

(1)校内实训和校外实习:这是职业院校实践教学的主要形式,是培养学生实践能力和职业技能的

根本途径，是学生由课堂和书本知识走向就业和职业岗位的重要桥梁，是学生养成良好职业道德和严谨工作作风的基础。实训环节完成后，学生还要进入实践教学最重要的环节——到医院（企业）中去实习，到单位中去实习，体验真实的工作环境。只有经过实训教学和实习教学这两个实践教学的全过程，才可能完成从一名普通学生到有一定职业技能的学生，实现到具备某一专项职业能力的技能型人才的转变。

(2)岗前培训：①医院岗前培训是对新录用职工的集中培训，岗前培训不但是新职工职业生涯的开端，还是新进人员逐渐熟悉、适应单位环境，规划自己的职业生涯、定位自己的角色、发挥自己才能的一种培训。近年来，对新职工进行岗前教育培训，已成为医院人力资源管理的一项常规工作。它是医院人才培养的第一步，也是十分重要的环节。②对医院新进职业人而言，培训可以使他们对医院有更深层次的了解，让他们从心理、责任心、态度、形象等各方面做好进入工作角色的准备，还可以增进他们对医院的感情与忠诚度，增强他们对医院管理理念、服务理念、管理模式、医院文化的认同。③对医院而言，通过培训可以吸收一批有活力、有能力、有素质的新生力量，打造青年精英团队，共同开创医院医疗卫生事业的美好未来；对社会和个人而言，培训后的职业人员的素质、技能、道德风貌等更加符合医院工作人员的标准，因而能保障医疗的安全性、医疗服务的质量及医疗技术的创新和不断向前发展。总之，通过医院岗前培训，使新员工认同企业文化和工作精神，同心协力共谋发展；使大家对市场的发展趋势有足够的认识和分析，以便转换观念，提高应变能力和综合素质，做一名合格的医务工作者；使大家了解医院服务宗旨和发展规划，培养对企业的忠诚情感，迸发出为医院发展献身的力量，与管理决策层形成合力，达到相互依存，相互辉映的目的；使员工掌握工作行为规范，尽快进入主人翁的角色，以创业者的姿态，全身心地投入工作。④医院岗前培训内容包括：政治思想教育；医疗卫生事业的方针政策教育；医德规范教育；医院工作制度、操作常规、医疗安全措施及各类人员岗位职责；从仪表着装、文明用语、医院文化、医疗护理法律法规、院感及质量控制、预防保健、后勤服务、为患者优质服务等方面，了解当地医疗卫生工作概况及本院情况；现代医院管理和发展等有关内容。

(3)见习：见习期是对应届毕业生进行职业业务适应及考核的一种制度，不是劳动合同制度下的概念，而是人事制度下的做法，相当于劳动合同约定的试用期。根据相关规定，用人单位招收应届毕业生后，原则上都要安排见习，期限为一年。对入学前已从事一年以上有关专业实际工作的，经所在单位批准，可免去见习期。见习期满向当地人事部门办理转正定级手续，核定定级工资，《转正定级表》归入个人档案；如果见习期满，达不到见习要求的，可延长见习期半年到一年，或者降低工资标准；表现特别不好的，可予以辞退，由学校重新分配。因此从性质上看，见习期也是一种试用期。

3. 顶岗实习角色 顶岗实习是指在基本上完成教学实习和学过大部分基础技术课之后，到专业对口的现场直接参与生产过程，综合运用本专业所学的知识和技能，以完成一定的生产任务，并进一步获得感性认识，掌握操作技能，学习企业管理，养成正确劳动态度的一种实践性教学形式。常说的"2+1"教育模式，即在校学习2年，第3年到专业相应对口的指定企业（单位），可实习12个月，毕业后就业。

顶岗实习具有职场实践的突出特点。顶岗实习不同于其他方式的地方在于它使学生完全履行其实习岗位的所有职责，独当一面，具有很大的挑战性，对学生的能力锻炼起很大的作用，因此顶岗实习非常重要。

(1)顶岗实习目的调查：根据中国青年报社会调查中心，通过民意中国网和腾讯网，对2145名公众进行的在线顶岗实习目的调查显示：积累社会实践和工作经验(72.1%)；专业实践:(57.3%)；获得就业机会:(51.7%)；了解职场沟通技巧:(44.5%)；了解用人单位的需求:(39.3%)；"不得不去，走过场"：(34.1%)；赚钱:(16.4%)。了解顶岗实习目的调查结果，有一定启发意义。

(2)顶岗实习准备：对于学生来说，掌握一技之长是进入社会职业的安身立命之本，实习是提前锻炼和检阅自己所学知识和技能的最好机会。从学生到社会职业人的角色转换，顶岗实习需要适应和准备。①实习心理准备。完成由课堂、教室到医院、实习场地的心理适应转变，完成由学生到实习生的角色转变，要有应对处理各种关系的心理准备。②选择好适合自己的实习医院和实习单位。③实习资料和其他准备。

(3)顶岗实习注意事项:①要积极主动,多学多做,勤奋好学。实习一般一年,至少要3个月才能真正学到东西。实习要持之以恒,不能频繁“跳槽”。②“边缘工作”对实习生的职业规范训练非常重要。“实习让我知道了好学生和好员工的区别”,作为学生只要把成绩搞好就行了,而职场更关注一个人的责任心和执行力。“学生偶尔拖欠作业也许没什么,但工作中的‘及格线’不容你调整,你必须不断地把最好的东西做出来。”③争取更多机会。各医院实习大小组长的选举一般都是自我推荐的,要争取这些机会,因为组长在实习期间,总是能比其他同学得到更多的动手机会。④了解实习安排。例如将依次实习哪些科,各科实习多长时间,以便安排自己的学习时间及内容。⑤没有老师在场时,关于病人的治疗不可擅自做主,以免给老师带来不必要的麻烦。有侧重的复习所在科室的理论内容,注意老师提出的问题,如果每次提问都答不上,老师会把这种“提问”转向于其他实习生。⑥严格按照老师的要求进行。比如在参观或参与手术时,不要在手术室内到处走动,在没有老师允许的情况下不要主动帮忙,无心之失会增加手术的感染概率或造成医疗事故。⑦关于治疗方面,实习生不要对病人做过多的解释,病人有疑问时可及时转达给带教老师,避免不当的解释造成误会引起纠纷。⑧要学会自我保护。如有医疗纠纷、冲突时,实习生要回避,不要参与。各种检查、手术操作不慎造成自身创伤的或体液血液等溅及黏膜时,注意对病人的免疫检查,必要时自己做免疫检查。

第二节 职业角色适应与职业礼仪修养

一、职业角色适应

许多大学毕业生走上职业岗位以后,产生对新职场及其环境的诸多不适应,主要表现在心理上、生活上、工作上、人际关系上和工作技能上的不适应。任何人对新职场、新环境都有一个适应过程。要适应职场要求,必须要做好几方面的调适和准备。

1. 心理调节适应 医学生为实现职场角色成功转换,应具有良好的心理准备,尤其是可能遭遇挫折的心理准备。任何事都不会一帆风顺,在职场角色转换的过程中也是如此。在遭遇挫折时,一定不能自暴自弃,应该有在屡战屡败的艰难境地下屡败屡战的精神,只当是好事多磨,直到最后取得成功。一般新人刚步入职场总是从基层做起,俗话说,“良好的开端是成功的一半”。要学会心理适应,学会适应艰苦、紧张而又有节奏的基层生活。缺少基层生活经历,可能不习惯一些制度、做法,千万不要用自己的习惯去改变环境,而是要学会入乡随俗,适应新的环境。在这个阶段,要培养、发挥自身健康的心理调节机能、整体协作意识、独立工作意识和创造意识。

(1)要有自信心:虽然在刚开始的时候可能会做错无数事情,但只要能够吸取经验,在同事前辈们的帮助下,整体协作意识及独立工作意识就会逐渐养成了。

(2)要有耐心:要充分发挥自己的主观能动性和创造性,凡事要进行具体分析、具体对待,然后脚踏实地的工作,日积月累,你会惊喜的发现自身创造力在逐步增强。

(3)要有事业心:在一个行业准备好从底层做起,不断积累经验提升能力,就能为今后的职业发展打下一个良好的基础,形成一个有延续性的职业发展历程。

2. 生活与生理适应 既然步入了职场,就已经从一个学生转换成了一个职业人。原来的许多生活习惯就都得改变。

在学校的时候,也许喜欢睡懒觉,经常上课迟到或者频繁的“抱恙”,在读书期间,这也许不会带来什么严重的后果。但在工作期间,如果你犯懒病、娇病、馋病,每一件都可能给你带来非常严重的后果。请你为了自己的职业前途调整生活规律。当然调整规律并非要求你成为一个机器人,有些事你可以自己灵活地决定是否调整,这主要得看你医院的工作环境与公司文化。如果你在一些规定较严格的医院(企业)工作,一定要严格按规定要求自己。爱睡懒觉的,应该提早上床休息;爱生病的,不妨平时多多锻炼;爱吃零食的,那可一定要分清场合;爱抽烟的,也许得请你戒烟。有时候,那些不成文的规定更是需要遵守。如果想要好好地发展,那就一定要快速地在生活、生理上适应职场生活。

3. 职业岗位适应

(1)了解职场文化:企业(单位)文化是在现代化大生产与市场经济发展基础上,逐步产生的一种以现代科学管理为基础的新型管理理论和管理思想,也是企业全体员工在创业和发展过程中培育形成并共同遵守的最高目标、价值标准、基本信念和行为规范的总和。它是企业为解决生存和发展的问题而树立形成的,集中体现了一个企业经营管理的核心主张,以及由此产生的组织行为,并被组织成员认为有效而共享的其特有的文化形象。每个医院(单位)都有自己的文化氛围,有的崇尚张扬,有的崇尚沉稳踏实,有的要求员工按部就班,有的需要员工更活跃一些,等等。要先去了解这个医院(单位)的"生存法则",便于及早融入职场。

(2)调整自己的期望值和目标:年轻人容易将事情看得简单而理想化,在跨出校门之前,都对未来充满美好憧憬。初出校门的大学生不能适应新环境,大多与其事先对新岗位估计不足、不切实际的期望有关。当按照这个过高的目标接触现实环境时,许多所谓的"现实所迫"让他们在初入职场时就走了弯路,以至于碰了壁还莫名其妙,不知所措,往往会产生一种失落感,感到处处不如意、事事不顺心。因此毕业生在踏上工作岗位后,要能够根据现实的工作环境,调整自己的期望值和目标。如果没有一个职业角色的意识,不真正了解自己能做什么,该往哪方面发展,就可能不适应,以至于频繁跳槽。而如果新职业人可以为自己做一个良好的职业规划,明确自己的职业目标是什么,在职场中自己该扮演什么角色,该怎样强化自己的职业,并且在这个行当上钻研下去,自然就能得到较好的发展。

(3)工作要有计划:计划性地工作能有效地利用时间,高效地完成工作,清楚自己做什么,达到什么效果,给医院(单位)带来什么效益。在职场中,我们要学会有计划地工作,按计划逐步实施,并且主动向领导汇报自己的工作进度与效果。能更好地与领导交流,领导也能针对你工作遇到的困难提供一些帮助和建议,这样可以加快你的工作进度,同时也能达到领导的要求。

(4)"责任"面前无小事:年轻人容易好高骛远,不屑于做日常工作中的琐事。其实领导考察你,正是从小事开始,所以无论领导交给你的事多么零散,或者根本不是你分内的事,你都要及时地、充满热情地处理好,即使领导不再追问,也不可不了了之,一定要事毕回复。只有逐渐得到领导的信任和肯定,才会有"做大事"的希望。

有时候,责任心比能力重要。重视自己的工作,把每个任务都细致完成,把每一件事情都当作一次锻炼,一点一滴地积累经验。只有把责任放在最前端,才能把能力突显出来。所以,刚踏入社会的你,先努力培养自己尽职尽责的工作精神吧。

(5)适时表现自己:通往成功的路上,切不可急功近利,适当地表现自己,不仅仅可以与同事关系相处融洽,也是高情商的表现。领导在场时不要缩头缩脑,退到别人后面,而是要适度表现,敢于说话,勤于做事。开会时不妨坐得离领导近一点,尤其当领导让大家发言时,平时积累的几条合理化建议可以让领导对你刮目相看。当然,举止应稳重,不要随便打断领导的发言,不可夸夸其谈,喧宾夺主。

(6)虚心接受批评:在工作中,医学毕业生毕竟缺乏实践经验,要想迅速成长,必须善于向同事学习,虚心请教,不要自以为是。我们难免会出错,会有很多来自不同方面的压力,要挑战自己,勇于接受一切挑战,积极面对一切,面对工作的压力。拥有强大的承受力,才能调整好心态,乐观面对职场,充分发挥自己的才智。刚开始工作时犯错误,会被领导批评,不会葬送你的前途。面对领导的批评,要主动向领导道歉或主动检讨,并虚心听取批评教育。总想着掩盖错误或满口辩解之词,不是强调客观就是归罪别人,这种表现比错误本身更糟糕。年轻人应谦虚谨慎,善于倾听,常做换位思考,不说非建设性的话,不做违规的事。

4. 知识技能适应　医学生在学习期间,要为自己打下坚实的知识技能储备,不仅要有扎实的理论功底,掌握特定医疗卫生服务岗位所需的专业知识和技能,而且在职场上要更努力学习,才能适应职业需要。

刚出道的新职业人可能文凭比单位里一些前辈要高,但是经常会出现刚刚工作的学生什么都不会。因为在学校里的时候,我们比较注重的是学习理论知识,而到了职场上,更注重的是经验的积累和动手能力。如腰椎穿刺术,医学生首先应了解其适应证、禁忌证、穿刺的技术要点以及注意事项等,然后可用模拟人进行练习,熟练后才能应用于临床工作中。

5. 人际关系适应 与在大学象牙塔里的人际关系相对单纯不同，社会职场人际关系复杂多了。刚走上工作岗位的新人最容易犯的毛病是过于高傲。把姿态放低一点，恰当的礼貌往往会赢得好感。无论对领导还是同事，无论喜欢还是不喜欢，都要彬彬有礼，以礼敬人待人。对待年长的同事，如果他没有职务，不妨称呼“X老师”或“X师傅”，因为他们有很多工作经验值得学习。

处理好同事关系，该做的不该做的，要有自己的原则。毕业生缺乏处世经验，有时一上班会发现办公室里分成几个小帮派，千万别急着给自己归类，不卷入是非，广结人缘。有时某些同事会对你讲一大堆某人怎样好、某人怎样坏的话，道听途说、添油加醋，千万别轻易被误导。不聊同事的隐私，不背后诋毁同事，最好先对是非保持沉默，对同事应该笑脸相迎，独立观察和思考，看清情形再说话。不在同事面前发脾气，没有谁有义务承受你的坏脾气。请不要把你的不良情绪带到工作中。创造和谐的同事关系与工作环境，有益于自己的事业发展。

二、职业礼仪修养

在激烈的市场竞争中，大学生就业困难成为一个社会问题，千辛万苦走上工作岗位的大学生，大多面临着职场生活的新挑战。适应职场生活和各项竞争，摆正心态，加强良好的职场礼仪修养，对于职场新人来说非常重要。

礼仪是人类发展历史进程中逐渐形成并积淀下来的一种文化现象。它既是人类文化的重要组成部分，也是人类进步、文明的重要表现形式；既是一个国家、一个民族社会风气的真实反映，也是衡量每个社会成员道德水准、行为规范的重要尺度。现代社会快速发展，礼仪在社会各行各业、各类活动中都发挥着日益重要的作用。重礼仪，能够改善人际关系，促进交流了解，彼此信任，消除隔阂，营造良好氛围。讲“礼仪”是个人或组织树立自身形象、赢得别人和社会尊重的基础，也是职业、事业获得成功的重要条件。

（一）礼仪的基本概念

1. 礼仪的概念 “礼”，就是尊重他人，是表示敬意的统称。“仪”，是指礼的外在表现形式，是礼在人们的语言、行为、仪态等方面的具体表现。

礼仪，是人们在社会交往活动中，在仪容、仪表、仪态、仪式、言谈举止等方面约定俗成的共同认可的行为规范。礼仪是一个人内在修养和素质的外在表现；礼仪是一种人际交往的艺术和沟通的技巧；礼仪是精神文明建设的重要组成部分，是社会文明程度、道德风尚和生活习俗的反应。现代交际礼仪泛指人们在社会交往活动过程中形成的应共同遵守的行为规范和准则，具体表现为礼貌、仪表、礼节、仪式等。

2. 礼仪的内涵 从个体来说，礼仪就是律己、敬人的一种行为规范，是表现对他人尊重和理解的过程和手段；从社会现象而言，礼仪是一种社会文化，是社会文明的标志，是衡量一个国家或地区道德水平高低的尺度，也是社会精神面貌和开化程度的反映；从学科而言，礼仪是一门人文应用科学，是一门专门研究人的交际行为规范的学科。孟子说“尊敬之心，礼也”，礼仪的核心价值是尊重。每个人活在这个世界上都需要得到别人的尊重。这种尊重是互动的过程，从来没有说你不尊重别人，别人却会尊重你。①尊重为本：尊重的两个层面：一是自尊。自尊是尊重的出发点，尊重自己、尊重自己的职业、尊重自己的单位。二是尊重交往的对象。尊重是礼仪的基本要求。尊重的三个境界：一是关注。关注就是专注和关切；二是理解。理解就是要有同理心；三是认可。认可就是友好和关爱。②善于表达：对象性、技巧性。③要合乎规范：内容和形式的规范。现代人是讲规矩的，规范就是标准。礼仪其实就是待人接物的标准化做法。教养体现于细节，细节展示素质，其实规范也是展示于细节的，在任何情况下，规范的问题都要注意。礼仪可以说是社会公认道德行为的外化。它基本上是超越国家、民族、阶级，为全人类所共同遵守的，它没有权力的包装。

（二）职业礼仪

1. 职业礼仪的概念 职业礼仪，也称职场礼仪，是指人们在职业场所中应当遵循的一系列礼仪规范，用来表现律己、敬人的一整套行为准则。从个人的角度讲，职场礼仪可以说是一个人的内在修养和素质对外的一种表现形式；从交际的角度讲，职场礼仪可以表现为职场人人际交往中的一门艺术，用以示人以尊重、友好的行为模式；而从传播的角度讲，职场礼仪又可以说是职场人人际交往中相互

沟通的一种技巧。职场礼仪有自身的规律性，内容（礼仪、礼节、礼貌）丰富多样。遵守这些礼仪规范，会提高一个人的职业形象。职业形象包括内在的和外在的两种主要因素。每一个职场人都需要塑造并维护良好的自我职业形象，运用职场礼仪得当对于职场人脉拓展绝对起积极作用。

2. 职业礼仪的原则

(1) 敬人的原则：职场交往过程中需要尊敬、重视对方，无论是上级之间、平级之间、下级之间还是客户之间，尊重对方是最起码的教养。

(2) 自律的原则：克己、慎重、积极主动、自觉自愿、礼貌待人、表里如一，自我对照，自我反省，自我要求，自我检点，自我约束，勿妄自尊大、口是心非，这些都是自律的基本要求。

(3) 适度的原则：职场礼仪同样需要适度得体、掌握分寸，多一分会让人感觉过于热情，显得谄媚，少一分又让人感觉过于冷淡，显得自傲。

3. 礼仪的特点

(1) 规范性与制约性：礼仪的规范性主要是指对具体的交际行为具有规范性和制约性。这种规范性本身所反映的实质是一种被广泛认同的社会价值取向和对他人的态度。无论是具体仪态、言行，还是具体的仪式，都能反映出行为主体包括思想、道德、技能等在内的内在品质和外在行为，均应符合规范要求和标准制约。

(2) 普遍性与广泛性：①普遍性是指全社会的约定俗成，是全社会共同认可、普遍遵守的准则。一般来说，礼仪代表一个国家、一个民族、一个地区的文化习俗特征，但我们也看到不少礼仪是全世界通用的，具有全人类的共同性。例如：问候、打招呼、礼貌用语、各种庆典仪式、签字仪式等，基本是世界通用的。共同的文化孕育了共同的礼仪。礼仪的普遍认同性表明社会中的规范和准则，必须得到全社会的认同，才能在全社会中通用。②所谓广泛性的特点，主要是指礼仪无处不在，礼仪无时不在。礼仪在整个人类社会的发展过程中普遍存在，并被人们广泛认同。

(3) 针对性与差异性：①针对性：针对性主要是指针对不同的地域、场合、环境、人物等，要有不同的针对性适用礼仪。②差异性：差异性是指不同的文化背景，产生不同的礼仪文化，不同的地域文化决定着礼仪内容和形式的不同。“十里不同风，百里不同俗”，我国是一个多民族大家庭，不同的民族，其风俗习惯、礼仪文化各有千秋。如见面问候致意的形式就大不一样，有脱帽点头致意的，有拥抱的，有双手合十的，有手抚胸口的，有口吻脸颊的，更多的还是握手致意。这些礼仪形式的差异均是由不同地方风俗文化决定的，具有约定俗成的影响力。礼仪的差异性除了地域性的差异外，还表现在礼仪的等级差别上。对不同身份、地位的对象施以不同的礼仪。同样是宴会，就会因招待对象的身份、地位高低的差别而有所不同。身份、地位高的，可能就会受到更高级的款待，身份低的相对就低一等。

(4) 沿习性与继承性：①沿习性：所谓礼仪的沿习性特点，是指礼仪形成本身是个动态发展的过程，是在风俗和传统文化中形成的行为规范。它表现为一种继承和发展。礼仪一旦形成，就有一种相对独立性、稳定性。②继承性：礼仪变化的继承性必将随着人类历史的不断进步而发展。今天的礼仪形式就是从昨天的历史中继承下来的，有不少优秀的还要继续传承下去，那些封建糟粕，则会逐渐被抛弃。所以交际礼仪的沿习和继承性是个不断扬弃、继承、发展的社会进步的过程。

(5) 时代性与发展性：①时代性：礼仪作为一种文化范畴，必然具有浓厚的时代特色。任何时代的礼仪，由于其时代的特性和内容，往往决定了它的表现形式。时代的特色，对文化冲击的烙印是巨大的，每个时代的文化正是时代变迁的缩影，礼仪文化亦是如此。现在丰富多彩的服饰文化正是现代人丰富的内心世界的反映，也是社会改革开放的投影。②发展性：礼仪文化是随着社会的进步而不断发展的。一方面，礼仪文化随时代的不断进步而发生着变化，如现代人所拍发的礼仪电报、电视点歌祝寿贺喜等礼仪形式就是时代进步而产生的新生事物。另一方面，随着国家对外交往的不断扩大，各国的政治、经济、思想、文化等诸因素的互相渗透，传统礼仪被赋予了许多新鲜的内容，礼仪规范更加国际化，礼仪变革向符合国际惯例的方面发展。这种礼仪文化的培养和形成有助于我们的国家走向世界，更好地与国际接轨，成为地球村上一个真正的礼仪之邦。随着时代的不断进步，人类的礼仪规范必将更为文明、优雅、实用，比如现代经济的快节奏、高效率，使现代礼仪向简洁、务实方向发展。

(6) 实践性与可操作性：礼仪具有鲜明的社会生活的实践性、实用性、可操作性。因此，要善于在实践活动中学习礼仪、运用礼仪。

（三）职业礼仪的功能

礼仪是人类文明、社会进步的表现。职业礼仪的主要功能，就是内强素质、外塑形象、增进交往。

1. 内强素质的功能　礼仪是塑造高尚人格的途径。礼仪是一个国家、一个民族、一个单位的文明程度、社会风尚和道德水准的重要标志，也是一个人的思想觉悟、文化修养、精神风貌的主要标志。这是因为，礼仪对人的要求包括表里两个方面，它既要求一个人有与人为善的道德观念，又要求有优雅得体的言行举止。受过良好礼仪教育或注重礼仪修养，与其高尚的人格修养有非常密切的互相促进作用。

2. 外塑形象的功能　从个人的角度看，礼仪，一是有助于提高人们的自身修养和社会交往能力，即内强素质和增进交往功能；二是有助于美化自身、美化生活，即外塑形象。从社会角度看，礼仪，一是有助于促进人们的社会交往；二是有助于改善人们的人际关系；三是有助于净化社会风气。从团体的角度来看，礼仪是医院（企业）文化、精神的重要内容，是医院（企业）形象的主要表现。大凡国际化的医院（企业），对礼仪都有高标准的要求，都把礼仪作为医院（企业）文化的重要内容，同时也是获得国际交流、国际认证的重要软件建设。

3. 增进交往的功能　礼仪是联系人际关系的纽带。人际关系是人们通过交际活动而形成的交际者之间直接的心理关系。人际关系和谐离不开一定的情感因素，而这一情感因素的最好表达形式就是一种符合规范的礼仪。比如，作为子女，上学前向父母打个招呼，作为同事，上班见面热情地问好。这种看似细小的礼节形式，会像一条美丽的纽带，把自己同交际对方紧密地联系在一起，形成人际关系人性化的美丽风景线。

4. 规范调节的功能　社会良好秩序的运行井然有序与相对稳定，职场人际关系的协调融洽，家庭邻里的和睦安宁，都离不开共同遵守礼仪的规范和调节。正是因为礼仪有规范和维护的功能作用，人人都应自觉遵守礼仪规范，并形成社会的风尚和良好的道德习惯。

5. 促进发展的功能　礼仪可以展示良好的形象，陶冶人的心灵，完善人的素质，促进人的成长，因此礼仪具有教化功能；礼仪可以净化社会风气；礼仪可以提升个人、企业、社会的精神风貌。在现代社会中，人们把礼仪看作一个民族或一个企业的精神面貌和凝聚力的体现。因此，礼仪具有推动社会主义精神文明建设、促进社会和谐与发展的功能。

6. 沟通交际的功能　因为只有讲究礼仪，共同用礼仪来规范彼此的交际活动，才能更好地表达对对方的尊重之情，增进相互间的了解和友谊。讲究礼仪，可以唤起人们的沟通欲望，建立好感和信任，进而形成和谐、良好的人际关系，促进交际的成功。一个人如果能懂得并且运用不同场合的礼仪知识，就能够更容易地与交际对象打成一片，使他们倍感亲切自然，感受到你对他们的熟悉、理解和尊重，从而把你当成自己人，乐于接纳和接近你。礼仪本身作为人际关系的一把特殊钥匙，能够较轻易地打开各种交际活动的大门。礼仪有的看似简单，如只不过是一个微笑、一声道谢、一种举手之劳，却能成就许多事情。可以说，礼仪是我们立身处世的法宝，甚至是职业、事业成功的基础。

（四）职业礼仪修养的方法

1. 学礼必先修德　礼仪的修养在于内外兼修。学礼必先修德。因为礼仪修养是思想道德的组成部分，所以提高个人的思想道德、品质素质，是提高礼仪修养的基础和前提，也是提高礼仪修养的条件、结果和目标。思想道德修养必能促进礼仪修养。

2. 教育培训自省　人的自觉性不是先天就有的，而是要依靠教师的指点，依靠不断的培养，靠社会健康的舆论导向和良好的环境习染。礼仪教育是礼仪修养的先决条件。通过礼仪教育和培训，可以分清是非，明辨美丑，懂得常识，树立标准，逐步养成并产生强烈的自我修养的愿望。个人修养必须注意反躬自省。学习礼仪，也应处处时时注意自我检查，发现缺点，找出不足，不断总结，自我提高。

3. 丰富文化知识　通过书籍、网络等途径广泛阅读艺术作品和科学文化知识，使自己博闻多识，加强文化艺术方面的修养，对提高礼仪素质大有裨益。而文化艺术修养的提高可以大大丰富礼仪修养的内涵，提升礼仪品位，并使礼仪水平不断提高。一般来说，讲文明、懂礼貌、有教养的人大多是科学文化知识丰富的人。积极参与礼仪知识讲座，提高对礼仪重要性的认识，激发学习礼仪、运用礼仪的能力。世界各国的礼仪风俗丰富多彩、千差万别，随着我国对外交往越来越频繁，有必要注意搜集、整理、学习各国的礼仪风俗，把自己的礼仪修养提到新的高度。

4. 观察、实践、提高　注意在生活中观察、模仿、学习。如典范人物服饰整洁，举止大方，行为检点，

言行举止得体，随时随地都有礼仪表现，值得学习。礼仪修养关键在于实践。修养，既要修炼，又要培养。积极参加社交实践活动，积极参加第二课堂活动，逐步提高礼仪修养，培养交际能力。培养礼仪修养时，主动积极坚持理论联系实际，将自己学到的礼貌礼节知识，应用于社会生活实践。在学校、家庭、社会等场合中，时时处处自觉地从大处着眼，小处着手，以礼仪的准则来规范自己的言谈举止。文化活动中培养素养。创造良好的文化氛围，提供正确的舆论导向，在文化活动中汲取礼仪素养，规范自身行为，克服不良习惯，逐步提高自身的礼仪素养。

"白医圣人"吴登云

吴登云，中共党员。新疆乌恰县县人民医院原院长。2009年当选为"100位新中国成立以来感动中国人物"，别称"白衣圣人"，2011年被评为新中国成立以来百位先进人物。

吴登云本着全心全意为人民服务的宗旨，热爱边疆，扎根边疆，以解除边疆人民的病痛、造福边疆人民、救死扶伤为己任，先后为病人无偿献血30多次，累计献血达7000多毫升；他从自己腿部割下13块皮肤移植到烧伤儿童身上；他每年都要花3~4个月的时间，跋山涉水到30多个自然村、50多个牧业点巡回医疗。他在平凡的工作岗位上，以礼待人，尊老爱幼，做出不平凡的业绩，人生价值在服务群众中得到实现，先后荣获"全国五一劳动奖章"和"白求恩奖章"，"全国双拥先进个人""全国优秀共产党员""全国先进工作者"等称号。医学卫生界掀起一股学习吴登云的热潮。

问题：1. 请说明"白医圣人"吴登云在医生职业工作中有哪些先进事迹？

2. 作为一名人民医生，我们应当学习吴登云哪些优秀品质和精神？

第三节　继续医学教育与励志终身学习

一、继续医学教育

（一）继续医学教育的概念

继续教育是随着终身教育思想影响发展起来的，继续教育既是终身教育体系中的重要组成部分，又是终身教育思想的具体体现和实施。

继续医学教育是终身教育思想在医学教育中的体现和运用。继续医学教育是医学教育体系中一个更高层次的教育阶段。继续医学教育，从广义上理解，应包括各种目的进修医学教育，以及学习新知识、新技术为目标的医生教育；狭义上说，是对医务人员进行严格的临床工作基本训练，要求掌握有关专业的新理论知识和基本的专业技能，是学习新知识、新理论、新技术和新方法，并同基本教育、毕业后医学教育相联系的终生医学教育。

（二）继续医学教育的发展

20世纪50年代，美国将继续医学教育定义为"继医学院校基本教育和毕业后医学教育之后，以学习新理论、新知识、新技术和新方法为主要内容的一种终身医学教育制度"。世界医学教育联合会后来在《继续医学教育／继续职业发展全球标准》中明确指出：CME/CPD的目的是保持、更新、发展和提高医生自身的知识、技能和职业态度，满足患者医疗卫生服务需求。继续医学教育从院校教育、毕业后医学教育（住院医师规范化培训＋专科医师培训），到终身的职业发展和职业规划，形成了完整的三阶段联合体系。

继续医学教育呈现出多元性和多样性。继续医学教育办学实体的多元性和多样性，指继续医学教育办学实体具有多元化特征，表现在其办学机构的多种多样。目前，全国已有30个省、自治区、直辖市建立了继续医学教育的组织领导机构。各医科院校、各医药卫生单位也都建立了继续医学教育

组织，各专业学术团体也举办各种类型的教育项目。

随着终身教育这一概念被肯定，全球各国都将继续医学教育作为自身的职业教育切入点，在50年代以欧美为首的继教模式得到了高速的发展。我国作为世界架构的重要组成部分，也将继续医学教育列入整体提升医疗卫生事业的发展中。在初期阶段，由于主管部门重视程度不够，使得其教育只流于形式，甚至在下级单位的执行过程中出现不良现象，从整体上重视程度差是造成其延误的根本原因。随着其发展的必要性，主管部门转变管理方式，在各方面给予支持，并且转变过往的单一政策为多方共同协同合作，促进了继教事业的健康良性发展。就目前本地区而言，各级医疗卫生单位都在积极配合政策的执行，将以往的单一教学模式，渐渐转变成为多模式的教育体制（例如：多媒体教学、网络教学及手术示教等）。这一重要的转变使得我们的教育不再受时间、地域及内容的各种限制，将强制执行变为自觉主动积极响应。

（三）继续医学教育的特点

在医学教育连续统一体中，继续医学教育的任务和对象决定了继续医学教育的内容和形式，使继续医学教育具有鲜明的特点。

1. 必要性和紧迫性　广大的医务工作者，尤其是刚毕业的医学生，在医学实际工作中必然会遇到不少困难，会感觉到学习知识、提高自身能力的必要性和紧迫性。

2. 广泛性和灵活性　继续医学教育的主要对象是医务工作者，也可针对不同目的、不同的人。教育对象广泛化，是指凡是愿意了解医学卫生保健知识和技能的，不分其阶层、性别、种族、教育水平、区域、职业，都可以被当作继续医学教育的对象。继续医学教育可采用灵活多样的教育方法和形式。

3. 实用性和针对性　继续医学教育的目的、内容等强调实用性；具体的继续医学教育，从教育对象和内容看，强调具体的针对性。

4. 先进性和前沿性　继续医学教育内容十分广泛，凡是与本专业有关的新知识、新技术和新方法都属于继续医学教育的内容，所以既可以是本专业的新理论、新技术，也可以是相关专业的新知识、新方法，其特点是符合实际需要，又具有先进性和前沿性。

5. 复杂性和干扰性　职业人继续学习干扰多，精力难于集中。医务人员无论是脱产、半脱产、还是业余的学习，困难比较多；还有家庭、社会方面的干扰，继续学习不能够集中，必须要勤奋努力学习，有坚强的毅力，克服困难，才能完成继续教育学业。

（四）继续医学教育的作用和意义

知识经济时代医学新技术的发展，对继续医学教育有着深刻的影响。通过继续医学教育，掌握和运用信息技术，掌握现代科学技术，引导医务工作者树立创新意识，提高医务工作者的综合素质。继续医学教育对于提高医务人员全面职业素质，促进医院可持续发展都具有重要意义。

1. 掌握和运用信息技术　继续医学教育，提高了广大医务工作者掌握、运用信息技术的能力。信息交流手段的日益全球化，对医学科学理论、研究和医学应用产生了深刻的影响。在信息化的时代，如果不能掌握现代信息技能，将无法有效地进行医疗、科研活动。为了培养医务工作者掌握和运用信息技术的能力，继续医学教育的内容包括网络系统在医药学领域的应用，重要医学药学网址的介绍，互联网的应用，医学光盘的检索等，使医务工作者掌握信息网络的使用，能从浩如烟海的医学信息中获取最新知识，从而提高医务工作者驾驭现代医学信息技术的应用能力。

2. 提高职业能力　一般在医学院校所学的知识，远远不能满足实际需要，必须接受再教育。医学是针对人的生理、各器官的功能及病理变化，提高抗病能力，维持生命的延续，是理论性和实践性都很强的一门科学。医学科技人员，不但要有扎实的理论，还要有高超的技术技能。医学工作面对的是无价的生命，要求医学技术人员工作技术必须精益求精，并不断学习深造，实现理论知识升级，拓展职业视野，提升自身的理论水平和能力，所以继续医学教育提高是医学应用能力的必然要求。

继续医学教育是促进职业发展的基本要求。继续医学教育是面向学校教育之后所有社会成员特别是成人的教育活动，是终身学习体系的重要组成部分。继续医学教育能更好地提高医务人员的理论和技术水平，从而更好地为人民服务、为救死扶伤服务。继续医学教育是大学毕业后在职的各类技术人员进行知识更新、补充、拓展和能力提高的一种更高层次的教育，是促进职业发展的基本要求。

3. 掌握现代科学技术 现代医学技术水平飞速发展，不断地创造出新理论、新技术。如断肢再植、冠状动脉栓塞应用溶栓术、冠状动脉狭窄应用支架或搭桥术、肝癌器官移植术、白血病可行骨髓移植术等。高精尖治疗手段的应用，必须不断地更新知识，适应现代科学技术发展要求。加强继续医学教育，掌握现代科学理论与技术，才能看好病、治好病，使病人的生命得以延续。

继续医学教育，积极跟踪相关的学术会议、专项技术培训，参加各种培训教育，能使现代医务人员及时得到知识更新，获得与专业人员进行现场交流和对话的机会，进一步增强职业意识。医学领域内，要解决病人的病痛，需要不断学习，接受继续教育。如果不接受继续教育，不更新知识，就无法适应科学技术的发展需要。只有更新知识的陈旧率，才能适应现代医学技术要求。

4. 提高文化综合素质 继续医学教育，提高了医务工作者的综合素质。医务工作者的综合素质包括做人、做事和做学问等方面。做人素质是指个人的基本品德，即思想道德素质；做事素质是指个人基本的敬业精神、基本的工作能力和基本的与人合作的态度；做学问素质是指个人基本的文化素养、基本的专业基础知识、技能和能力以及基本的科学治学态度和方法等。

(1)提高文化素质：文化素质指人们在文化方面所具有的较为稳定的、内在的基本品质，表明人们在这些知识及与之相适应的能力、行为、情感等方面综合发展的质量、水平和个性特点。文化素质是知识、思想、情感、能力、方法、仪态等的反映，是知识和能力的综合。文化素质不只是学校教给的科学技术方面的知识，更多的是指所接受的人文社科类的知识，包括哲学、历史、文学、社会学等方面的知识。这些知识通过个人的语言或文字的表达体现出来、通过个人的举手投足，反映出综合气质或整体素质。文化素质教育贯穿在整个教育和教学过程中。通过继续教育，医务人员具有了更好的知识结构和文化底蕴。通过继续教育，转变观念，将过去以知识传授为主的教育模式，转变为更加注重素质和能力开发的新型教育模式，融知识传授与业务培养为一体，理论联系实际，培养医务人员认识问题和解决问题的能力，提高素质教育与业务能力。

(2)培养表达能力：医务人员的书面、语言交流及思想感情表达，是整个医疗过程的重要组成部分，是衡量服务态度好坏的一项重要标志，是个人精神文明的体现。医务人员的语言修养对患者至关重要，直接影响到患者的情绪和许多疾病的治疗。流畅的语言表达能力、良好的肢体语言表达和熟练的动手操作能力，是医生必备的职业素质。通过继续医学教育，通过组织参加演讲、辩论、知识竞赛、社会保健等健康教育活动，锻炼与人沟通交往、交流的能力，在潜移默化中提高素质。

(3)提高心理、思想觉悟素质：医院是社会不可分割的一部分，医务人员所接触的对象是整个社会人群。由于社会人群教育程度参差不齐，医务人员会遇到形形色色的患者，没有良好的心理素质就不能很好地为人民服务。通过继续医学教育，培养执着如一、不怕困难、克服困难的韧劲和决心，富贵不能淫、贫贱不能移和威武不能屈的精神，自信、乐观、豁达、合群的品质。心理素质的培养是医务人员自我发展和自我完善的有效途径。

5. 培养创新意识和能力 继续医学教育，培养广大医务工作者树立创新意识和创新能力。

(1)树立创新意识：创新意识能促成人才素质结构的变化，提升人的本质力量。创新实质上确定了一种新的人才标准，它代表着人才素质变化的性质和方向，它说明社会需要充满生机和活力的人、有开拓精神的人、有新思想道德素质和现代科学文化素质的人。继续医学教育，引导医务工作者树立创新意识。

(2)继承基础上的创新：基础创新是在已获得的成就上发展起来的。最重要的是善于总结分析前人的研究结果，以前人的研究工作作为基础，“站在巨人的肩膀上”，不断开拓创新。创新必须拥有广博的知识积累，创新就是要敢于突破前人的认识。如果没有对已有知识的掌握，创新根本就无从谈起。医务工作者必须充分掌握本专业的基础知识和本专业研究领域在国内外的研究现状，充分了解本专业研究领域的热点、难点及存在的关键技术问题，还必须掌握相关领域或交叉学科研究的进展、前沿，才可能在继承中创新。

(3)培养创新能力：创新能力是在技术和实践活动领域中不断提供具有经济价值、社会价值、生态价值的新思想、新理论、新方法和新发明的能力。当今社会的竞争，与其说是人才的竞争，不如说是人的创造力的竞争。医学教育设置专业面窄，培养出的人才知识结构能力水平不足；在学校里所学的知识，随时间的推移，不断老化。所以必须突破医学专业的局限性，拓宽知识面。医学领域的知识和其

他学科如化学、药学、实验等相关,有的疾病同免疫、遗传等相关。医学技术人员的知识面要宽,只有继续学习,才能正确解决并处理好相关的医学问题,才能提高创新能力。

(4)培养创新型的医学人才:通过继续医学教育,培养创新型的医学应用、医学科研人才,已成为医学科技进步和社会发展的重要内容。医学科学技术的发展来源于医学知识的不断更新实践(实验)。继续医学教育,不但提高医学水平,而且还更新知识,活跃学术气氛。继续医学教育,专家们将掌握和了解的国际同类研究领域的发展动态、水平,讲给医务工作者,以传、帮、带的科研精神对年轻的医务工作者进行培养,使受教育者的学术水平不断提高,开阔了医学、科研思路,提高了创新能力,造就了医学人才。同时继续医学教育,也使医疗单位能适应时代的发展,在未来的市场竞争中立于不败之地。

(五) 继续医学教育的内容

继续医学教育的内容,一是以现代医学科学技术发展中的新理论、新知识、新技术和新方法为重点,注意先进性、针对性和实用性,重视卫生技术人员创造力的开发和创造性思维的培养。根据学科发展和社会需求,开展丰富多彩的继续医学教育活动。二是继续医学教育活动中要注意加强政治思想、职业道德和医学伦理学等有关内容的教育,培养高素质的卫生技术人员。

(六) 继续医学教育的形式

继续医学教育应以短期的业务学习为主,其具体形式,如临床实习进修、学术会议、学术讲座、专题讨论会、专题讲习班、专题调研和考察、案例分析讨论会、临床病理讨论会、技术操作示教、短期或长期培训等。随着科学技术的快速发展,现场模拟教学、远程医学教育、科研和新技术推广教育等方式都已经成为继续医学教育新的教学形式。个人自学亦是继续医学教育的重要形式。

继续医学教育坚持理论联系实际、按需施教、讲求实效的原则,根据学习对象、学习条件、学习内容等具体情况的不同,采用多种方式组织实施。

继续医学教育,还要强调注意几点要求:①结合专业特点:现代医务人员,服务于卫生行业,其知识和技能更新,依赖于专业的发展和进步。将现代卫生信息化教育,列入医学继续教育中,要结合专业特点,依托专业成熟的管理模式、考核手段,以及丰富的资源储备,实施医务人员继续职业教育。②发挥行业优势:如医药行业在开拓市场的背景下,发挥现代医务人才和行业的优势作用,为继续职业教育人才培养,提供优先学习、掌握新技术和实践的活动机会。医务人员参与体验学习,让自身的知识理论和实践技能得到不断提高。医药行业培养现代医务人才,应参照临床教育,创建医务人员岗位轮转机制,实现其技能水平提升。③现代教育方法:医务人员运用互联网等多种现代学习手段,促进构建多学科互联互助,整合环境和学习平台,深入继续职业教育。可以依靠网络环境和学习平台,构建起一个沟通和自助式的讨论学习环境,共享学习和实践的经验。④适应职业发展:现代医务行业是24小时不间断服务行业。面对越来越多的突发状况、不可预测的风险、更新换代的产品和解决方案,人们对现代化医疗普遍预期较高,更加考验现代医务人才的全面综合知识和应用能力。医务人员养成继续医学教育终身学习的习惯,形成终身循环式学习模式,是卫生信息人才发展的必然趋势。所以继续医学教育,要适应并促进职业发展。

二、终身学习

(一) 终身教育与终身学习的概念

1. 终身教育的概念　在国际21世纪教育委员会向联合国教科文组织提交的报告《教育——财富蕴藏其中》中,提出终身教育应主要包括四个方面:学会认知、学会做事、学会共同生活、学会生存。这四个方面是一个人应具备的素质和能力。提高这四个方面的能力,人们可以学会生存,学会就业、创业,学会创新,学会发展,从而适应职业发展,适应并跟上时代前进和变化的需要。终身教育是一种知识更新、知识创新的教育。终身教育包括家庭教育、学校教育,也包括社会教育。终身教育的主导思想就是要求每个人必须有能力在自己的一生中利用各种机会,去更新、深化和进一步充实最初获得的知识,使自己适应快速发展的社会。

2. 终身学习的概念　终身学习是指社会每个成员为适应社会发展和实现个体发展的需要,贯穿人一生的持续的学习过程,即我们常说的"活到老学到老"或者"学无止境"。在社会、教育和生活背

景下，终身学习具有终身性、全民性、广泛性等特点。继续教育、终身教育和终身学习提出后，受到普遍重视和积极实践。我们要树立终身教育思想，学会学习，要养成积极探索、自我更新理念，要优化知识，提高能力，学以致用，不断促进职业发展。我国在阐述全面建设小康社会的宏伟目标时，明确提出要“形成全民学习、终身学习的学习型社会，促进人的全面发展”。

（二）各国终身教育概况

终身教育理论确立以来，受到各国的普遍重视。以终身教育的原则来改组、设计自己的国民教育体系，试图建立全面实施终身教育的终身教育大系统。

1. 制定法规　不少国家通过立法，从法律上确立终身教育理论为本国当今和今后教育发展和改革的基本指导思想。如日本在1988年设立了终身学习局，并于1990年颁布并实施《终身学习振兴整备法》。美国则在联邦教育局内专设了终身教育局，并于1976年制定并颁布了《终身学习法》。法国国民议会在1971年制定并通过了一部比较完善的成人教育法《终身职业教育法》，而且还在1984年通过了新的《职业继续教育法》，对一些问题作了补充规定。韩国则于八十年代初把终身教育写进了宪法，并开始实施终身教育政策。联邦德国、瑞典、加拿大等许多国家也针对终身教育颁布了相应的法律。

2. 纳入成人教育　1976年内罗毕会议通过了《关于发展成人教育的建议》。建议提出：成人教育是包含在终身教育总体中的一部分。教育决不仅限于学校阶段，而应扩大到人生的各个方面，扩大到各种技能和知识的各个领域。在这种终身教育思想的影响下，各国政府把成人教育看成推动终身教育进程的先导，高度重视成人教育，通过制定法律来保障成人教育的发展。1976年，挪威在世界上第一个通过成人教育法，把成人教育视为终身学习体制的基础，促进了成人教育各领域间的协调合作。1982年韩国制定了社会（成人）教育法，提出了社会（成人）教育制度化。联邦德国1973年通过的教育计划把成人教育列为与普通教育的初、中、高等三种教育并列的第四种教育。许多国家为了保障成人教育的实施，采取了许多有效措施，如在入学条件上采取灵活的政策、带薪教育休假制度、经济援助、开设成人学分累计课程等。

3. 面向社会开放　改变学校的封闭结构，形成开放的弹性的教育结构，是各国推行终身教育中的一个重大的实践。日本在1995年召开了由社会各界知名人士组成的“终身学习审议会”，会中要求高等教育机构必须向社会敞开大门，广泛吸收在职成人进入高等教育机构学习。日本的成人大学已经被纳入大学计划，一些高级中学还举办开放讲座，使高中向社区开放，发挥学校的文化中心作用。在美国，特别是60年代以后，以设区发展为目标的社会学院被大力发展起来，其对成人的开放性达到了几乎没有什么限制的地步。很多大学都成立了大学开放部，开展对“非传统型学生”的教育活动。英国也有开放大学和大学的成人教育部，提供成人教育。在欧洲的许多国家，大学通过公开讲座、成人教育中心、函授等形式为人们提供继续教育和回归教育的机会。

4. 开发多种渠道　很多国家有意识地把文化组织、社区组织、职业协会和企事业单位部门纳入终身教育系统，充分利用社会各种具有教育力量和教育价值的资源和设施，使教育社会一体化。日本在1988年提出了“向终身教育体系过渡”的建议，发展社会教育团体，建立学习信息网，建立家庭、社会、学校教育一体化的终身教育体系，将文化会馆、图书馆、博物馆、活动中心等各种科学文化设施都纳入教育的范畴。美国的监狱、工会、军队、医院等许多非教育性的机构也积极从事成人教育，许多公司也定期向员工提供培训。

虽然各国在终身教育这个领域都取得了一定的成绩，但总体来看，终身教育在世界各国都还处于实践阶段，还没有一个国家真正建立起完整的终身教育制度。

（三）终身学习的特点

1. 终身性与独特性　终身教育突破了学校教育的框架，把教育看成是个人一生中连续不断的学习过程，是人们一生中所受到的各种培养的总和，实现了从学前期到老年期的整个教育过程的统一。它包含了教育体系的各个阶段、各种形式。终身教育应突显个人的特点和实际需要。

2. 全民性与普遍性　终身教育的全民性是指接受终身教育包括所有人，不分男女老幼、贫富差别和种族性别。现代社会给每个人提出的新课题，就是要学会生存，要学会生存就离不开终身教育，因为生存发展是时代的主流，会生存必须会学习。

3. 广泛性与实用性　终身教育包括家庭教育、学校教育，也包括社会教育。它包括人的各个阶段、不同环境，是一切时间、一切地点、一切场合和一切方面的教育。终身教育扩大了学习程度、范围和深度，为整个教育事业注入新的活力。人们可以根据自己的特点和实用需要，选择最适合自己的学习内容和学习形式。

4. 主动性与灵活性　终身教育具有灵活性，表现为需要学习的人，可以随时随地接受任何形式的教育，学习的时间、地点、内容、方式均由个人决定。

（四）终身学习的意义

终身学习能使我们克服工作中的困难，解决工作中的新问题；能满足我们生存和发展的需要；能使我们得到更大的发展空间，更好地实现自身价值；能充实我们的精神生活，促进职业发展。

1. 促进职业发展　终身学习是一种教育理念，体现这种理念的教育体系就是终身教育体系。它贯穿人的一生，包括纵向的一个人从婴儿到老年期各个不同发展阶段所受到的各级各类教育。终身教育是一种知识更新、知识创新的教育，终身教育的主导思想就是要求每个人，必须有能力在自己的一生中利用各种机会，去更新、深化和进一步充实获得的知识，使自己适应快速发展的社会。终身学习的能力既是社会发展对人的要求，也是教育变革对职业角色提出的要求。

要"形成全民学习、终身学习的学习型社会，促进人的全面发展。"从深度和广度上，对学习提出了新的更高的要求。终身学习，讲的是人一生都要学习。从幼年、少年、青年、中年直至老年，学习将伴随人的整个生活历程并影响人一生的发展。这是不断发展变化的客观世界对人们提出的要求。实践无止境，学习无止境。吾生而有涯，而知也无涯。当今时代，世界在飞速变化，新情况、新问题层出不穷，知识更新的速度大大加快。人们要适应不断发展变化的客观世界，就必须不断学习，促进职业发展。

2. 实现自身价值　终身学习能使我们克服工作中的困难，解决工作中的新问题；能满足我们生存和发展的需要；能充实我们的精神生活，不断提高生活品质；能使我们得到更大的发展空间，更好地实现自身价值。

3. 完善自我发展　学习是人类认识自然和社会、不断完善和发展自我的必由之路。无论一个人、一个团体，还是一个民族、一个社会，只有不断学习，才能获得新知，增长才干，跟上时代。学习的作用不仅仅局限于对某些知识和技能的掌握，学习还使人聪慧、文明，使人高尚完美，使人全面发展。

正是基于这样的认识，人们始终把学习当作一个永恒的主题，把学习从单纯的求知变为生活的方式，不断探索学习的科学方法，努力做到"活到老学到老"，励志终身学习。

（五）终身学习的方法

终身学习的方法、形式多种多样，主要有主动性学习、探索性学习、自我更新性学习、学以致用学习、管理知识和处理信息的学习等。

1. 主动性学习

（1）主动学习的概念：主动学习，指把学习当作一种发自内心的、反映个体需要的活动。主动学习，本质上是把学习作为自己的迫切需要和愿望，坚持不懈地进行自主学习、自我评价、自我监督，必要的时候进行适当的自我调节，使学习效率更高、效果更好。

（2）主动学习的要求：①把学习当成自己的事情。这主要体现在培养主动学习的习惯，处理好学习的每个细节，做好自我管理。②对学习如饥似渴，有随时随地只要有一点时间就要用来学习的劲头。鲁迅说，他只是把别人喝咖啡的时间用在了读书上。时间就像海绵里的水，只要愿意挤总会有的。一个人如果养成了主动学习的习惯，只要有空闲，他首先想到的事情总会是学习，把零散的时间都利用起来。③对自己的学习及时有效地进行评价。一个人在学习过程中，不仅学习水平在不断变化，其兴趣和爱好也在不断地变化。对这些方面进行评价和审视，不仅有利于保证学习的速度和质量，更重要的是能保证学习方向的正确。④主动调节自己的学习行为，以适应不同的环境和需要。适应不同的环境，不仅是主动学习的表现，也是锻炼多种能力和丰富人格力量的机会。⑤遇到困难坚持不懈。多数人的学习不会一帆风顺，遇到困难能够坚持下去，是主动学习的重要内容。⑥要正确对待别人的帮助。别人的帮助，主要是提供不同的信息，拓展自己的视野。⑦要学会反思。孔子之所以成为千古圣贤，

得益于"一日三省吾身"。中国改革开放的成就与巨变,得益于对历史与现实的反思。我们每一个人的真正进步,无不得益于对过去的反思。教育家陶行知在重庆创办育才学校的时候,要求全校的学生养成每天自省的习惯。用他的话来说,就是做到每天四问:第一问,你的身体有没有进步?第二问,你的学问有没有进步?第三问,你的工作有没有进步?第四问:你的道德有没有进步?应该做到五点:"专一""收集""钻研""解剖""坚韧"。陶行知归纳的四问五点,就是需要我们每天反思的内容与方法。

2. 探索性学习

(1)探索性学习的概念:不断探索,就是在未知的领域里,根据自己的兴趣爱好,用自己的发现和探索进行学习,多方寻求答案,解决疑难问题。

(2)探索性学习的要求:①要对周围某些事物、现象,对听到和看到的观点、看法有浓厚的兴趣。探索来源于兴趣。②必要的物质条件和准备,如相应的场所和工具。比如医学实验,要有一个实验室和基本的实验材料。③要不断丰富自己的信息资源。信息资源,既包括人的方面的资源,也包括知识和材料等方面的资源。④要对新事物有开放的心态。

3. 自我更新性学习

(1)自我更新性学习的概念:自我更新学习,就是不固守已经掌握的知识和形成的能力,从发展和提高的角度,对自己的知识、认识和能力提升不断地进行学习完善。自我更新,需要不断地对自己掌握的知识和能力进行联系、推敲、质疑和发展,明确自己的认识存在发展的空间,即存在"幼稚"的一面,是进行自我更新的前提。

(2)自我更新性学习的要求:①要虚心好学。个体的发展与人类整体的发展,在认识发展上遵循完全相同的规律。所以,知识越渊博的人,往往更谦虚——因为他们清楚自己不知道的更多;而一知半解的人反而显得很骄傲,似乎无所不知,因为他不知道的比知道的要多得多。自以为是和举止轻浮是妨碍自我更新的绊脚石。②要有追求的动力。没有发展动力的人,即使有好的天分,有好的条件,也不一定能够获得良好的发展。③永葆自我更新的激情,不为荣誉所累。④要有开放心态,扩大自己的视野。这是自我更新的重要源泉。自我更新,必然是因为有所发现,而要有所发现,必须要扩大自己的视野。培养对新事物、新现象的敏感性。⑤要善于进行反思。学会用一整套的方法反思自己的行为得失。自己的思想水平和境界层次,对于个人的自我更新意义重大。在反思的过程中,对自己的成见要持客观的批判态度,而不是像得到燕石的宋国愚人那样"敝帚自珍",抱残守缺,对别人的评论和意见不屑一顾。要重视别人的意见。

4. 学以致用学习

(1)学以致用学习的概念:就知识本身而言,它必然是有用的。知识,来源于整个人类的生产生活实践,是人们在解决实际问题的过程中不断发展和完善起来的。"学以致用"的精髓,一是在于把间接的经验和知识还原为活的、有实用价值的知识。这个还原的过程需要有一双敏锐的眼睛和始终思考的心灵。一双敏锐的眼睛,让你去观察现实世界里的现象是什么样子的。而始终思考的心灵,则让你不断去发现现象背后隐藏的规律。二是在于动手。"纸上得来终觉浅,绝知此事要躬行"。动手做一做,比单纯的"纸上谈兵"要来得更具体、更全面,也更直观。对于技术性的工作,最优秀的往往不一定是学历高的人,而是有操作倾向、操作能力和操作经验的人。三是在"学以致用"的过程中,人们能够充分发现自己的潜力。多做,就会发现自己能做的事情很多;少做,就会发现能做的事情越来越少。

(2)学以致用学习的要求:①要善于观察和思考。观察和思考是一切智慧的源泉,几乎所有的发现都来源于细心的观察和思考。②要学会动手实践"做"。实验、实践是"做"的核心。我们要不断动手去做实验,验证自己提出的想法和观点。在探索性的动手过程中,可能我们刚开始并不很清楚里面的规律和蕴含的知识,但是操作的过程,只有符合了规律之后,才能成功。所以,对于动手操作来说,最终总结出其中蕴含的规律性的知识更重要。

5. 管理知识和处理信息的学习

(1)管理知识和处理信息学习的概念:在信息社会时代,知识信息浩如烟海。21世纪最重要的学习能力,就是学会管理知识和处理信息。你不可能也不需要记住所有的知识,但你必须知道去哪里找

你需要的知识，并且能够迅捷地找到；你不可能也不需要了解所有的信息，但你应该知道最重要的信息是什么，并且明确自己该怎么行动。

(2)管理知识和处理信息学习的要求：要学会有效地利用计算机和网络，要学会管理知识和处理信息。互联网至少有五大功能，一是帮助我们学习使用信息资源的技能；二是为我们建立一个环球交流网；三是增加接触世界的途径；四是学会勇敢地表达自己；五是增加与父母、朋友、同事、同行的交流。

三、励志终身学习，促进职业发展

在职业生涯的不同阶段，继续医学教育和主动学习的内容也有所不同。对于刚走上工作岗位的初级专业技术职务人员来说，应以本专业为重点，兼顾相关专业，着重加强基本实践技能、基本相关知识的学习和培训，培养正确处理本专业常见问题的能力，规范职业行为；中级专业技术职务人员应以新理论、新知识、新技术、新方法的学习为重点，加强科研与实践相关知识的技能培训，巩固和提高处理复杂疑难问题的专业技术能力；高级专业技术职务的卫生技术人员，除了具备应有的知识和技能外，还应掌握本专业最前沿理论动态和发展趋势的实践能力。

每一个医务人员，必须励志终身学习，这是一个基本素质和基本能力提升的要求，有利于促进职业发展。面对不断发展变化的疾病、医疗卫生行业的新问题和医学科学知识的快速更新，必须具备终身学习的能力。只有不断学习，医学生才能获得他们需要的新的知识，进一步熟练掌握相关技能，在职场充满信心、有创造性地运用知识和技能，为自己职业发展奠定坚实的基础。对于医务人员，除了知识和技能方面的培训，还应提高医德、礼仪、人文、人际沟通等多种能力。继续医学教育与终身学习，不论各级机构有组织的强制性培训，还是从业者主动需求性的学习，都是非常重要的职业发展要求。

小李的烦恼

小李是 ××× 医专学校临床专科毕业生，在事业单位工作。两年后，与周围同事关系处理不好，跳槽到一家私营企业。后又由于工作压力太大，一年就辞职了。后来又到 ×× 公司做推销业务。因为薪酬没有保障，在朋友的劝说下，他打算到保险公司去应聘，希望能找到一份自己理想的工作。小李对于他从事的工作，也说不清楚喜欢还是不喜欢。他一直在为自己的工作烦恼，不知道自己究竟该怎么办。

问题：1. 小李为自己的工作烦恼的主要原因是什么？试分析说明。

2. 小李的职业定位应在哪里？小李的继续职业教育和职业发展的方向是什么？

本章小结

医学生为了未来长远的发展，要求必须思考和回答的问题，就是如何实现职业转换、职业适应和促进职业发展的问题。本章主要强调了三个方面：一是明确了医学生角色与职业角色的差异、角色转换的过程，为职业角色转换奠定基础；二是按照职业适应要求，在职业岗位上遵循礼仪规范和职业行为规范，实现切实承担职业角色的职责和义务；三是强调职业人必须加强继续医学教育，树立终身学习理念，掌握终身学习方法，励志终身学习，从而不断促进职业发展。

总之，要能利用所学知识，实现职业角色转换，具备职业角色适应能力、继续医学教育终身学习能力和促进职业发展能力。同学们要树立继续医学教育要求的终身学习大志，培养献身医疗卫生事业的精神，培养建设中国特色社会主义事业、全心全意为人民服务的医务合格人才。

案例讨论

小刘从医科大学毕业后，应聘了几家医院都没有结果，后到一家县医院做实习医生。小刘认真学习，加快角色转换和职业角色适应，加强职业道德和职业礼仪修养。一天下午，县医院接到报警电话，小刘随几位医生坐急救车来到现场：只见一个老头蜷缩在垃圾坑旁，浑身上下散发着臭气，整个人没有一点动静。几位医生你看我我看你，显露出畏难情绪。看着这个胡子拉碴的老人，小刘心里一动，忍着扑鼻的臭气，飞步走到老人身边，一边呼唤着“老爷爷！你醒醒！”，一边立即为老人把脉、听心跳，又急忙给老人做心脏复苏、口对口人工呼吸，而后抱起老人送到救护车上。小刘一连串的动作，赢得了周围人们表达敬意的热烈的掌声。整个下午，小刘一边为老人治病，一边为老人洗脚擦身子，整整忙了大半天。一位住院病人家属十分感动地说，小刘你比老人的儿子还要亲啊！

第二天，小刘的手机响了。同学说，在一个知名网站论坛上看到了一篇《最美丽的医生》的帖子。上面的视频录像记录了小刘救治老人的情景。已有上万篇跟帖，纷纷表示对其钦佩和赞赏。随着报纸报道、电视台新闻的播出，小刘成了小县城的名人，并当选为县里“道德楷模”。最终小刘成长为一名出色的急救医生。

0801
案例讨论

（王建林）

0802
扫一扫，测一测

思考题

1. 医学生角色到职业角色转换有哪些过程？
2. 职业角色适应主要有哪些方面？职业礼仪修养的方法是什么？
3. 结合实际谈谈继续医学教育的作用和意义是什么？终身学习的方法是什么？
4. 为促进继续医学教育，适应职业发展，结合自身实际，完成以下两个继续教育职业发展规划表：

继续教育职业发展规划表（表一）

<table>
<tr><td colspan="8">医学生个人基本情况</td></tr>
<tr><td>姓名</td><td></td><td>性别</td><td></td><td>年龄</td><td></td><td>职业选择</td><td></td></tr>
<tr><td colspan="8">继续职业发展规划</td></tr>
<tr><td>内容</td><td colspan="2">目标</td><td colspan="2">措施</td><td colspan="3">评估和改进</td></tr>
<tr><td rowspan="3">理论知识</td><td>短期目标</td><td></td><td colspan="2"></td><td colspan="3"></td></tr>
<tr><td>中期目标</td><td></td><td colspan="2"></td><td colspan="3"></td></tr>
<tr><td>长期目标</td><td></td><td colspan="2"></td><td colspan="3"></td></tr>
</table>

续表

实践技能	短期目标			
	中期目标			
	长期目标			
医德礼仪医风	短期目标			
	中期目标			
	长期目标			
法律知识	短期目标			
	中期目标			
	长期目标			
沟通交流和团队协作能力	短期目标			
	中期目标			
	长期目标			
信息管理、外语和计算机水平	短期目标			
	中期目标			
	长期目标			
公共卫生知识	短期目标			
	中期目标			
	长期目标			

续表

社会人文知识	短期目标			
	中期目标			
	长期目标			
行政管理知识	短期目标			
	中期目标			
	长期目标			
学历进修	短期目标			
	中期目标			
	长期目标			
专业技术职务	短期目标			
	中期目标			
	长期目标			

继续教育职业发展规划表(表二)

自我认识及定位		帮你取得职业成功因素	
选择正确的职业方向		选择最适合自己的职业	
发展核心职业能力		在工作中成长、进步	
提升工作的满意度		人生价值的圆满实现	

参考文献

[1] 徐俊祥 . 幸福密码——大学生学业与职涯发展导航［M］. 北京：现代教育出版社，2017.

[2] 李怀康 . 职业生涯规划［M］. 北京：外语教学与研究出版社，2014.

[3] 尹胜国 . 大学生职业生涯规划和就业指导［M］. 天津：南开大学出版社，2011.

[4] 薛恩忱 . 大学生职业生涯规划与就业创业指导［M］. 大连：大连理工大学出版社，2016.

[5] 唐闻捷 . 医学生职业生涯规划与发展［M］. 杭州：浙江大学出版社，2013.

[6] 李菁华 . 大学生职业生涯规划［M］. 北京：对外经济贸易大学出版社 .2013.

[7] 王彩凤 . 大学生职业规划与就业指导［M］. 北京：中国人民大学出版社 .2014.

[8] 重庆市教育委员会 . 大学生就业实用教程：大学生职业发展与就业指导［M］. 北京：高等教育出版社 .2011.

[9] 秦小刚 . 大学生职业发展规划与就业指导［M］. 北京：北京师范大学出版社，2016.

[10] 蒋承勇 . 大学生职业发展规划与就业创业指导［M］. 北京：高等教育出版社，2015.

[11] 罗晓艳 . 大学生职业生涯规划与就业指导［M］. 北京：北京航空出版社，2013.

[12] 杨文秀 . 职业生涯规划与就业指导［M］. 北京：人民卫生出版社，2014.